Daniel Casper von Lohenstein
Sophonisbe

Trauerspiel

Herausgegeben von
Rolf Tarot

Philipp Reclam jun. Stuttgart

M. Raachmüller Inv. et del.
Sandrart fecit.

RECLAMS UNIVERSAL-BIBLIOTHEK Nr. 8394
Alle Rechte vorbehalten
© 1970 Philipp Reclam jun. GmbH & Co. KG, Stuttgart
Bibliographisch ergänzte Ausgabe 1996
Gesamtherstellung: Reclam, Ditzingen. Printed in Germany 2012
RECLAM, UNIVERSAL-BIBLIOTHEK und
RECLAMS UNIVERSAL-BIBLIOTHEK sind eingetragene Marken
der Philipp Reclam jun. GmbH & Co. KG, Stuttgart
ISBN 978-3-15-008394-9

www.reclam.de

Daniel Caspers
von
Lohenstein
Sophonisbe/
Trauerspiel.

Breßlau/
Auf Unkosten JEsaiæ Fellgibels/
Buchhändlers aldar.
1680.

[a 3ʳ] Dem Hoch- und Wolgebohrnen
Herren

Herren Frantz

Freyherren von Nesselrode /

Und der freyen Standes-Herrschafft Drachenberg / Herren
zu Stein / Ehrenstein / Herten und Praußnitz etc. etc. Der
Röm. Keys. Meyst. würcklichen Cåmmerern / Chur-Fürstl.
Cöllnischen Erb-Marschall / Geheimen Rathe / Fürstlichem
Bergischen Erb-Cåmmerern / wie auch Statthaltern im Vest
Recklinghausen.

Meinem Genådigen Herren.

NImm dieses Trauerspiel zum Opfer von mir an /
Du ander Cyneas und Nestor unser Zeiten /
[a 3ᵛ] Nachdem mein Armuth dir nichts bessers liefern kan;
Vergnügt sich doch selbst Gott an schlechten Kleinigkeiten.
Zudem / dein hoher Geist hålt selbst von Musen viel /   5
Und regt mit eigner Hand des Föbus Seiten-Spiel.
    Ihr Nymfen umb die Lipp' und den beliebten Rhein /
Die ihr vor Freude hüpfft / wenn euer Orpheus spielet /
Müßt auf den Oder-Strom nicht eyfersigtig seyn /
Wenn dieser seinen Geist und Regung in sich fühlet.   10
Sind doch zehn Jahre schon vom Leben abgemeyht;
Seitdem er ihm und uns die Leyer hat geweiht.
    Seitdem ihm Schlesien vergnüget / als Corinth
Alciden hat das Recht der Bürger angetragen.
So viel umb unsern Strand gelehrte Schwanen sind /   15
Die hört man ingesammt viel seines Ruhmes sagen.
Was ihm nun wird gewehrt durch meine schwache Hand /
Ist ein geringer Zinß für unser Vaterland.
    Ich liefer nur ein Spiel. Jedoch welch Cato mag
Nur immer ernsthaft seyn / und alle Spiele schelten?   20

11 abgemeyht = abgemäht.
15 gelehrte Schwanen, für Menschen gebraucht, meist wegen des Ge-
sangs (Dichter).
17 gewehrt = gewährt.

Widmungsvorrede

Die Weißheit bildet sich nicht stets auf einen Schlag;
Ja Tugend muß oft selbst nur in der Larve gelten.
[a 4ʳ] Wer Schertz und Ernst vermischt / und mit der
                                        Klugheit spielt /
Hat oftermals zu erst den rechten Zweck erzielt.

    Ist der Natur ihr Werck nicht selbst ein stetig Spiel? 25
Der Sterne Lauf beschämt den Klang der süssen Seiten.
Der Thier-Kreiß steckt so wol der Sonne nicht ein Ziel /
Als er ihr Lusthauß ist / darinnen sich zu breiten.
Bald küßt sie Fisch und Krebs / bald Bock und Wassermann /
Henckt Wiedern Tulipen / dem Löwen Eeren an. 30

    Bald scheint der Mohnde rund / bald sätzt er Hörner auf /
Bald ist er Silber-weiß / bald röthet er die Flecken /
Bald richtet er nach Sud / bald Nordwerts seinen Lauf /
Heckt in den Muscheln Perln / und Purper in den Schnecken.
Bald schwellet er das Meer / bald träncket er das Land; 35
Sein Wesen und sein Thun ist Spiel und Unbestand.

    Auch hat die Luft ihr Spiel mit Sternen / die vergehn;
Mit Dünsten / die sie hat aus Thal und See gezogen.
Apellens Pinsel mahlt nichts in der Welt so schön /
Als Titans Rosen-Hand die feuchten Regenbogen. 40
[a 4ᵛ] Was stellen Wolcken nicht für Bilder an den Tag?
Ihr Spiel und Zeit-Vertrieb ist Blitz und Donnerschlag.

    Was treibt der Wind für Spiel nicht mit der wilden Flutt?
Der Sturm mit Well und Meer / und diese mit den Schiffen?
So daß der Abgrund selbst bald seinen Schlund aufthut; 45
Bald muß des Himmels Dach von Saltz und Schaume trieffen.
Es wechselt Flutt und Epp' / und bald verschlingt die See /
Was sie vor alter Zeit hob prächtig in die Höh.

    Dort überschüttet sie mit Perlen ihre Schoos;
Hier spielt sie Agstein ab / und kurtzweilt mit Korallen. 50
Wer schätzt die Wasser-Künst' in Brunnen nicht für groß?
Wem liebkos't nicht ihr Spiel / wenn sie von Bergen fallen /
Durch Klippen brechen durch / wenn sie mit Ertzt und Glutt
Verschwistern ihren Schnee / vermählen ihre Flutt?

    Wie spielt nicht die Natur auf Erden? Nicht ein Blatt 55
Des einen Baumes gleicht des andern Laub und Rinden.

---

30 Wiedern = Widdern.
30 Eeren = Ähren.
50 abspielen = im Spiel abtun.
50 Agstein = mit Achat, Gagat und Magnet vermengter Bernstein.

Widmungsvorrede

[a 5ʳ] Kein Vogel ist / der nicht gantz andre Federn hat;
Was ist für Unterscheid in Früchten nicht zu finden?
Was sind für Bildungen nicht Steinen eingedrückt?
Mit wie viel Farben sind die Blumen nicht geschmückt?   60
    Ein Nacht-Wurm spielt so schön als Gold und Flamme
                        nicht /
Kein Zevxes kan nicht nach der Raupe Rücken mahlen.
Beschämt ein Kefer doch der Edelsteine Licht;
Wiewol auch diese spielen mit Blitz und Sonnen-Strahlen.
Kurtz: die Natur hat nie nichts an das Licht gebracht /   65
Sie hat mit selbigem ihr auch ein Spiel gemacht.
    Der wilden Thiere Thun ist nichts nicht als ein Spiel;
Der Wallfisch lässet sich das Meerschwein nicht beschämen /
Er spielt / wie dieses stets mit Menschen spielen wil.
Was pflegt für Spiel nicht Aff' und Eichhorn fürzunehmen?   70
Der Elefant hat's Spiel so wol als Gemsen lieb;
Der Bien' und Ameis Müh' ist nur ihr Zeit-Vertrieb.
    Für allen aber ist der Mensch ein Spiel der Zeit.
Das Glücke spielt mit ihm / und er mit allen Sachen.
So bald der Himmel uns das Tagelicht verleiht /   75
Pflegt Amm' und Mutter ihr aus ihm ein Spiel zu machen.
[a 5ᵛ] So bald man ihm nicht mehr die Armen windelt ein /
Muß Tocken-Spiel sein Thun / die Wieg' ein Schauplatz seyn.
    Er lernt mit Spielen gehn / wenn ihm ein hölzern Pferd /
Ein Gängelwagen dient zur Kurtzweil und zur Stütze.   80
Der Wolfs-Zahn wird ihm auch zum Spiele mehr gewehrt /
Als daß er ihm soll seyn zum Zähne-Hecken nütze.
Man bringt mit Kurtzweil ihm das erste Lallen bey /
Und zeugt ihm: daß ein Spiel sein gantzes Leben sey.
    Des Menschen Spiel nimmt auch stets mit dem Alter zu /   85
Der Ball / die Küglichen / geseiffte Wasser-Blasen /
Der Triebe-Kugel Schertz / mit samt der blinden Kuh /
Das Springen übern Hutt / das Schauen durch die Glasen /
Ist ein unschuldig Spiel / ja selbst der Einfalt Kind /
Dem böse Lust und List nicht eingemischet sind.   90

---

68   Meerschwein = Delphin.
73   u. ö. für = vor.
78   Tocken-Spiel = Puppenspiel.
84   zeugt = zeigt.
87   Triebe-Kugel = Treibe-Kugel.

Widmungsvorrede

Das erste Trauerspiel / das ihm Verdruß erweckt /
Hegt das verhaßte Hauß / das man die Schule nennet /
Wo Kunst und Tugend ihm ein weites Ziel aussteckt /
Wol dem! der hier mit Lust und hurtig darnach rennet!
[a 6ʳ] Denn der erreicht es nicht / der ihm zur Zentner-Last   95
Der Weißheit Lehren macht / sie spielende nicht fasst.

Der Kegel / Karte / Brett und Würffel höher hält /
Als das so süsse Spiel der holden Castalinnen;
Der mit der theuren Zeit verspielet Seel und Geld /
Und ohne Frucht das Oel des Lebens läßt verrinnen.   100
Das Spiel der Schule weist vergnüglicher uns an;
Wie ieder in der Welt vernünftig spielen kan.

Wiewol auch derer viel / die ihnen bilden ein:
Daß sie das beste Spiel gefaßter Künste machen;
Daß sie der Weißheit Hertz / der Klugheit Meister seyn /   105
Mit ihrer Gauckeley sind würdig zu verlachen.
Wer niemals thöricht spielt / die Klugheit oft verstellt /
Aus Thorheit Vortheil macht / ist Meister in der Welt.

Was für ein blindes Spiel fängt aber mit uns an
Der Jugend erster Trieb / ihr wallendes Geblütte?   110
Die Lust / die man mit Fug auch Marter nennen kan /
Verrücket die Vernunft / verstellet das Gemütte.
Man stellt kein Schauspiel auf / daß nicht die Raserey /
Der Liebe Meisterin / im gantzen Spiele sey.

Denn diese Närrin macht ihr alle Larven für;   115
Sie wandelt sich in Hund / in Aff' / in Fuchs / in Pfauen.
[a 6ᵛ] Die Wollust ist die Cirz' / und auch ein Abgott ihr /
Doch pflegt ihr leicht für dem / was sie geküßt / zu grauen.
Ja unter allen ist kein lächerlicher Spiel /
Als wenn ein Sauer-Topf und Graubarth buhlen wil.   120

Der Ehrgeitz folgt der Lieb' auf hohen Steltzen nach /
Und ängstiget die Welt mit blutt'gen Trauer-Spielen.
Sie hält für Zeit-Vertrieb Raub / Morden / Brand und Ach /
Wenn sie ihr Absehn nur des Herrschens kan erzielen.
Der Krieg / dem doch der Tod stets aus den Augen sieht /   125
Ist selber in ein Spiel sich zu verstelln bemüht.

Wer Lieb' und Ehrsucht wil aufs grimmste spielen sehn /
Betrachte Masaniß' und Sophonisbens Thaten;
Sie zeucht die Mutter aus das Glücksspiel zu verdrehn /
Und wil ihr eigen Kind auf glimmen Rösten braten;   130

Vermina wird ein Weib / sie ein geharnschter Mann /
Weil keines unvermummt sein Spiel vollenden kan.
   Die für dem Ehmann itzt aus Liebe sterben wil /
Hat in zwey Stunden sein' und ihrer Hold vergessen.
Und Masanissens Brunst ist nur ein Gauckelspiel /   135
Wenn er der / die er früh für Liebe meint zu fressen /
[a 7ʳ] Den Abend tödtlich Gift als ein Geschencke schickt /
Und / der erst Buhler war / als Hencker sie erdrückt.
   So spielet die Begierd' und Ehrgeitz in der Welt!
Alleine sucht man nicht selbst Ehrsucht aus den Spielen?   140
Wie prangt ein Fechter nicht / wenn er den Sieg erhält /
Und todtschlägt nur zur Lust / nicht Gall' und Zorn zu
                          kühlen?
Ja / wer sich nicht zu Rom in hohen Würden schaut /
Dem kan die Aufsicht nicht der Spiele sein vertraut.
   Man legt den Spielen Recht und grosse Freyheit bey /   145
Der Schauplatz prangt von Gold' und Helffenbein und Seide.
Ja Nero selber spielt und läßt es Edlen frey /
Ein Rathsherr mag sehn zu in eines Bürgers Kleide.
Wer bey den Griechen nie in Spielen hat gesiegt /
Der hat kein Ehren-Ampt ie zu verwalten kriegt.   150
   Kein Gastmahl kan zu Rom sein prächtig angestellt /
Ob Erde / Meer und Luft hierzu ihr Vieh gleich schlachten /
Wenn MenschenLeichen ihm nicht werden zu gesellt /
Und nicht der Fechter Blutt besudelt ihre Trachten.
Doch spielt die Wollust nicht nur / wenn sie essen wil /   155
Gebrauchet doch der Geist den Hunger für ein Spiel.
[a 7ᵛ]   Man duldet Durst und Frost / laufft durch das wüste
                                Meer /
Verspielet selber sich umb nichtsnicht zu gewinnen /
Hohlt aus zwey Indien unnütze Wahren her /
Und Steine / daß wir uns zum Spiele putzen können /   160
In dem die Eitelkeit der Hoffart Pflaumen streicht /
Verschwendungen die Hand / der Wollust Zunder reicht.
   Das Rathhauß selber ist der Eitelkeiten Sitz /
Auf dem die Boßheit sich vermummet mit Gesätzen.
Man schärfft mehr auf Betrug als Rechte seinen Witz /   165
Und der / der uns steht bey / strebt selbst nach unsern
                               Schätzen.

154 Trachten = die aufgetragene Speise, Mahlzeit.
156 Geist] Geiſtz A. Geitz B.

Widmungsvorrede 11

Man mittet fremden Zorn umb ein geringes Geld /
Das der Gerechtigkeit vielmal die Wage hålt.
  Kein Leben aber stellt mehr Spiel und Schauplatz dar /
Als derer / die den Hof fürs Element erkohren. 170
Wer heute mehr als Fürst / des Königs Schoos-Kind war /
Hat gegen Abende schon Würd und Gunst verlohren.
Gold / Purper / Lorber-Krantz verfällt in Staub und Grauß /
Man sticht die Augen gar des Keysers Vater aus.
  Des Hofes Schau-Gerüst' ist auswerts zwar Rubin / 175
Man spielt wie Diamant / trägt kostbar Wurm-Gespinste.
[b‾] Gelüstet aber dich den Vorhang weg zu ziehn /
Ist dis Gepränge nichts / als Schmüncke / Nebel / Dünste.
Oft ist ein madicht Leib in Purper eingehüllt /
Und weniger als Nichts / was Ohr und Augen füllt. 180
  Doch spielt bey Hofe nicht nur Glück und Eitelkeit /
Wenn sie wie Båll' und Wind die albern Menschen handeln.
Die Laster sind verlarvt hier in der Tugend Kleid;
Und Raupen sieht man sich in Seiden-Würmer wandeln.
Die Heucheley flößt Gift für Milch und Honig ein / 185
Verlåumbdung aber wirfft die Unschuld übers Bein.
  Dein Beyspiel aber hat / Mecaenas / uns gelehrt:
Daß auch der Hof Gestirn' und solche Lichter leide;
Die's Glücke nicht verrückt / kein Finsternüs versehrt /
Daß Tugend unbefleckt besteh' in Würd' und Seide; 190
Daß Höfligkeit nicht steck' aufricht'ge Seelen an /
Daß Spiel und Weißheit sich gar schicklich paaren kan.
  Die Mosel und die Maaß / der Ister und der Rhein /
Die Waal / der Friedens-Platz / wird auch der Nachwelt
                                                sagen /
Ein Redner deines Ruhms / der Klugheit Zeuge seyn; 195
Was zu gemeiner Ruh du Guttes beygetragen;
Wie klug und tapfer du die Bothschafft fürgestellt;
Umb Deutschland dich verdient / und umb die halbe Welt.
[b‾] Zwey Dinge sind in dir / O Nestor! Wunders werth;
Daß Klugheit in dir mit Redligkeit vermählet / 200
Daß sie sich mit Betrug nie zu verhülln begehrt;
Daß Vorsicht ohne Falsch nie ihren Zweck verfehlet.

---

173 Grauß = Steinschutt, Trümmer.
176 spielen = funkeln, leuchten; techn. Ausdruck bei Edelsteinen.
191 Höfligkeit = höfische Pracht, Luxus.

12   *Widmungsvorrede*

Da Arglist insgemein itzt Staats-Verständig heist /
Und schlimm zu spielen sich die gantze Welt befleist.
    Was wunderts aber uns? Daß sich der Mensch verstellt /   205
Unmenschliche Begierd' und wilde Regung fühlet?
Furcht / Hofnung / Freude / Zorn für schöne Larven hält?
Nach dem man auch so gar mit Gott und Andacht spielet /
Den heil'gen Gottes-Dienst zu einer Kurtzweil macht;
Beym Opfer Täntze hegt / und zum Gebete lacht.   210
    Wenn Elis Jupitern sehr hoch verehren wil /
So muß gantz Griechenland ihm fechten / rennen / ringen /
Sein allergröstes Fest ist ein Olympisch Spiel;
Apollo wird verehrt im Pythischen mit Springen.
Rom hat dem Pluto gar den Schauplatz eingeweiht /   215
Dianens Feyer ist der Fechter Grausamkeit.
    Des Bachchus Heiligthum und des Neptun Altar
War in der Rennebahn aufs prächtigste gebauet.
Weil beyder Gottes-Dienst so Lauf als Schauspiel war;
Und dieser Aufsicht ward meist Priestern anvertrauet?   220
[b 2ʳ] Wenn auch die grimme Pest die Römer überfiel /
Versöhnete man Gott durch ein kurtzweilig Spiel.
    Nicht anders ward Mercur von Gallien verehrt;
Pan von Arcadien / Saturnus von den Mohren.
Wie itzt die Herrschenssucht noch bluttig spielen lehrt /   225
Wie manches Reich durch Schein der Andacht geht verlohren /
Wie man mit Eyden spielt / mit Gottes-Dienste schertzt /
Hat Ilium erfahrn / und Deutschland nicht verschmertzt.
    Wie nun der Sterblichen ihr gantzer Lebens-Lauf
Sich in der Kindheit pflegt mit Spielen anzufangen /   230
So hört das Leben auch mit eitel Spielen auf.
Wie Rom denselben Tag mit Spielen hat begangen /
An dem August gebohrn; so wird mit Spiel und Pracht
Auch der Entleibten Leib in sein Begräbnüs bracht.
    Ja Rom hat gar den Tod selbst in ein Spiel verkehrt /   235
Wenn Knechte durch Gefecht aufopfern Blutt und Leben /
Wo durch die Glutt der Leib der Keyser wird verzehrt /
Und wenn der Rath dem Volck ein Mahl und Spiel wil geben.
[b 2ᵛ] Doch hat Acastus schon Begräbnüs-Spiel erdacht /
Und Theseus in den Schwung die Trauer-Lust gebracht.   240

---

240 in den Schwung bringen = in Bewegung setzen.

Widmungsvorrede 13

Der blinde Simson bringt sich spielend in das Grab;
Und unsre kurtze Zeit ist nichts als ein Getichte.
Ein Spiel / in dem bald der trit auf / bald jener ab;
Mit Thrånen fångt es an / mit Weinen wirds zu nichte.
Ja nach dem Tode pflegt mit uns die Zeit zu spielen /   245
Wenn Fåule / Mad' und Wurm in unsern Leichen wůhln.

Ein Spiel ist ůbrig noch / das Ruhm und Nachwelt hålt
Den Todten / die ihr Spiel des Lebens wol vollendet.
Wenn man ihr ertzten Bild in einen Schauplatz stellt /
Sie zu verewigen der Berge Marck verschwendet;   250
Wenn Cimon nach Athen des Theseus Beine bringt /
Und Sophocles sein Lob in Trauer-Spielen singt;

Wenn sich Themistocles selbst nicht zu spielen schåmt /
Und seine Tapferkeit auf Schau-Gerůsten preiset.
Der Vorwelt Tugend wird nicht besser eingesåmt   255
Der Jugend / als wenn man ihr ein schôn Beyspiel weiset;
Denn kein Porphyren Bild / kein Alabastern Grab
Mahlt / wie Euripides / die alten Helden ab.
[b 3ʳ]   Wer kein Empfinden hat / wird durch ein Spiel
                                        geregt;
Wil Alexandern nicht so Aug' als Hertz zerflůssen?   260
Dem Pherae niemals hat sein eigen Hertz bewegt /
Wenn er Polixenen soll sehn ihr Blutt vergůssen.
Wenn der / der nichts nicht fůhlt / sich ůber Pein beschwert /
Als Hecuba fůr Leid in einen Hund sich kehrt.

Was wendete nicht Rom auf Schauspiel' und Athen?   265
Wiewol hat sie bedacht Lycurgus in Gesåtzen?
Das Bild des Aeschylus hieß er zur Schaue stehn;
Den Sieg des Sophocles ließ er in Marmel etzen.
Kein Krieg in Griechenland der kostete so viel /
Als Aristophanens sein Frosch- und Wolcken-Spiel.   270

Zwar Sophonisben fehlt so Glantz als Kostbarkeit;
Doch Nesselrodens Ruhm kan sie so schåtzbar machen:
Daß ihr Gedåchtnůs wird bestehn fůr Neid und Zeit;
Und dis mein Trauerspiel wird der Verlåumbder lachen.
Denn seine Tugend wird der Nachwelt Beyspiel seyn;   275
Europa sich ihm selbst zum Schau-Platz weihen ein.

242 Getichte = Dichtwerk.
261 eigen] eisern B.

[b 3ᵛ]   Innhalt

                  Der ersten Abhandlung.

(1) Kŏnig Masanissa weiset fůr der belågerten Haupt-Stadt
in Numidien / Cyrtha / in seinem Zelte denen Abgesandten
der Kŏnigin Sophonisbe den gefangenen Kŏnig Syphax in
Band und Eisen / sie bedreuete: daß / da sich die Stadt   5
nicht Augenblicks ergeben wůrde / er ihm den Kopf abschlagen lassen wolte. Worvon aber Syphax unerschrocken die Seinigen abmahnet. Masanissa heißt hierauf den Himilco und
Micipsa der Kŏnigin ihres Kŏniges Nothstand erŏfnen / und   10
behålt als eine Geissel den Hiempsal an statt des in die Stadt
abgesendeten Bomilcars bey sich. (2) Hier-[b 4ʳ]auf beredet
Masanissa den Hiempsal durch Erzehlung des Syphax bŏser
Thaten: Daß er ihm die Stadt Cyrtha zu ůbergeben verspricht. (3) Als Sophonisbe im Tempel kniende den Verlust   15
der Schlacht beklaget / kommet ihr aus der Schlacht entkom-
mene Stief-Sohn Vermina / und erzehlet: Daß er nicht wisse:
Wo der Kŏnig hinkommen. (4) Hierůber aber kommen Himilco und Micipsa und berichten sie: Daß Masanissa den
Kŏnig Syphax gefangen habe / und dafern sich Cyrtha nicht   20
ergebe / ihm den Tod dreue. Wordurch Sophonisbe sich anfangs zu tŏdten / hernach Cyrtha aufzugeben / endlich alles
euserste zu erleiden entschleust / und ihr Helm und Harnisch
anlegen låst. (5) Hingegen muß Vermina umb fåhig zu seyn
dem Mohnden zu opfern / der Sophonisbe Weiber-Kleider   25
anziehen. Sophonisbe låßt hierauf ihre zwey Sŏhne den Adherbal und Hierba loossen / welcher unter ihnen geopfert
werden [b 4ᵛ] sol fůr den Wolstand des Reiches / und als
Hierba gewinnet / wird er zwar von Sophonisben nach er-
bårmlichen Abschiede in die glůenden Armen des Abgotts ge-   30
legt / aber von dem hierzukommenden und sich durch Be-
stechung der Wache geflůchteten Syphax weggerissen / Er
von allen / von ihm Vermina frolockend bewillkommet / und
verordnet: Daß statt des Hierba zwey gefangene Rŏmer
aufgeopfert werden. Endlich schweren Adherbal und Hierba   35

_____

19 berichten (m. Acc.) = einen unterrichten, in Kenntnis setzen.
35 schweren = schwören.

Innhalt 15

fůr dem Altare der Rômer Todfeinde zu ersterben. (6) Im
Reyen wirft die Zwytracht unter die Menschlichen Gemůtts-
Regungen einen gůldenen Apfel / welcher von der Seele der
Sophonisben der Rache als Uberwinderin zuerkennet wird.

Der andern Abhandlung. 40

(1) DEr bluttige Himilco berichtet dem Syphax und der
Sophonisbe: Daß Hiempsal durch Verrâtherey die [b 5ʳ]
Stadt dem Feinde erôfnet; Micipsa: Daß der Feind schon in
die Burg eindringe; worauf Syphax den Vermina sich Rômisch verkleiden und ieden fliehen heisset. (2) Masanissa 45
dringet mit den Seinigen in die Burg / nimmet den Syphax
gefangen / Sophonisbe nebst ihren Sôhnen Adherbal und
Hierba fâllet ihm zun Fůssen / bittend und erlangend: Daß
sie nicht in der Rômer Hânde gegeben werden sollen. (3) Masanissens Gemůths-Regungen werden von inbrůnstiger Liebe 50
gegen Sophonisben ůberwunden / worauf er den Syphax im
Kercker zu ermorden schlůßig wird. (4) Syphax bejammert
im Kercker seine Fessel und wil sich verzweifelnde tôdten /
hierzu kommet die in einen Rômischen Kriegs-Knecht verkleidete Sophonisbe und windet ihm das Messer aus / ent- 55
decket sich ihm / zeucht ihm aus den Banden / verwechselt
mit ihm die Kleider / lâsset sich fůr ihn in die Fessel schlůssen / und erweget bey sich des Masanis-[b 5ᵛ]sens nachdenck-
liche Worte. (5) Masanissa kommet hierůber in den Kercker /
und als er Sophonißben / Sie fůr den Syphax haltende / 60
umbbringen wil / entblôsset sie ihre Brůste / darůber er er-
staunet / den Dolch fallen lâsset / und nachdem sie ihm erôfnet: daß sie den Syphax zu erlôsen sich an seine Stelle
hette ein schlůssen lassen; offenbaret er ihr seine hertzige
Liebe / worauf sie beyde den Schluß machen einander also- 65
bald zu ehlichen. (6) Im Reyen besieget die Liebe Himmel /
Hôlle / Erde / Meer / Jupiter / Pluto / Hercules und Jason /
die Regiersucht / die Grausamkeit / die Tugend; und bildet

---

36 fůr dem Altare der Rômer Todfeinde – lies: vor dem Altare als der
Rômer Todfeinde.

im güldenen Flüsse des Jasons die glückseelige Vermåhlung
des Unüberwündlichsten Keysers Leopolds und der Durch- 70
lauchtigsten Infantin aus Spanien für.

Der dritten Abhandlung.

(1) BOmilcar und Manastabal bemühen sich vergebens Masanissen [b 6ʳ] von der Heyrath der Sophonisbe abzuhal-
ten. (2) Masanissa und Sophonisbe werden einander ver- 75
måhlet / Bogudes aber siehet aus denen der Astarte geopfer-
ten Tauben: Daß dieser Ehstand nicht werde beständig seyn.
(3) Lelius dringet mit einer Menge Römer in Tempel / und
wil dem Masanissa Sophonisben wegreissen / darüber sie
nach Wortwechselung beyderseits zun Waffen kommen / 80
aber endlich durch den Bomilcar vereinbaret werden. Lelius
aber entrüstet sich wieder über Aufopferung des Torquatus.
(4) Als Bogudes sich weigert auf Befehl des Lelius die drey
gefangenen Mohren zu opfern / erbeut sich dis selbst Sophonisbe zu thun; Als sie aber einem die Brust eröfnet ihn auf- 85
zuschneiden / wird sie gewahr: Daß dieser Gefangene der
verkleidete Syphax sey / darüber sie für Schrecken das Messer fallen låsset / welches Syphax aufhebet / und darmit Sophonisben [b 6ᵛ] wegen ihrer Untreu erstechen wil. Woran
ihn anfangs Masanissa verhindert / Sophonisbe aber ihn 90
durch beweglich Zureden in die Verzweiffelung: Daß er sich
selbst ermorden wil / bringet. (5) Im Reyen mahlet die Eyversucht der Einbildung allerhand seltzame Blåndungen des
Ehbruchs für; und ob die Vernunft zwar ihr darthut: Daß
dieses alles blaue Dünste seyn / so überredet sie doch die 95
Narrheit stets eines andern / biß die Verzweifelung der
Eyversucht Strick und Messer sich zu erhencken und zu erstechen darreichet.

69 Flüsse = Vließe.
84 f. vielleicht: sich Sophonisbe selbst.

Innhalt 17

Der vierdten Abhandlung.

(1) LElius erzehlet dem Scipio den Sieg der Schlacht / und die 100
Eroberung Cyrthens / und übergiebet ihm den gefangenen
Syphax; Welcher dem Scipio sein Ungelück und die Heyrath
Masanissens mit Sophonisben eröfnet. (2) Masanissa bewill-
kommt den Scipio / übergiebet ihm die gefangenen Numi-
dier / wie auch Zepter und Krone des eroberten Reichs Nu- 105
midien / Scipio aber stel-[b 7ʳ]let Zepter und Krone ihm
wieder zu. (3) Scipio verweiset Masanissen ernstlich seine
unbesonnene Heyrath / und bringet ihn zum Erkäntnůs seines Fehlers. (4) In Masanissens Hertze kämpfen Liebe und
Vernunft heftig / endlich entschleust er sich doch Sopho- 110
nisben fahren zu lassen. (5) Masanissa wird noch immer von
der Begierde beunruhiget / endlich schickt er durch Disalcen
der Sophonisben ein Glaß vol Gift / sie dardurch seinem Versprechen nach aus der Römer Händen zu erretten. (6) Im
Reyen wird Herkules auf dem Scheidewege von der Wollust 115
mit allerhand Scheinbarkeiten auf ihren Pfad gelocket / von
der Tugend aber zu rücke behalten / welche / nach dem sie
entdecket: Daß unter dem Goldstücke der Wollust Lumpen / Unflatt / Seuchen und Aas verstecket liegen / ihr gol-
denes Unterkleid nach weggeworffenem schlechten Ober- 120
kleide entdecket / und den Herkules den Thron der Ehren
besteigen läßt / welcher aber selbten dem Geiste Keyser
Leopolds abtritt.

Der fünften Abhandlung.

(1) DEr Dido Geist verkündigt Sophonisben ihren und Car- 125
thagens Untergang / eröfnet ferner: Wie des Masanissens
Nach-[b 7ᵛ]kommen in Numidien nicht lange blühen / die
Gothen und Wenden / hernach die Saracenen und Araber
Africa und Spanien einnehmen / diese aber von Ferdinan-
den dem andern / Philippen dem Ertzhertzoge / Carln dem 130
fünften / Philippen dem andern / und endlich Keyser Leo-
polden werden besiegt / und nach und nach vertrieben werden. (2) Sophonisbe wird hierüber gantz verzweifelnd / und
wil umb das besagte Joch der Römer zu verhütten / nebst

ihren zweyen Söhnen sich in den Tempel der Sonnen ver- 135
brennen / wird aber von der Pristerin verhindert. (3) Hierüber bringet ihr Disalces Masanissens Gift-Glaß / welches
sie freudig annimmt und alleine beklaget: Daß sie zum
andern mal so thöricht geheyrathet habe. (4) Himilco und
Micipsa bemühen sich vergebens Sophonisben zu bereden: 140
Daß sie Masanissens Gift nicht trincken solle. Denn nach
dem sie von ihnen / ihren Kindern / und dem Frauenzimmer
beweglichen Abschied genommen / ihren Kindern sie zur Rache ermahnende zwey Schwerdter umbgegürtet / trincket sie /
und zwar der Römer Dienstbarkeit zu entkommen / auch 145
ihren Kindern das Gift zu / worauf sie drey in einander ver-
schren-[b 8ʳ]cket todt zur Erde fallen; Himilco und Micipsa
reiben einander selber auf. (5) Masanissa kommt hierzu seinen ersten Schluß bereuende gelauffen; nach dem er aber
Sophonisben schon todt findet / wil er nach ihrer kläglichen 150
Bejammerung ihm selbst das Schwerd in Leib stossen. (6)
Scipio aber eilet darzu / läßt ihm das Schwerdt auswin-
den / und beruhigt ihn endlich durch bewegliche Zuredung;
Verstattet Masanissen die Sophonisbe nach seinem Belieben
zu begraben / schicket den Lelium mit dem gefangenen Sy- 155
phax nach Rom / und setzet Masanissen des Syphax Krone
auf. (7) Die vier Monarchien bemühen sich im Reyen mit
denen von ihnen besiegten Theilen der Welt / den von dem
Verhängnüsse aufgesetzten Lorber-Krantz zu gewinnen /
selbter aber wird von denen vier Theilen der Welt / für- 160
nemlich durch Beyhülffe des neu erfundenen America dem
Hause Oesterreich aufgesetzet.

149 Schluß = Beschluß.

[b 8ᵛ]   Personen des Trauerspiels.

SOPHONISBE
MASANISSA
SYPHAX
SCIPIO   5
VERMINA
LAELIUS
AMILCAR
JUBA
ADHERBAL ⎱ Sophonisbens Söhne.   10
HIERBA   ⎰
HIEMPSAL
HIMILCO
MICIPSA
BOMILCAR   ⎱   15
MANASTABEL ⎬ Des Masanissa Vertraute.
DISALCES   ⎰
BOGUDES ein Priester.
TORQUATUS ⎱ zwey gefangene Römer.
FLAMINIUS ⎰   20
ORITHIA
HIPPOLITE
MENALIPPE
ELENISSE
MAMERCUS   25
ELAGABAL eine Priesterin.
Der Dido Geist.
TYCHAEUS
Ein Menge Röm. Kriegs-Obersten und Soldaten.
Königl. Frauenzimmer.   30
Ein Theil Numidischer Fürsten und Hauptleute.
Eine Menge Masanissische Soldaten.

12. Cupidines.

Reyen der Zwytracht / Liebe / des Haßes / der Freude / des
Schreckens / der Begierde / des Neides / die Furcht / Sophonisbens Seele.

Reyen der Liebe / des Himmels / der Regiersucht unter der
Person des Jupiters. Des Abgrunds / der Grausamkeit unter
der Person des Pluto. Der Erde / der Tugend unter der
Person des Hercules. Des Wassers / der Ehre unter der
Person des Jason.

Reyen der Eyfersucht / der Vernunfft / des Neides / der
Narrheit / der Verzweifelung samt der Schönheit und Einbildung / welche mit ihren Bildungen stumm fürgestellt
werden.

Reyen des Hercules, der Wollust und Tugend / Keysers Leopolds Geist.

Reyen des Verhängnüsses / der vier Monarchien.

[1]   # Die erste Abhandlung.

Der Schauplatz stellet für des Königs Masinissa Zelt.

Masinissa. Bomilcar. Hiempsal. Himilco. Micipsa. Syphax.
Eine Menge Römischer Soldaten.

M a s i n i s s. DIe Schuld schwermt umb Verterb / wie
                              Mutten umb das Licht /
Der stell't Ihm's Fallbret selbst / wer Eyd und Bündnüs
                              bricht.
So stürtzt sich Sophonisb' und Syphax geht verlohren /
Weil sie den Frieden-bruch gezeuget / Er gebohren.
Nun mögt ihr selber euch an Fingern rechnen aus: 5
Ob ihr's umb uns verdient': daß wir uns euer Haus /
Das in der Flamme kracht / zu leschen solln bemühen /
Und die bedrängte Stadt aus Brand und Blutte ziehen.
Der Bienen Stachel ist zugleich ihr Honig-Röhr.
Doch saugt ein Leidender aus Rache noch was mehr   10
Als Zucker in sein Hertz. Denn nichts kan süsser schmecken /
Als / was den Eyver kühlt. Kein Thau erfrischt die
                              Schnecken /
Wie die Beleidigten der Feinde Blutt erkwickt.
Mit diesem Labsal hat der Himmel mich beglückt.
Europa schläget Ihm die Fessel ab der Mohren /   15
Sicilien ist weg / Hispanien verlohren.
Ja Hannibal ist selbst umbgarnet und verwebt /
Schaut: daß an unser Faust des Hanno Blutt noch klebt /
[2] Die Flott' ist in die Luft geschwefelt aufgefahren /
Das Lager Asdrubals / des Syphax freche Schaaren   20
Hat brennend Schilf vertilgt. Und was dort Flamm und
                              Schwerdt
Den Feinden übrig ließ / hat itzt mein Arm verzehrt.
Die Funcken stieben selbst schon auf Carthagens Zinnen.
Jedoch kan treuer Rath noch euren Trotz gewinnen /
Macht Schad und Zeit euch klug / so sol die Gnade gehn   25
So Rach' als Schärffe für. Dis / wo uns offen stehn
Stadt / Schlösser und Palast. Wollt ihr denn Trotz uns
                              sprechen
Bis eure Mauern wir zermalmen und zerbrechen /
Sol auch kein Kind verschont in Mutterleibe sein.

22   *Die erste Abhandlung*

H i e m p s a l. Man jagt mit Wortten Furcht nur feigen   30
                          Hasen ein /
Das rauhe Jägerhorn schreckt Gemsen / keine Löwen
Die Welle keinen Fels; uns kein erhitztes Dreuen.
Der Fürst urtheile selbst: ob eine solche Stadt /
Die dreyssig tausend Mann in's Feld zu stellen hat /
Von Männern / die ein Hertz in ihrem Busem fühlen /   35
Sich ohne Meineyd laß' ins Feindes Hände spielen?
Für's Haupt des Reiches muß den letzten Tropffen Blutt
Aufsätzen jedes Glied. M a s i n. Hat euer Helden Muth
Bey letzter Ohnmacht erst in Creis der schwachen Mauern
So enge sich versperrt? Wo euch die Haut sol schauern /   40
Die Glieder solln erstarrn / beschaut den Rubricat /
Wie sich sein Strom geschwellt von euren Leichen hat /
Wie er durch euer Blutt die weisse See der Mohren
Zum rothen Meere macht. Wie bald ging nicht verlohren
Das nie besigte Haupt und Wunder Syracus'?   45
Und neu Carthago fiel / als Scipio den Fus
Kaum an ihr Land gesätzt. Wie oft hat sich erschüttert
Für uns schon Utica? Ja / nun Carthago zittert /
Was ist's für Aberwitz: daß Cyrtha pocht und höhnt
Die / die's Verhängnis selbst mit Palm- und Lorbern krönt?   50
Was hoft ihr für Entsatz euch aus der Noth zu winden?
H i m i l c o. Kan Er der Götter Hülf und ihre Hände
                          binden?
M a s i n i s s. Die Götter stehen uns nicht ohne Mittel bey.
M i c i p s. Glaubt: daß die Spinnenweb' ein eisern
                          Bollwerck sey /
Wenn Götter helffen wolln / der Himmel uns beschirmen.   55
Die / eure Armen nicht / sind's / die mit Regen / Stürmen
[3] Für Hannibals Gewalt / der fünfmal hat geblitzt /
Daß Rom und Reich erbebt / hat's Capitol beschützt.
Es naget Hannibal noch itzt an Welschlands Kerne /
Saugt an der Römer Brust. M a s i n i s s. Er siehet schon   60
                          von ferne
Im Spiegel / und an euch / wie sein Carthago brennt /
Nach dem er Capua verspielt hat / und Tarent.
Des Brudern bluttig Haupt mit seinen Thränen netzet /

―――――――――――――
31/32 Im Reim Löwen – Dreuen ist -w- wohl noch vokalisch; vgl.
Grimm, *Dt. Wörterb.* 7, Sp. 825.
56 Armen = schw. Plural von Arm.

Die erste Abhandlung 23

In Welschlands Winckel steckt umbgarnet und besetzet.
Und der ist euer Trost. H i m i l c. Wir traun auf Gott /   65
                und Ihn.
M a s i n i s s. Ein Straus meint so wie Ihr dem Jäger zu
                entfliehn /
Wenn er aus Furcht den Hals hat in ein Loch verstecket.
H i e m p s. Carthagens Glücks-Fahn hat oft höher sich
                erstrecket /
Als Hannibal Natur und Alpen überstieg /
Bey Trebia / Ticin / und Trasimen durch Sieg   70
Die Adler niederschlug / bey Canna Rom erlegte;
Ja selbst Tarpejens Fels erschütternde bewegte.
M a s i n i s s. Das Spiel ist itzt verkehrt. M i c i p s. Es kan
                noch einst geschehn.
M a s i n i s s. Wenn man Carthago wird in Feuer krachen
                sehn?
H i m i l c. Wenn noch ein Regulus wird dort den Kopf   75
                zerstossen!
M a s i n i s s. Wenn sich das Ameis-Nest auf Löwen wird
                erbossen?
H i e m p s. Wenn Syphax in die Schlacht gantz Africa wird
                führn.
M a s i n. Wer? Syphax? M i c i p s. Syphax / ja! M a s i n.
              Der kaum die Glieder rührn
In unsern Fesseln kan? M i c i p s. In Fesseln süsser Träume!
M a s i n. Daß man der Trotzigen hartneckisch Höhnen   80
                zäume!
Stracks! führt den Syphax uns in Band und Eisen her.
H i m i l c o. Ach! ist dis glaubens werth? wil uns das
              Unglücks-Meer /
Und Rom die gantze Welt ersäuffen und verschwemmen?
Rom / dessen Siege Witz und Stärcke nicht kan hemmen /
Wenn Sonne / Staub / und Wind uns gleich zu Hülf'   85
              erscheint /
Ja Drach und Elefant Rom zu vertilgen meint.
M a s i n. Schaut! sol der Cyrthens Burg / und Byrsens
              Schlos erretten?
H i e m p s. H i m i l c o. M i c i p s a. Ihr Götter! träumet
              uns? trägt unser König Ketten /

70 Trasimen. Die Schlacht am Trasimenischen See, 217 v. Chr.

Die erste Abhandlung

[4] Der schwer von Kronen war? B o m i l c a r. Die durch
              Betrug und List
Er Masinissen stahl? H i e m p s. Ist's möglich? daß er's ist?   90
Der König / unser Fürst? den man läßt sclavisch schlüssen?
H i m i l c o. Laßt uns des Syphax Knie und Fus und
              Banden küssen.
B o m i l c a r. Fallt Masinissen dort dem Sieger unterm Fuß;
Der ist nicht Fusfall's werth / der selber knien muß.
S y p h a x. Dis ist des Glückes Spiel. Ich habe noch für   95
              gestern
Mehr / als du itzt geprangt. Gewalt und Fall sind Schwestern.
So Ich als Craesus kan dir ein schön Beyspiel sein:
Daß niemand für der Gruft sein Glück ihm darf beschrein.
Dis und ein Solon kan dich klüglich unterweisen:
Daß Sieger fürstlich solln besiegte Fürsten speisen.   100
M a s i n i s s. Wo du schnurstracks verschafst: daß Cyrtha
              sich ergib't.
S y p h a x. Dis schafft kein fallend Fürst der seine Länder
              liebt.
M a s i n. Der nicht sein Volck mit sich verlangt in Grund
              zureissen.
S y p h a x. Wir werden nimmermehr sie knecht'sche Zagheit
              heissen.
M a s i n. So sol dein bluttig Kopf bald auf den Pfal gedein.   105
S y p h a x. Er wird mein Ehren-Mahl / dir nur ein
              Schandfleck seyn.
M a s i n. Stracks Kriegs-Knecht / laß das Beil des trotzen
              Hals durchhauen.
S y p h a x. Uns kan in dieser Nacht für keinem Tode
              grauen.
M a s i n. Fahrt fort! M i c i p s. Ach! grosser Fürst / ach! Er
              erwege doch:
Daß Seul' und Fürsten ja die gleich verfallen / noch   110
Der Götter Bilder sind. Die That ist unerhöret.
M a s i n. Daß man den Frevler straft der Kefer trotzen
              lehret?
H i e m p s. Daß man umb Tapferkeit ein Fürstlich Haupt
              schlägt ab.
M a s i n. Das wenig Fürstliches auf Thron und Reich an gab.
H i m i l c o. Wir wolln das euserste für's Königs Heil   115
              vollstrecken.

Die erste Abhandlung 25

S y p h a x. Wolt ihr mit Untreu' erst den alten Ruhm
beflecken?
Den Hencker lassen euch verzweifeln jagen ein?
Wird / wenn gleich Cyrtha fållt / der Mörder milder sein?
Denn kan er nicht nur mir / auch euch den Kopf abschlagen.
Laßt uns behertzt und froh den letzten Schlag ertragen.   120
[5] Es schafft mehr Ehre todt / als Sclave sein alhier.
Sagunt und Astapa mahlt euch ein Beyspiel für:
Daß Tugend mit mehr Lust sich stürtzt' in Flamm und
Brånde /
Als Römern sich ergeb' und fall in Feindes Hånde.
M i c i p s a. Ist unsern König denn zu retten gar kein Rath? 125
M a s i n. Schaft fort den Thörchten / bis er ausgeraset hat.
Wir wolln euch und der Stadt noch Gnad' und Frist
vergönnen
Bis ihr des Syphax Stand eröfnen werdet können.
Bomilcar sol nebst euch der Königin den Schluß
Vortragen / ihren hör'n. Hiempsal aber muß   130
Als Geissel hier in des in unserm Låger leben.
Wo in drey Stunden sich nicht Stadt und Burg ergeben /
Solt ihr des Syphax Kopf gespißt am Pfale schaun.

Masinissa. Hiempsal.

M a s i n. Auf was vor Grund-Eis wil nun wol Hiempsal
baun?
Hiempsal / welchem ich selbst wünsche besser Glücke /   135
Ja einen treuern Herrn; weil er in's Syphax Tücke
Nicht mit ist eingemischt. Bekweme dich der Zeit /
Vertraue mit der Stadt dich unser Tapferkeit /
So sol Hiempsal sein ein Auge Masinissen /
Und seine Tugend sich in höhern Würden wissen.   140
H i e m p s. Der König muthe mir Verråtherey nicht zu!
M a s i n. Der übt kein Laster nicht / der's Vaterland in Ruh
Aus dem Verterben setzt; noch der / eh er ertrincket /
Ein frembdes Brett ergreift; und / wenn das Schif
versincket /
An's Feindes Ufer schwimmt. H i e m p s. Man sol den   145
Herren treu

117 verzweifeln – hier: Substantiv.

26   *Die erste Abhandlung*

Auch bis in Abgrund sein. M a s i n. Ein Knecht wird los
                                            und frey /
So bald ein Herr vergeht und selbst mus Sclave werden.
H i e m p s. Verråther mûssen stets ein Greuel auf der Erden /
Ja dem selbst / der sie hegt / ein Dorn in Augen sein.
M a s i n. Nicht bilde dir von uns so schlimmen Undanck ein.   150
Du / leider! kennst nur nicht des Syphax grause Thaten;
Wie viel er Fûrsten hat betrogen und verrathen /
Wie er der Rômer Bund meineydisch hat verletzt /
Wie er verråthrisch mich des Reiches hat entsetzt.
[6] Laß dir nur ûberhin die Schelmstûck offenbaren.   155
Mein Vater Gala war kaum aus der Welt gefahren /
Als durch des Syphax Gift mein âlter Bruder schon
Desalces untergieng. So bald sein zarter Sohn
Capusa Kônig wird / hetzt er zum Aufruhrs-Brande
Den Mezetulus auf: daß er mit hôchster Schande   160
In seines Kônigs Blutt so Hånd’ als Seele wåscht;
Mit des Desalces Frau die geile Brunst auslåscht;
Sie in sein Bette raubt; des Reiches Håupter schlachtet /
Den Printz Lucumacen auch aufzureiben trachtet /
Und sich in Thron zu spielen. Als aber unsre Faust   165
Gereitzt durch Schand und Mord / fûr den den Unthiern
                                            graust /
Mit Kônig Bochars Hûlff im våterlichen Reiche
Den Råuber ûberfiel / und mit beglûcktem Streiche
Bey Tapsus Sieger ward; schickt Syphax wider mich
Ein starckes Låger aus; und als der Råuber sich   170
Zutrennt durch meinen Arm mus flûchten aus dem Lande /
Låßt Syphax Asdrubaln zu einem neuen Bande
Sich reitzen wider mich; bringt eilends auf den Fuß
Die Kråfte seines Reich’s / so: daß ich anfangs muß
Auf Balbus Klippen flihn und dar vom Raube leben;   175
Doch mich bald vom Gebûrg’ in ofne Flucht begeben /
Ja / als bey Clupea selbst fûnf ich kaum entkam /
Mich stûrtzen in den Flus; aus dem ich zwar entschwam /
Doch Bocharn glauben lies: ich sey im Strom’ ersoffen /
Bis ich den schwachen Leib / den funfzen Wunden troffen /   180
In einer Hôle mir mit Kråutern ausgeheilt.
Daselbsten les’ ich noch vom Heere / das zertheilt /

166 fûr den = vor denen.
171 zutrennt = zersprengt, in die Flucht gejagt.

Die erste Abhandlung   27

Kaum viertzig Reuter auf / zih' ein neu Heer zusammen;
Ja treibe wie ein Wind des Krieges glimme Flammen
Bis an des Syphax Burg; nahm Hippons Felsen ein.   185
Der Himmel aber schien mein Todt-Feind selbst zu sein /
So Syphax als sein Sohn der Fürst Vermina führen
Zwey Läger auf mich an. Ich muß die Schlacht verlieren /
Und kan Verminen kaum durch schnellste Flucht entflihn /
Muß Trost-loos und versteckt zun Garamanten zihn;   190
Bis Syphax sich so weit läßt Asdrubaln bethören
Durch seiner Tochter Eh; daß er sich zu versehren
[7] Der Römer Bündnůs wagt. Drauf faßt' ich Rath und
                                                    Muth
Dem grossen Scipio zu opffern Hertz und Blutt;
Der schon durch Wolthat mich vermocht hat zu bestreiten / 195
Als ich sein Feind gleich noch stand auf Carthagens Seiten /
Und er der Schwester Sohn Maßiven mir gab frey /
Doch ohne Lösegeld. So bald ich Rom steh bey /
Sinnt Syphax / wie er mir ein Bein kônn' unterschlagen /
Läßt seine Tochter mir mit meinem Reich' antragen /   200
Und als mein Fuß nicht wil in Fall-Strick treten ein /
Besticht er einen Knecht mir Gifft zu thun in Wein.
Urtheil' Hiempsal nun: ob Syphax treuer Dienste /
Der Liebe würdig sey; ob nicht mit mehr Gewinste /
Mit mehrer Ehr' und Ruhm man auf die Römer traut /   205
Durch welcher Beystand ihr mich itzt genesen schaut.
H i e m p s. Mir grauset / ich gesteh's / für's Syphax
                                           schlimmen Tücken.
Allein'. M a s i n. Ein Kluger mus sich in's Verhängnůs
                                                  schicken /
Das leite dich / wie mich / durch deines Feindes Hand
Auf deiner Vorfahrn Thron. H i e m p s. Mehr als zu harter 210
                                                     Stand /
Wo Treu / und Heil / und Furcht in einer Seele kämpfen!
M a s i n. Die Sonne der Vernunft mus solche Nebel
                                               dämpfen.
Entschleus behertzt / was Ruhm und Wolfarth samlet ein.
H i e m p s. Es sey denn! Cyrtha sol noch heute deine sein.

184 glimme] grimme B.

28 *Die erste Abhandlung*

Der Schauplatz stellet für einen Tempel.

Sophonisbe. Amilcar. Vermina. Juba. Das Königliche Frauen-
zimmer.

S o p h o n. Ihr Schutz-Herrn Afrikens / ihr mehr als leichten 215
Götter!
Trift schon Numidien ein frisches Unglücks-Wetter?
Gibt's Beelsamen nach / läßt's Adad aus der acht:
Daß Rom Carthagens Haupt und uns zu Mägden macht?
[8] Mein Syphax ist aufs Haupt zum andern mal geschlagen /
Und Cyrtha wird berennt. Doch / was ist's / daß wir klagen? 220
Die Trauer-Wolcken sind noch nicht von Keilen leer;
Es praust ein neuer Sturm von allen Ecken her.
Ihr Götter! denen wir uns hier zu Füssen legen /
Laßt unsre Säuftzer doch / die Thränen euch bewegen.
Kan euer feurig Zorn uns denn vorbey nicht gehn / 225
So laßt den freyen Leib Schwerd / Pfal und Brand ausstehn /
So laßt den Donnerkeil so Brüst' als Hertz zerfleischen /
So laßt der Glieder Oel auf glimmen Rösten kreischen /
So schenckt der Lächsenden Ertzt / Pech und Schwefel ein /
Darf Sophonisbe nur der Römer Magd nicht sein! 230
V e r m. Daß Sie / Durchlauchtigste / der Himmel mög'
erhören!
S o p h o n. Hilf Himmel! wie? mein Sohn? V e r m i n. Der
ewig sie wird ehren /
Und ihr zu Füssen legt sein von Blutt triffend Schwerd.
S o p h o n. Mein Kind / der Himmel hat des Wunsches uns
gewehrt /
Der dich uns wieder schenckt. Komm lasse dich uns küssen! 235
Wie / aber / seh' ich Blutt von allen Gliedern flüssen?
V e r m. Theils das der Feind auf uns / theils das wir selbst
verspritzt.
S o p h o n. Wo bleibt der König denn? V e r m i n. Die
Schlacht war so erhitzt /
Die Schaaren so vermengt: daß ich nicht wahr genommen /
Wo der behertzte Fürst im Treffen hin sey kommen! 240
Ich / dem das lincke Horn vom Vater ward vertraut /
Gerieth auf's dritte Pferd; und stand / bis daß ich schau'
Jedweden in der Flucht. Ich bin mit Noth entronnen.

241 Horn = Flügel eines Kriegsheeres in der Schlachtordnung.

Die erste Abhandlung 29

S o p h o n. Ihr Götter ich vergeh! Ist's gantze Heer
                                 zerronnen /
Der König noch nicht hier / so kan / ach leider! Er   245
Nicht ungetödtet sein? A m i l c. Der Kummer ist zwar
                                 schwer /
Doch muß bey'm Unfall man noch stets ein bessers hoffen.
S o p h o n. Die kan nichts hoffen mehr / die so viel Blitz
                                 getroffen.
Ach leider / wir sind hin! V e r m. Der Flücht'gen gröstes
                                 Theil
Floh dem Gebürge zu. A m i l c. Vermuthlich hat sein Heil 250
[9] Der Fürst dort auch gesucht. S o p h o n. Ach nein! mein
                                 bebend Hertze
Sagt mir was ärgers wahr. A m i l c. Sie halte Maas im
                                 Schmertze.
Die Götter schencken uns keinmal nicht Wermuth ein:
Daß nicht Grosmüttigkeit darein kan Zucker streu'n!

Sophonisbe. Himilco. Micipsa. Vermina. Amilcar.

S o p h o n. Kommt ihr / ihr treusten Zwey / von Masinissen 255
                                 wieder?
H i m i l c. Wir kommen. Aber ach! V e r m. Was zittern
                                 eure Glieder?
M i c i p s. Voll schrecken; doch erfreut: daß wir Verminen
                                 sehn!
S o p h o n. Wo bleibt Hiempsal denn / ist ihm ein Leid
                                 geschehn!
H i m i l c. Ach nein! das Unglück ist unmöglich auszu-
                                 sprechen.
A m i l c. Sagt's. Ihr sucht's ohne Frucht mit Wortten zu 260
                                 verbrechen.
M i c i p s. Fürst Syphax. S o p h o n. Ich vergeh! M i c i p s.
                                 Ist in des Feindes Hand.
S o p h o n. Tod? H i m i l c. Nein! Lebendig. S o p h o n.
                                 Ach! ist mein erbärmlich Stand /
Ist meines Elends Meer wol möglich zu ergründen?

260 verbrechen = verhehlen, eigtl. durch Worte zu einem Bruchstück
machen.

30   Die erste Abhandlung

A m i l c. Habt ihr gewissen Grund? oft meint ein Feind
                                    zu finden
Durch ein verfälscht Geschrey den Schlüssel in die Stadt /   265
Für die sein Arm zu schwach. M i c i p s. Der Feind / Ach
                                    leider! hat
Uns unsern König selbst gezeugt in Band und Eisen.
V e r m. Darf ihm der tolle Hund so knecht'sche Schmach
                                    beweisen?
Laßt / weil ein Tropffen Blutt uns noch in Adern rinnt /
Verfechten Stadt und Burg. Wo ihr / wie ich / gesinnt /   270
Wolln wir geschwefelt eh mit dieser Burg auffliegen /
Eh Masinissens Faust ein Haar von uns sol kriegen.
H i m i l c. Ich rühme Muth und Schlus; ich wil Gefährthe
                                    sein.
Das Unglück aber schlägt uns unter noch ein Bein.
A m i l c. Eröffne / was uns drückt. H i m i l c. Der Feind 275
                                    hat hoch betheuert:
Daß / wo drey Stunden sie mit der Ergebung feyert /
[10] Ihm Cyrtha nicht schleust auf / wir's Königs Kopf
                                    gespißt
Solln auf dem Pfale sehn. S o p h o n. Welch Drach' und
                                    Tyger ist
Dem Masinissa gleich? Ihr Wolcken berstet / blitzet!
Brich Abgrund! wo der Hund / so rasend / so erhitzt   280
An unsre Seele setzt. Ohnmächt'ge Königin!
In was Verzweifelung fällt Sophonisbe hin?
Solln wir des Hauptes Haupt sehn auf dem Pfale stecken?
Sol solch ein Schaugericht' uns Aug' und Hertz beflecken?
Mag wol ein Greuel sein / der mehr durch's Hertze bricht?   285
Nein! Sophonisbe mag Thyestens Augen nicht!
Nein! Laßt uns vor den Dolch durch Hertz und Brüste
                                    stossen!
V e r m i n a. Frau Mutter / laßt uns nicht mehr auf uns selbst
                                    erbossen /
Als auf des Feindes Brust. Man schärffe Witz und Schwerd:
Daß ihm der Donnerkeil selbst durch die Seele fährt!   290
S o p h o n. Mein Kopf ist gantz verwirrt! die Augen gantz
                                    umbnebelt!
Läßt Sophonisbe zu: daß man den Eh-Schatz sebelt?

269 weil = solange (vgl. I 339).

Die erste Abhandlung 31

Läßt Sophonisbe zu: daß man zur Magd sie macht?
Daß ihr mit Cyrtha seyt in's Römsche Joch gebracht?
Nein! Blutt-Hund / rase fort! Du magst den Syphax   295
                              schinden;
Dein Dreun und Greuel sol die Stad nicht überwinden;
Doch nein! Micipsa geh' / eröfne Thor und Stadt.
Geh / trags dem Feinde für: daß er zur Magd mich hat;
Daß er uns mag nach Rom zum Siegs-Gepränge führen /
Wo nur mein Eh-Schatz nicht darf Hals und Kopf   300
                              verlieren!
A m i l c. Auf was für Aberwitz verleitet sie der Schmertz?
Hat Sophonisbe mehr kein Asdrubalisch Hertz?
Wil sie dem Todt-Feind' uns und sich in Rachen stürtzen?
Kan ihm der Hund so denn nicht auch den Geist
                              verkürtzen?
Und ärger mit ihm spieln / wenn alles ist verspielt?   305
Kein Schluß kan sicher sein / der auf die Zagheit zielt.
S o p h o n. Solln wir durch Trotz das Beil selbst auf den
                              Eh-Schatz wetzen?
A m i l c. Solln wir durch Furcht das Beil uns selbst an
                              Nacken setzen?
[11] S o p h o n. Die Demuth reißt das Schwerd Tyrannen
                              aus der Faust.
V e r m i n. Wie / daß ihr itzt nicht mehr für Masinissen 310
                              graust?
S o p h o n. Mein Hertze schmeltzt für Lieb' / und wünscht
                              für ihm zu büssen.
A m i l c. Die Feinde dreun oft mehr / als sie hernach
                              entschlüssen.
H i m i l c. Wir sahn an's Syphax Hals bereit das Beil
                              gesetzt.
V e r m i n. Doch hat es noch zur Zeit kein Haarbreit ihn
                              verletzt.
M i c i p s. Der Grim ist nicht verkühlt / der Schlag nur 315
                              aufgeschoben.
A m i l c. Solch Aufschub machet lau auch rasend-tolles
                              Toben.
S o p h o n. Nicht / wo ein alter Feind durch Aufschub zielt
                              auf Nutz.
V e r m i n. Großmüttigkeit schafft Ruhm / Furcht ist der
                              Hasen Schutz.

32   *Die erste Abhandlung*

S o p h o n. Ach leider! Ihr fühlt nicht die ångst'gen
                                       Hertzens-Bisse.
A m i l c. Gesåtzt auch: daß der Feind den Syphax tödten   320
                                       liesse /
Was håtten wir und er mehr als bereit verlohrn?
Die Fürsten / denen ist der Purper angebohrn /
Sind ohne Zepter kranck / und mehr als todt in Ketten.
Verlangt der Fürst und Held das Leben ihm zu retten?
Måßt unserm Könige nicht solche Kleinmuth bey: 325
Daß ihm der Hals nicht feil für Reich und Kinder sey.
H i m i l c. Wahr ist's; dis was man hier itzt auf die Wage
                                       leget /
Verdammet Syphax selbst; und heißt uns unbeweget
Für unsre Wolfahrt stehn; betheuernde: Sein Tod
Sey uns mehr kein Verlust / doch's Ende seiner Noth.   330
Ja als der Feind nahm wahr; wie ihn kein Dreuen schreckte /
Wie hertzhafft er den Hals bis unters Richtbeil steckte /
Zoch selbst die Tyranney die steilen Hörner ein.
A m i l c. Auch unsre Tugend wird des Feindes Anstoß sein.
H i m i l c. Bomilcar aber dringt auf Cyrthens Ubergabe.   335
S o p h o n. Wol! nun ich diesen Schluß von meinem Syphax
                                       habe /
Liegt mir kein Centner mehr des Zweifels auf der Brust /
Und Sophonisbe schöpft auch aus dem Elend Lust.
Weil Athem meine Brüst' / und Blutt die Adern schwellet /
Wolln wir den Degen führn / wenn Syphax zwölfmal fållet.   340
Micipsa geh' und schaf' itzt bald Bomilcarn heim;
Der nicht mehr hörens werth. Des Feindes Honigseim
[12] Flößt uns nur Spisglas ein; dem man mehr / wenn er
                                       dreuet /
Mag traun / als wenn er Asch' auf glimme Kohlen streuet.
Auf! laßt der treuen Stadt zum Vorbild uns stelln für!   345
Legt uns den Harnisch an. Den Helm her! schneidet mir
Nun das unnütze Haar zu Seenen auf die Bogen
Von Stirn und Scheutel ab. Welch Weib uns ist bewogen /
Welch unerschrocken Weib das Vaterland nicht haßt /
Sol nachthun / was ihr seht. Wir wolln des Krieges Last   350
Mit unverzagter Faust nebst euch / ihr Helden / tragen;
Der Stadt Beschirmer sein / den Feind in Ausfålln schlagen.

321   bereit = bereits (vgl. IV 120).
343   Spisglas = Spießglanz, Antimon.

Die erste Abhandlung   33

Lågt euch / ihr Liebsten / stracks auch Helm und Kůras bey.
Der Himmel kan verleihn: daß Sophonisbe sey
Des Feindes Tomyris / ihr mehr als Amazonen;   355
Die dem Bluttdůrstigen mit eignem Blutte lohnen.
Himilco nimm der Stadt statt des Hiempsals wahr /
Und růhm' ihr unsern Schlus. Ihr schafft fůr dis Altar
Stracks unsre Kinder her. Mein eigen Blutt bezeuge
Mit was fůr Liebes-Milch' ich Reich' und Vôlcker såuge.   360

Amilcar. Sophonisbe. Vermina. Adherbal. Hierba. Syphax.
Bogudes der Priester. Torquatus, Flaminius, zwey gefangene
Rômer. Das Kônigliche Frauenzimmer / und darunter Ory-
thia, Hippolite, Menalippe.

A m i l c. Unůberwindlich Zweig des grossen Asdrubal!
Behertzte Kônigin! die kein erschrecklich Knall
Des Unglůcks nicht erschreckt mit tausend Donnerwettern /
Die alle Welt verehrn / Carthago wird vergôttern;
Die Rom fůr Afrikens Penthasilea schilt.   365
Schutz-Gôttin unsers Reichs / ja Cyrthens Pallas-Bild!
Nun schôpf' ich Luft und Muth! weil solch behertzt
                             Entschlůssen
Mus vom Verhångnůsse / von unsern Gôttern flůssen.
[13] Nur Muth! die Kônigin wird uns Xanthippus sein
Die diesen Regulus wird Fåsseln schlůssen ein;   370
Und lehrn: daß wenn man meint Carthago lieg im Staube /
Sein Drache / Ruhm und Sieg der Rômer Adlern raube.
S o p h o n. Die Gôtter machen wahr dis / was mein Wunsch
                             begehrt!
Kommt / gůrtet umb den Leib hier meines Kônigs Schwerdt.
Vermina schmůcke dich mit unserm Frauen-Kleide /   375
Die Andacht macht: daß sich ein Held mit unser Seide
Hier nicht verstellt und fleckt. Zeuch meinen Rock auch an;
Daß ich in Helden-Tracht dem Mohnden opfern kan /
Und du dis heil'ge Bild in Weiber-Kleidern ehren;
Weil sonst die Gôttin nicht pflegt Betende zu hôren.   380
Errette Kabar uns / du Schutzstern dieser Stadt!
Baaltis hôre mich / weil man dir allzeit hat
Hochedles Menschen-Blutt und Kinder-Fleisch gewehret:
Daß es dein glůend Bild verbrennt hat und verzehret.

34   *Die erste Abhandlung*

Schau / Göttin / gleich sich dir zwey meiner Kinder stelln.   385
Im fall ihr schmeltzend Leib sol deine Flamm' erhelln /
Eröfne deinen Heisch mit den gewohnten Strahlen.
Ja / ja! Ich sehe schon die Glutt sich röther mahlen.
Die Flamme krönt dein Haupt. Kommt her / ihr Kinder
                                                    looßt /
Wer würdig unter euch sey auf den glimmen Roost   390
Als Opfer für das Heil des Vaterlands zu steigen.
Kommt! denn sie scheint euch schon die Armen zuzuneigen.
Durch solch ein Opfer hat auch Anobreta schon
Die Kriegslast abgeweltzt von der Phönizer Thron /
Als sie ihr einigs Kind den Göttern hat gebraten.   395
Busir hat den Osir / die Druiden Teutaten /
Und Creta den Saturn durch gleiches Blutt versöhnt /
Und Ammon Molochs Bild mit solcher Glutt gekrönt /
Auch Sparta Menschen-Hertz' auf's Mars Altar geschlachtet.
A d h e r b a l. Wie seelig / der für's Heil des Vaterland's   400
                                              verschmachtet!
Frau Mutter / es bedarf hier keines Looses nicht.
Das Recht der Erstgeburth / das Hertze / das mir bricht
Für das gemeine Heil / bestimmen mir die Würde
Daß ich sol's Opfer sein. H i e r b a. Meinst du: daß ich für
                                                    Bürde
[14] Der Mutter Spruch nehm' an? Ich habe so viel Muth   405
Als du / für unser Reich zu opfern Hertz und Blutt /
Den Stahl so auf mich selbst / als auff den Feind / zu
                                              schleiffen.
Hier steht der Glückstopf schon. Laß nach dem Preiß' uns
                                              greiffen.
V e r m. Mein Blutt und Hertze wallt für Schmertz-
                                      vermählter Lust!
Der Kinder grosser Geist regt meine kalte Brust.   410
Die Götter wandeln euch / ihr Sternen / in zwey Sonnen!
H i e r b. Glück zu! Hierba hat das Vorzugs-Recht
                                              gewonnen.
Frau Mutter nehmt von mir die irrd'schen Kleider hin.
S o p h o n. Sol ich / hilf Himmel! sein die blutt'ge Priesterin?
H i e r b. Vermina gürte mir den Gürtel von den Lenden.   415
V e r m. So Gold als Tugend wird verklärt in Flamm' und
                                              Bränden.
H i e r b. Amilcar sol umb mich die Opfer-Binde zihn.

Die erste Abhandlung   35

A m i l c. Aus deiner Asche wird der Wolfahrt Phenix
                    blühn.
V e r m. Numidien wird dich mit mehrern Lorbern krönen /
Wir mehr Altäre dir baun / als den zwey Philenen   420
Carthago wiedmete / die in Cyrener Sand
Sich lebend liessen scharr'n: wormit ihr Vaterland
Auf ihrer edlen Grufft ein ewig's Gräntzmal hette
Vergrösserter Gewalt. A d h e r b. Mus Decius errette
Sich opfernde / sein Heer; hier ist mehr Helden-That   425
Bey Kindern / als jemals verübt ein Römer hat.
H i e r b. Adherbal kröne mich mit Lorbern und Cypressen.
A d h e r b. Ich und die Nachwelt wird nicht deinen Ruhm
                    vergessen.
H i e r b. Nun lege / Mutter / mich der Baal in die Schoos.
S o p h o n. Nimm diesen Kuß noch hin. Erschrecklich   430
                    Hertzens-Stos!
Jedoch nur fort! das Heil des Reiches geht für Kinder.
Gott mache dich zum Stern' und uns zum Uberwinder!
V e r m. Hilf Gott! was sprüt das Bild für grause Flammen
                    aus.
Welch Blitz schlägt aufs Altar? Erbebt der Götter Haus?
Erschüttert sich die Erd'? und wil der Grund verfallen?   435
S y p h a x. Was habt ihr thörchtes für: daß auch die Götter
                    knallen
Auf euren Aberwitz? Wie? sol Hierbens Blutt
Hier schnödes Opfer sein? Weg mit ihm! dessen Muth
[15] Numidien zur Zeit in Freyheit sol versetzen.
Man mus bey solcher Noth mit andrem Blutte netzen   440
Der Götter glüend Bild. Ist sonst kein Opfer dar?
So Sonn' und Monde wolln auf ihr umbflammt Altar /
Zum Opfer Erstlinge von den Gefang'nen haben.
Stracks / schafft ihr zwey hieher. Die werden süße Gaben
Den grossen Göttern sein. S o p h o n. Ihr leichten Götter   445
                    ihr!
Verzückt Grimm oder Gunst den grossen Vorsatz mir?
V e r m. O Blindheit der Vernunft / die nur hat Maulwurffs-
                    Augen /
Wenn sie schon Luchs wil sein. Wir albern Götzen taugen

---

424 errette = errettete.
446 verzüken = hinwegziehen, rauben.
448 Götzen = Dummköpfe, Narren.

36   Die erste Abhandlung

Nicht für's Verhångnüsses umbwölckten Richterstul!
S o p h o n. Ihr Götter? tråumet mir? leb' ich? hat mich der   450
                                                         Pful
Der Todten schon umbschrenckt? ist Syphax dis? sein
                                                   Schatten?
Der König? den die Feind' in Band und Eisen hatten?
S y p h a x. Ich werde / liebster Schatz / ja wol dein Syphax
                                                       sein.
S o p h o n. Komm schleuß mein Schutz-Gott mich in Seel'
                                             und Armen ein.
A d h e r b. Darf ich / Herr Vater ihm / Hand / Knie und   455
                                        Füsse küssen?
S y p h a x. Laß' / allerliebstes Kind / dich in mein Hertze
                                                 schlüssen.
H i e r b. Hier zeuget sich mein Gott / dem opfer' ich mein
                                                   Hertz.
S y p h a x. Es kåmpft in meiner Seel' Angst / Zweifel /
                                          Freude / Schmertz.
V e r m. Mit was bezeug' ich ihm / Herr Vater / meine
                                                 Freude?
S y p h a x. Ist dis mein Kind? mein Sohn? Vermin? in   460
                                           Weiber-Kleide?
V e r m. Ich fleh' in dieser Tracht für ihn die Götter an.
S y p h a x. Itzt sterb ich froh / nun ich nur dich umbarmen
                                                     kan /
Die Seule meines Throns / mit dessen falschem Sterben
Die Feinde kitzeln sich / doch Ehren-Fahnen fårben
Aus deinen Wunden dir; weil Feind und Laster doch   465
                                     Nicht kan die Tugend schmehn. S o p h o n. Mein Schatz
                                            eröfne noch:
Wie er so glücklich sich der Fessel hat entbunden?
S y p h a x. Zu was für Schlössern hat nicht Gold den
                                            Schlüssel funden?
Hierdurch hab ich erkauft der Mohren-Wache Treu.
S o p h o n. In meinem Leibe wird Geist / Athem / Hertze   470
                                                    neu /
Und sagt den Göttern Danck. A m i l c. Ach! daß Carthago
                                                    wüste
Des grossen Königs Heil / und unsre Freud' und Lüste!
[16] V e r m i n a. Der Priester führet zwey Gefang'ne gleich
                                             herein.

Die erste Abhandlung   37

S y p h a x. Recht! Gott und Andacht muß keinmal vergessen
                                                    sein.
Den schlachte / Bogudes / dem Mohnden / den der Sonnen.   475
B o g u d e s. Durch Opfer wird gewis der Götter Hertz
                                                    gewonnen.
Ziht die Gefangenen bis auf die Håmbder aus.
T o r q u a t. Verdammter Gottes-Dienst! verteufelt
                                                    Götzen-Haus!
B o g u d e s. Man wird euch siedend Ertzt auf Brüst und
                                                    Glieder speien /
Wo ihr das Heiligthumb meint fluchend zu entweihen.   480
Da ihr ein Wort noch sprecht / ersäuft euch Hellen-Kwal.
Laßt euch mit Meyen-Thau besprengen sieben mal.
Laßt euch Stirn' / Augen / Mund aus diesem Weine
                                                    waschen.
Nun laßt euch's Haupt bestreun mit dieser Todten-Aschen.
Schlüßt hintern Rücken Bein' und Armen in ein Band.   485
Werfft der Gefangnen Pfeil und Weyrauch in den Brand;
Daß Nabatheens Hartzt die heilge Glutt erfrische.
Nun hebt sie alle zwey auf die zwey Opfer-Tische.
Kehrt beyder Angesicht' Astartens Bilde zu.
So scharffen Schnitt ich hier durch beyder Brüste thu /   490
So wolle Baal auch der Feinde Macht zertrennen.
Dis Hertze sol dir Sonn' / und dis dir / Mohnde / brennen.
Nimm grosser Schutz-Gott an / was Andacht dir gewehrt /
Das Fleisch sey von der Glutt / der Feind von dir verzehrt.
Hier hastu / Derceto / zum Opffer ihr Gehirne;   495
Sey unsrem Feind' ein bös' / uns ein geneigt Gestirne.
Wie dis erhitzte Beil durch beyder Hälse fåhrt /
So falle Rom und Feind auch durch der Mohren Schwerdt.
Daß man der Todten Köpf' auf unsre Thürme stecke.
Der Feind für ihnen mehr als Gorgons Schild' erschrecke.   500
S o p h o n. Das Opfer ist vollbracht: Noch eines aber fehlt.
Ihr Kinder / die zur Rach' uns das Verhångnüs wehlt;
Kommt laßt wie Hannibaln euch einen Eyd vorlesen;
Dafern ihr Rom gestürtzt / Carthago wünscht genesen.
A d h e r b. Wo uns in Adern steckt ein Tropffen Römisch   505
                                                    Blutt /
Vertilg' ihn und mein Hertz die årgste Schwefel-Glutt!
B o g u d. Ihr müßt's Altar anrührn / auf's Schwerd die
                                                    Finger legen.

38   *Die erste Abhandlung*

H i e r b. Ich fühl in meiner Brust sich Rach' und Eyfer
                                                        regen.
[17] B o g u d. A d h e r b. H i e r b. Wir / unser Stamm /
                                         und Reich sei ewiglich verflucht /
Wo einer unter uns nicht Todfeind stirbt / und sucht   510
Der Römer Untergang / und Masinissens Ende.
Wir sagens eydlich zu euch Göttern in die Hånde.

Reyen
Darinnen die Zwytracht. Liebe. Haß. Freude. Schrecken. Be-
gierde. Neid. Furcht. Die Seele der Sophonisbe.

Die Zwytracht.

Kommt / schaut / wie hier der Helle Priesterin /
Des Himmels Furcht / die Königin der Erden /
Des Abgrunds Kind / der Lånder Henckerin;   515
Durch welche Welt und Himmel zwistig werden /
Durch die Sagunth und Troja kam in Brand /
Die auf Carthago Rom / auf Rom den Syphax hetzet /
Wirft einen güldnen Apfel aus der Hand /
Der Stårcksten unter euch sey er hier aufgesetzet.   520

Die Liebe.

Kein Streit ist noth; ob mir der Preiß gehört /
Weil tausendfacher Sieg mir Kron' und Zeugnüs gibt /
Pygmalions sein Bild und Beyspiel lehrt:
Daß Lieb' auch Helffenbein beseelt macht und verliebt.

Die Rache.

Was Liebe rühmt / hat Rache långst verübt.   525
Des Cadmus Saate kan dir meine Macht bewehrn:
Daß Todesbein oft meinen Trieb ausübt;
Daß ich kan Drachenzåhn' in Mörderhauffen kehrn.

[18]   *Der Haß.*

Im Menschen ist der Haß der gröste Trieb /
Der Teufels-Larven stets für Engel-Augen hålt.   530
Welch Unmensch hat sonst nicht den Vater lieb?
Doch schaut: wie dort ein Sohn für ihm in Ohnmacht fållt.

Die erste Abhandlung   39

Die Rache.

Die Ohnmacht ist der Rache Kinderspiel /
Es raast in eignes Fleisch die bluttbegier'ge Hand.
Schaut: wie der Grimm Medeens dort sich kühl'.   535
Wie sie der Kinder Haupt selbst schmetter an die Wand.

Die Freude.

Die Rach' erstickt von blossen Eyfer nicht /
Wie wenn mein starcker Trieb Geblütt' und Hertze schwellt.
Der Mutter Hertz und Lebens-Glas zerbricht /
Wenn sie der Sohn umbarmt / den sie erschlagen hält.   540

Die Rache.

Die Rache raubt Vernunft und Sinnen weg;
Daß Ajax einen Stier für den Ulyß ersticht.
Ja schaut: wie er sein Schwerdt selbst in sich steck' /
Als in Atridens Blutt' er sich kan kühlen nicht.

Die Begierde.

Nichts ist so starck / als der Begierde Brand;   545
Sie opfert Seel' und Leib für Würde / Gold und Lust /
Wenn sie gewinnt beym Satyr Oberhand /
Umbarmt er Flamm' und Tod für eine Schwanen Brust.

Die Rache.

Die Rache schont noch minder ihrer Haut.
Wenn Astapa sich nicht der Römer mehr erwehrt /   550
Siht man: daß sie ihr selbst den Holtzstos baut /
Die Stadt stürtzt in die Glutt / und Leib und Gutt verzehrt.

Das Schrecken.

Das Schrecken kehrt den Menschen gar in Stein.
Als Phoebens Hirsch itzt sol Iphigenia zahln /
Nimmt solch ein Schmertz den Agamemnon ein: 555
Daß kein Timantes kan sein todtes Antlitz mahln.

[19]   *Die Rache.*

Schaut: wo mein Grimm hin Sophonisben reißt?
Sie opfert selbst ihr Kind. Kan grimmers was geschehn?

40   *Die erste Abhandlung*

Ja ich tag' aus der Gruft Achillens Geist:
Daß er Polyxenen ihm kan geschlachtet sehn.   560

Der Neid.

Kein wůttend Hund / kein Molch / kein Scorpion
Ist / der mehr giftig sich als meine Faust beweist.
Denn sie verstimmt des Orpheus süssen Thon;
Daß ihn der Bachchen Grimm in tausend stücke reißt.

Die Rache.

Aus Basilißk- und Drachen-Augen fåhrt   565
Kein solch vergiftet Blitz / als wenn mein Eyfer kreischt.
Actaeon wird durch mich in Hirsch verkert /
Und meiner Hunde Grimm ist's / der ihn so zerfleischt.

Die Furcht.

Die Furcht låscht aus der Seele selbst ihr Licht.
Daß Daphne wird ein Baum / die Syrinx schilficht Rohr.   570
Andromedens gebräuntes Angesicht
Wird Perlen-weiß / so bald der Wallfisch schwimmt empor.

Die Rache.

Mein Werckzeug ist auch Drach' und Crocodil /
Der Juno Schlangen zihn Alciden in den Streit;
Ja mir tantzt nach / wenn ich in Reyen wil /   575
Furcht / Freude / Schrecken / Haß / Begierde / Liebe / Neid.

Die Seele der Sophonisbe.

Ja! alle die beherbergt meine Brust /
Seit mein verletzter Geist fůr Rach' und Eyfer glůhet.
Die Liebe schöpft an meinen Kindern Lust /
Wenn sie die Mordlust sich in ihnen wittern siehet.   580
Ich hasse Rom / und fůrchte seine Macht.
Mich tröstet Syphaxs Flucht / ich neide's Feindes Glůcke.
Mich schreckt die schon zweymal verlohrne Schlacht.
Nimm / Rache / dir den Preiß. Doch Blitz zerbrich die Stricke!

---

559 austagen = auffordern.
580 sich wittern = sich zeigen.
582 Die Änderung meide's > neide's ergibt sich dem Sinne nach aus
Vers 576.

[20]   Die andre Abhandlung.

Der Schauplatz stellet für den innern Platz des Königlichen
Palasts.

Sophonisbe. Syphax. Vermina. Juba. Himilco. Micipsa. Ory-
thia. Elenisse. Menalippe. Ein Theil der Numidischen Fürsten
und Hauptleute.

S o p h o n. SO ist / hilf Himmel! schon die Stadt in's Feindes
                                                    Hand?
H i m i l c. Ja leider! wir sind hin! S y p h a x. Erbärmlich
                                                    Unbestand
Des Glückes! das mit uns spielt / als mit Wasserblasen.
S o p h o n. Ach! wie wird nicht der Feind auf uns und
                                                    Cyrtha rasen!
V e r m. Sag's: wie im Augenblick die Stadt erobert sey?   5
H i m i l c. Wir fall'n durch eignes Schwerd / und durch
                                                    Verrätherey.
Hiempsals Meyneyd hat die Festung aufgebrochen /
Nach dem er güldne Berg' uns thörchten hat versprochen /
Uns albern und der Stadt betheuernd weiß gemacht:
Er habe Frieden uns von Masinissen bracht.   10
S o p h o n. Verteufelt-falscher Hund! sind solcher Heuchler
                                                    Motten
Aus zartem Wurm-Gespünst' und Purper nicht zu rotten?
H i m i l c. Als nun das frohe Volck von Posten sich verlier't /
Ja viel der Vorwitz gar in's Feindes Läger führt /
Das voller Jauchtzen bebt / mit Freuden-Feuern gläntzet /   15
In dem jedwedes Fahn ein grüner Oelzweig kräntzet /
[21] Nimmt unversehns der Feind mit einer schwachen
                                                    Schaar /
Die selbst Hiempsal führt / das Thor ein / die Gefahr
Hieß mich und andre zwar zur Gegenwehr' uns schicken.
Doch bald sieht man auf uns die gantze Macht losdrücken;   20
Und als Mandrestal fällt / Hiarba bleibet todt /
Ich diese Wunden kriegt / fleucht alles: daß mit Noth
Ich auf die Burg entkam. S y p h a x. Ich seh' es: das
                                                    Verhängnüs
Bestelt Numidien und uns das Leichbegängnüs!
Auch Hannibal hat schon Carthagens Fall erkennt.   25

42   *Die andre Abhandlung*

J u b a. Ach! Fůrst / die Burg ist schon mit Feinden rings
                                                   umbrennt.
Ja die Besatzung låßt Thor / Mauren / Waffen fahren /
Springt ůber zu dem Feind! Es sind von allen Schaaren
Nicht hundert / welche treu in Kônigs Diensten stehn.
V e r m. Laßt uns dem Feinde noch behertzt entgegen gehn.   30
S o p h o n. Ja! wir wolln biß in Todt mit euch in Kampf-
                                                   platz zihen.
S y p h a x. Umbsonst! Ach kônte nur Vermina noch
                                                   entfliehen!
An dem des Reiches Heil / Carthagens Hofnung liegt;
Mein Trost / wenn alles sonst verspielt ist und besiegt.
V e r m. Wie? und sol ich allein durch Flucht und Furcht mir   35
                                                   rathen?
S y p h a x. Zeuch an ein Rômisch Kleid; und mische den
                                                   Soldaten
Dich als ein Kriegs-Knecht ein. Der Feind wird / wenn nur ich
Gefangen / sich so sehr bekůmmern nicht umb dich.
Auch ihr / ihr Freunde / fliht / wo ihr entkommen kônnet:
Weil Syphax / nun das Schiff zerberstet / jeden gônnet   40
Daß er ein Brett ergreift / und Tod' und Ach entschwimmt.
V e r m i n. Herr Vater / einen Kuß dem der nun Abschied
                                                   nimmt;
Die Gôtter wollen euch mit besserm Glůcke segnen!
H i m i l c. Wir woll'n stehn aus was euch / Durchlauchste /
                                                   wird begegnen!
M i c i p s. Fůrst Masinissa selbst bricht nebst des Heeres   45
                                                   Kraft
Schon durch das Burg-Thor ein. S o p h o n. Laßt was der
                                                   Himmel schaft /
Was das Verhångnůs schickt / behertzt thun und erfůllen.
Geduld verzuckert auch die Wermuth-bittren Pillen.

[22] *Masinissa. Syphax. Sophonisbe. Bomilcar. Juba. Hi-*
milco. Micipsa. Adherbal. Hierba. Manastabal. Das Frauen-
zimmer. Eine Menge Masinissischer Soldaten.

M a s i n. Trift den Entlauffenen mit seinem Schwarme man
In diesem Kefichte vergifter Schlangen an?   50
Stracks! daß man ingesammt sie in die Ketten schlůsse.

Die andre Abhandlung 43

S y p h a x. Dein Schimmer spiegel sich in meinem
                                Finsternůsse.
M a s i n. Dein Meineyd stůrtz't dich selbst. Wer Gőttern
                                Eyde bricht /
Verdient bey Sterblichen Gunst und Erbarmung nicht.
Laßt Bein und Armen ihm in enge Fåssel schrauben.   55
S y p h a x. Wil man die Hånd' uns nicht zum minsten frey
                                erlauben?
Gerechte Gőtter! Ach! M a s i n. Ja wol! sie sind gerecht;
Dein Beyspiel lehr't's; denn der wird itzt der Straffe Knecht
In dem die Boßheit herrscht. S y p h a x. Du wirst der
                                Gőtter Rache
Noch allzu zeitlich fůhln. Du eben bist der Drache   60
Der Africa verschlingt; und seine Freyheit legt
Den Rőmern unters Joch; der eine Wőlfin hegt
In seiner eignen Schos / die ihn bald selbst wird fressen.
B o m i l c. Gefangne reden nicht mit Siegern so vermessen.
S y p h a x. Verletzt die Wahrheit so der Heuchler zartes   65
                                Ohr?
B o m i l c. Du selbst hast hin und her gewancket wie ein
                                Rohr.
S y p h a x. Ich nie in's Vaterland ein frembdes Volck
                                gefůhret.
M a s i n. Was nůtzt euch: daß ihr hier so Wortt' als Zeit
                                verlieret?
Stracks fůhrt den Syphax hin / schlůßt ihn in Kercker ein.
S y p h a x. Des Syphax Geist wird frey auch in den Banden   70
                                sein.
M a s i n. Bomilcar / laß' alsbald rings-umb die Burg
                                verwachen:
Daß niemand / wer der sey / sich auf die Flucht kan machen;
Sucht nebst Verminen auf die stoltze Kőnigin
Die diesen Brand gebohrn. Die schleppt in Kercker hin!
[23] S o p h o n. Durchlauchtigst-grosser Fůrst; Groß-   75
                                måcht'ger Uberwinder /
Erbarm dich deiner Magd und ihrer armen Kinder;
Die sich fußfållig dir zu deinen Fůssen legt.
M a s i n. Was? ist dis eine Magd die Helm und Harnisch
                                trågt?

_____
71 verwachen = durch Wachen beschützen, bewachen.

44   *Die andre Abhandlung*

S o p h o n. Ja! es ist Sophonisb' / ein Haß der leichten
                                        Gôtter /
Ein Ball des falschen Glûcks / ein Ziel der Unglûcks-Wetter;   80
Vor eine Kônigin / itzt deine schlechte Magd;
Der das Verhângnůs hat sonst allen Trost versagt /
Als diesen: daß sie fâllt in Masanissens Hânde;
Daß mein gescheutert Schif an einen Felsen lende /
Auf dem der Tugenden stern-heller Pharos steht.   85
Vergib mir: daß ein Weib so ferne sich vergeht /
Die deine Sclavin ist: daß sie dein Knie anrûhret /
Daß sie zu Fusse fâllt dem Herren / welcher fûhret
Im Kôcher Gnad' und Tod / Gewalt auf Hals und Haupt.
Wo deine Siegs-Hand mir zu kůssen ist erlaubt /   90
Wo ein gefangen Weib darf Sieger etwas bitten /
Ich Mohrin auf dein Knie darf reine Thrânen schûtten /
So fleh' ich durch den Glantz der Krone / die dich schmůckt /
Bey aller Gôtter Gunst / die dir den Sieg zuschickt /
So fleh' ich dich beym Ruhm und Nahmen der Numiden /   95
Das du und Syphax bist / nicht umb geneigten Frieden /
Umb Leben / Kron und Reich / nicht umb die Freyheit an.
Nein! Sophonisbe stirbt begierig / wo sie kan.
Die Krântze / die uns ziern / sind Pfeile voller Spitzen /
Die uns durch's Hertze fahrn / und unser Haupt zerritzen.   100
Das Elend nagt an uns / das Glûcke macht uns blind /
Da Mohren doch berûhmt sonst von vier Augen sind.
Das Reich war mir nur Last / die Krone trug nur Dôrner;
Drumb schâtzt' ich alles diß nur fûr gemahlte Kôrner /
Darmit das Glûck' uns streut / und in's Verterben lockt.   105
Der Himmel ist zu schwartz / das Glûcke zu verstockt:
Daß ich mir noch hiervon was sůsses trâumen lasse.
Ich schwere grosser Fûrst: daß ich mit Lust erblasse.
Mich stinckt das Aloe des sauern Lebens an /
Das das Verhângnůs selbst mir nicht verzuckern kan /   110
[24] Weil ja kein Kůrbskern mag Granaten-Aepfel zeugen.
M a s i n. Auf! schônste Kônigin / sie darf kein Knie hier
                                        beugen /
Sie melde: was sie drůckt. Was hat sie zu befehln?
S o p h o n. Ihr Gôtter! kan ich wol fûr Hertzens-Lust
                                        erzehln
Das bange Seelen-Ach! Mein Fûrst / der Rômer Ketten   115
Beângstigen mein Hertz. Kan mich der Fûrst erretten

Die andre Abhandlung 45

Aus dieser Stoltzen Schimpff' / und solcher Wölffe Klau' /
Erlang' ich Wunsch und Heil. Daß ich des Syphax Frau /
Der deines Blutes ist / so lange bin gewesen /
Daß ich so wol als du in Africa genesen / 120
Senckt meiner Seele Trost und Hofnungs-Ancker ein:
Du könnst so grimmig nicht als frembde Römer sein.
Ist aber diese Macht / dir grosser Fürst / verschnitten /
So lasse dich mein Magd / mich Sclavin doch erbitten;
So treib dis schöne Schwerdt (ich schmecke schon die Lust!) 125
Durch meiner Kinder Leib in Sophonisbens Brust.
Bringt uns die Kinder her; hier durch fußfällig flehen
Sich strenger Dienstbarkeit der Römer auszudrehen.
Ist auch der Wunsch umbsonst; so wil als Priesterin
Ich dir ihr spritzend Blutt zum Opfer liefern hin. 130
M a s i n. Durchlauchste Sophonisb' / ich fühle deine
                                            Schmertzen.
Das Gift fleust dir in Mund / und würckt in meinem Hertzen.
Jedoch / sie schöpffe Luft und gebe sich zur Ruh.
Oft wirfft der Sturm in Port. Mein Licht / ich sag' ihr zu /
Hier hat sie Treu und Hand / ihr billiges Begehren. 135
S o p h o n. Ihr Götter! was werd' ich / als Freuden-
                                            schwangre Zehren /
Mein Schutz-Gott / dir zum Danck' und Opfer gelten ab?
Mein Antlitz / das zur Zeit dem Syphax Anmuth gab /
Vermag nur Thränen noch / und meine schnellen Brüste /
Die vor zwey Köcher war'n / und Brunnen süsser Lüste / 140
Sind nur von Seuftzern reich. Die Seele die kaum kan
Noch rechlen / zündet ihm der Andacht Weyrauch an.
Ja! laß' auch dich nunmehr anbethen die zwey Knaben.
Verschmehe / so wie Gott / nicht die geringe Gaben.
Das Hertze / nicht ihr Preiß gibt Opfern ihren Werth / 145
Geht / liebsten Kinder / fallt dem Sieger in das Schwerdt.
[25] A d h e r b. Großmächt'ger Herr und Fürst! Wir fallen
                                            ihm zu Füssen /
Verpflichten ewig uns zu Sclaven Masanissen.
Er spann' uns Aermste nur nicht in der Römer Joch.
H i e r b. Wir wünschen uns den Todt und tausend Martern 150
                                            noch /
Wir wolln fürs Henckers Klotz mit frohem Lachen knien;

139 schnell = lobendes Attribut für Glieder des Leibes.

46   *Die andre Abhandlung*

Wir wolln in Löwenhöln in Drachen-Nester ziehen /
Wo uns der Fürst nur nicht nach Rom als Sclaven schickt.
M a s i n. Ihr edlen Fürsten / auf! Aus diesen Knospen blückt
Die Treflichkeit des Stamm's / die Würde künft'ger Früchte. 155
Durchlauchste / sie entwölck' ihr himmlisches Gesichte;
Manastabal nimm ihr und ihrer Treuen wahr.
Die Stille folgt auf Sturm / Erkwickung nach Gefahr.

                        M a s i n i s s a.

Ach! aber Ach! bin ich Besigter oder Sieger?
Den Jäger zwar erlegt oft ein gehetzter Tyger /   160
Nicht aber ein schwach Reh. Und Sophonisbe schlägt
In Band und Eisen mich! wir siegen! und sie trägt
Die Lorber-Kräntze weg! wir schneiden / und fühln
                                    Schmertzen!
Wir herrschen in der Burg / sie aber uns im Hertzen!
Wir sind Herr dieses Reichs / sie Hencker unser Lust!   165
Tyrann in unser Seel' / und Natter in der Brust!
Gleicht Sophonisbe sich der zaubernden Medeen?
Sol ich der Creuse Brand des Creon Ach ausstehen?
Steckt sie durch blossen Blick wie Basilischken an?
Werd' ich geäschert ein / eh ich den Zunder kan   170
So grosser Flammen sehn? Ich loder! ich verbrenne!
Mein Abgott / Sophonisb'! Auf! Fürstin / ich erkenne
Für den Gefangenen / für deinen Sclaven mich!
Wie / Masinissa / was beginst du? geh' in dich!
Sol diese Spinne dir anmuth'gen Honig geben?   175
Sol dieser Seidenwurm dir ein Begräbnüs weben?
Stürtzst du vorsetzlich dich wie Mutten in die Glutt?
Kennst du die Schlange nicht noch Asdrubals sein Blutt /
Die Gift nur athmet aus / ja nichts als Sterben hauchet?
Die Flamme / durch die itzt Numidien verrauchet?   180
[26] Der Molch / der's Syphax Brust durch Ehrgeitz neckt
                                    und stach /
Bis er vom Reich uns sties / der Römer Bündnüs brach?
Und Masinissa wil sich gatten mit den Drachen /
Umbarmen diesen Wurm / mit Nattern Freundschaft machen?
Schleuß diese Zauberin in ein Gefängnüs ein;   185
Stoß sie aus Schoos und Brust. Nein! Masinissa / nein!

Die andre Abhandlung 47

Der Ehrgeitz blåndet dich / du rennst in schnöden
             Schrancken /
Die Rach' und Eyfer setzt; du frevelst mit Gedancken /
Wenn du des Syphax Schuld auf ihre Schultern lågst;
Die Unschuld mit Verdacht- und Neides-Peitschen schlågst.   190
Gesetzt: daß sie auf Rom verbittert ihn verhetzet;
Welch Lamm erbost sich nicht auf den / der es verletzet?
Die Schneck' / ein Kefer spreust auf jeden / der sie neckt /
Die schwachen Hörner aus. Dis / Sophonisbe / steckt
Mich mehr mit Flammen an: daß deine Schönheits-Strahlen   195
Nicht tumme Steine sind und Perlen-leere Schalen:
Daß du von Asdrubaln dem Helden stammest her /
Der neu Carthago baut' / ein Herr war zweyer Meer'
Und stets voll Tapferkeit zum Kampffe war gegürtet;
Daß deine Lilgenbrust Alcidens Hertz bewirthet;   200
Daß Blitz beseelt dein Aug' und Anmuth die Gestalt.
Ich brenn! Ach! aber / ach! mein Hertze wird mir kalt /
Wenn es an Rom gedenckt / an Scipions Gesichte.
Geschwinde Brunst gebiehrt der Reue saure Früchte.
Wie wûrd' es Masaniß / umb Reich und Zepter stehn?   205
Ach ja! es låßt sich nicht in jeden Tempel gehn
Mit unverschloßner Lipp' und aufgelöster Stimme.
Und Masanissa darf nicht sagen: daß er glimme;
Mus legen / wenn er dich / o Sonne / betet an /
Den Finger auf den Mund. Doch nein! solch Feuer kan   210
Verscharrt nicht unter Asch' erstickter Furcht verliegen.
Rom mag erbittert sein / mein Zepter Anstos kriegen /
Die Gunst in Haß sich kehrn / mein Zepter Glück' und
             Land /
Mein Lebens-Faden hengt in Sophonisbens Hand;
Mein Puls schlågt / wie in ihr / mein Hertz in ihren Brüsten!   215
Wird aber Syphax nicht noch unsern süssen Lüsten
Schålsichtig ihrer Gunst und Lieb' am Wege stehn?
Nein! Syphax sol schnurstracks durch diese Faust vergehn!

---

198 neu . . . baut', vgl. Anmerckungen II, Zeile 62: Neu Carthago.
211 verliegen = liegenbleiben, untätig sein.

48   *Die andre Abhandlung*

[27]   *Der Schauplatz bildet ab einen Kercker.*

                        Syphax. Sophonisbe.

S y p h a x. Ist der Verlust des Reichs / Rachgötter / euch zu
                                            wenig?
So sol Numidiens gekröntes Haupt und König /   220
Der Schutz-Herr Afrikens in dieses Kerckers Nacht
Vermodern und verfauln? lernt / die ihr euch die Pracht
Des Purpers bländen laßt / aufs Zepters Rohrstab stützet:
Daß der in Banden heut' und auf den Pfälen sitzet
Der gestern Craesus war. Ach! was war Syphax nicht?   225
Ein Stern in Mohren Land; itzt ein verloschen Licht;
Der Völcker Schiedes-Mann / ein Richter grosser Herren;
Itzt ein verdammter Knecht; den man wie Sclaven sperren
In schwere Fässel läßt. Rom und Carthago war
Umb meine Gunst bemüht; der Helden grötes Paar /   230
Der Römer Scipio und Asdrubal der Mohren /
Bedienten meine Hand / liebkosten meinen Ohren
Bewarben auf einmal umb meine Freundschafft sich.
Ach! daß ich / Scipio / du Unglücks-Vogel / dich
Mit der ergrimmten Faust zu tödten nicht gewaget /   235
Als du und Asdrubal in einem Bette laget?
Drumb / Syphax / rüste dich / ersetze / was versehn!
Es ist so schrecklich nicht den grausen Tod ansehn /
Als in der Finsternüs kaum Maulwurfs-Augen haben.
Auf! rüste dich in's Hertz dis Messer zu vergraben!   240
S o p h o n. Halt Syphax! S y p h a x. Steht uns auch zu
                                            sterben nicht mehr frey?
S o p h o n. Nicht übe wider dich selbst grimme Tyranney.
S y p h a x. Ach! hett' ich dis beginnt schon in der zarten
                                            Jugend!
S o p h o n. Bey Unglück Ungeduld ist Zagheit / keine
                                            Tugend.
S y p h a x. Sol ich in steter Furcht noch für mehr   245
                                            Schimpffe stehn?
S o p h o n. Die Sonne kan nach Blitz noch schön zu Golde
                                            gehn.
[28] S y p h a x. Ich hoffe nun nichts mehr von Menschen
                                            oder Göttern.

Die andre Abhandlung 49

S o p h o n. Dir blickt ein Sonnenstrahl schon nach so grausen
Wettern.

S y p h a x. Ein Sonnenstrahl? von wem? S o p h o n. Von
Mir. S y p h a x. Ach! falsches Liecht!

Elende Sonne! gib' mir's Messer! S o p h o n. Kennst du   250
nicht

Mehr deine Sophonisb'. S y p h a x. Ihr Götter! S o p h o n.
Deine Sonne

Die diese Nacht durchstrahlt / des Kerckers Angst in Wonne /
Die Band' in Freyheit kehrt. S y p h a x. Wie? Syphax
träumet dir?

Höhnt ein Gespenste dich? S o p h o n. Mein Fürst / nein!
glaube mir.

Die Sorge für dein Heil führt mich zu deinen Ketten.   255

S y p h a x. Kommt Sophonisbens Geist hieher? S o p h o n.
Ich dich zu retten.

S y p h a x. Ich höre meinen Schatz / schau aber einen Mann.

S o p h o n. Schau: in was Treu' und Noth sich nicht
vermummen kan!

S y p h a x. Wie? ist / mein Engel / sie ein Römisch Kriegs-
Knecht worden?

S o p h o n. Die Liebe / liebstes Haupt / ist aus des Proteus   260
Orden /

Die sich zu allen macht / nimbt jede Farb' an sich
Wie ein Chamaeleon. Die hat / mein Engel / mich
Auch in dis Kleid versteckt dir Hülf und Rath zu bringen.

S y p h a x. Was kan aus der Gefahr für Hülffe mir
entspringen?

S o p h o n. Verwechsele mit mir nur Augenblicks dein Kleid.   265

S y p h a x. Ach / Ausbund wahrer Treu! S o p h o n.
Verspiele keine Zeit.

Der Wächter Aufsicht läßt uns nicht viel Wesens machen.

S y p h a x. Wil sie mich denn befreyn / sich opfern diesen
Drachen?

S o p h o n. Beförder deine Flucht. Ich weiß auch mir schon
Rath.

S y p h a x. Wer schleußt die Fessel mir auf? S o p h o n.   270
Sophonisbe hat

Schon Schlüssel. S y p h a x. Kan mein Geist die Treue noch
begreiffen?

Jedoch / ich wil auf mich die Hencker lassen schleiffen

50 Die andre Abhandlung

[29] Schwerdt / Hacken / Spisse / Beil / die Augen-Lieder mir
Wegschneiden / und mich stelln gerader Sonnen für /
Ich wil mehr Pein stehn aus / als Regulus ertragen /   275
Eh als mein Frey-sein dich sol in die Fessel schlagen.
S o p h o n. Das letzte kan / mein Schatz / durchaus nicht
                                        anders sein.
S y p h a x. Ich wil eh sterben! S o p h o n. Schleuß / mein
                                        Engel / mich nur ein /
Versichert: daß hierdurch mein Heil eröffnet werde.
S y p h a x. Ach! was drückt meinen Geist für Wehmuth   280
                                        und Beschwerde!
S o p h o n. Geh' unerschrocken fort! es wird kein Mensch
                                        dich nicht
Rechtfertigen. Ja / weil dein Mund gutt Römisch spricht
Wirst du dich auf den Fall wol zu verreden wissen.
S y p h a x. Laß dich / mein Trost / noch einst zu gutter
                                        letzte küssen!
S o p h o n. Die Götter leiten dich! der Himmel sey dein   285
                                        Schutz!
Wie aber? schafft auch dis dir / Sophonisbe / Nutz?
Die Ketten schwirrn umb mich; doch in den leisen Ohren
Klingt Masanissens Wort; sein Schall ist unverlohren!
Er fühle meinen Schmertz. Wer dieses Fühlen hat /
Kan unverliebt nicht sein. Mein Syphax / was für Rath?   290
Wenn Masanissens Hand uns Liebes-Körner streute?
Dörft' ich / mein Engel dich / wol setzen auf die Seite?
Nein / Sophonisbe / nein! der Himmel straft und haßt
Den Meineyd / der bald dis / bald jenes Bild umbfaßt.
Wie würd' uns Syphax nicht verfluchen und verdammen?   295
Ja würde Masaniß' uns mit sammt unsern Flammen
Nach einst-gebüster Lust nicht als ein Gift verspein?
Weil Laster nach der That uns selbst bald Eckel sein.
Jedoch / was widerstehn wir leitenden Gestirnen?
Mein Syphax / pflegen doch die Götter nicht zu zürnen: 300
Daß heute man dis Bild / ein anders morgen ehrt.
Ja / was ist / das die Zeit uns nicht ersinnen lehrt?
Der Witz mus aus der Noth ihm eine Tugend machen.

282 rechtfertigen = den Prozeß machen, anklagen.
283 verreden = sich verteidigen.
284 einst = einmal.
289 fühle – vielleicht: fühlte.

Die andre Abhandlung   51

Er hålt auch mich und's Reich schon fůr verlohrne Sachen /
Der Sophonisben nicht mit rechte fluchen kan /   305
Die seine Ketten bricht und ihr an Hals legt an;
Die Ketten / durch die ich selbst traue Masinissen /
Als Zeichen meiner Treu' ins Liebes-Garn zuschlůssen.

[30]   *Masinissa. Sophonisbe.*

M a s i n. Was schwermet Syphax noch in dieser Einsamkeit?
Was zanckt er mit sich selbst? Verråther / itzt ist's Zeit: 310
Daß deine Herschens-sucht so Gift als Geist ausblase;
Daß Masanissens Stahl in deinen Dårmern rase /
Den du / Friedbrůchiger / des Reiches hast entsetzt.
Was seuftz't? was murmelt er? laßt hören / was er schwåtzt?
S o p h o n. Ja! Masinissa / ja! vollstrecke deine Rache!   315
Du hast nicht schlechten Grund / ich eine böse Sache.
M a s i n. Reitzt der Verzweifelte mich selbst zum straffen
                                                      an?
S o p h o n. Weil / ausser durch den Tod / ich nicht genesen
                                                      kan.
M a s i n. Weil du dich selbst verdammst und deine böse
                                                      Lůste /
So kriege Tod und Stich. S o p h o n. Ja stoß durch diese   320
                                                      Brůste!
M a s i n. Hilf Himmel! ich erstarr! S o p h o n. Wie? daß
                                             der Dolch entfållt?
M a s i n. Wie? hat der Syphax sich in eine Frau verstellt?
Laß' uns die Wunder-Werck was eigen doch betrachten!
S o p h o n. Wil Masanissa nicht mich Sophonisbe schlachten?
M a s i n. Ihr Götter! bin ich noch bey Witze? tråumet mir?   325
Ist Sophonisbe dis? ist Syphax nicht mehr hier?
S o p h o n. Sie ist es / grosser Fůrst / sie kniet fůr
                                             Masanissen.
M a s i n. Ließ mein Manastabel sie in den Kercker schlůssen?
Der Schwefel sol sein Lohn / die Faust sein Hencker sein!
S o p h o n. Nein! meine Treu schleust mich in diesen Fesseln 330
                                                      ein.
M a s i n. Die Treue? leg' uns aus dein seltzam Ebentheuer.

312 Dårmer = Plural von Darm.
331 Ebentheuer = Abenteuer.

Die andre Abhandlung

S o p h o n. Welch Ertzt zerschmeltzet nicht durch heisses
Liebes-Feuer?
M a s i n. Es dûnckt mich / was du sagst / ein leer- und blosser
Traum.
S o p h o n. Verzeihe / grosser Fûrst. Ich darf mein Laster
kaum
Erôfnen. M a s i n. Sag's / was ist's? was nennst du dein   335
Verbrechen?
S o p h o n. Die Zunge stammelt mir / wenn ich es aus wil
sprechen.
M a s i n. So starrt der Mund fûr dem / was Hertz und Hand
vollbracht?
S o p h o n. Ich hab' aus dieser Kluft den Syphax loos
gemacht.
[31] M a s i n. Und sie hat sich fûr ihn in Ketten schrauben
lassen?
S o p h o n. So ist's! weil ich fûr ihn mir wûnsche zu   340
erblassen.
Großmåcht'ger Herr und Fûrst! verzûcke nicht den Stich;
Bepurper diese Brust. Nimm fûr den Syphax mich
Zu deinem Opfer an. Ich weiß: daß mein Beginnen
Halsbrûchig Laster sey. Ich werde viel gewinnen /
Wenn deine blôde Magd / die fûr dir såuftzend kniet /   345
Und nach dem Tode girrt / durch deine Faust sich siht
Durch keinen Rômer falln. M a s i n. Durchlauchste
Sophonisbe /
Machstu die Fabel wahr von der getreuen Thisbe?
O Demant-feste Treu! O Liebe / die fûr ihr
Kein gleiches Beyspiel hat! die Tugend wigt in dir   350
Noch deine Schônheit weg. Was starrst du / Masanisse?
Låst du die Gôttin noch umbarmen deine Fûsse?
Brich der Andromede verdammten Stahl entzwey!
Verschweig ihr långer nicht: daß Sophonisbe sey
Des Masinissa Sonn' / Aug-Apffel / Gôttin / Engel;   355
Er tiefster Sclav' und Knecht. S o p h o n. Ich kenne meine
Mångel.
Entweihe deinen Mund durch eiteln Lobspruch nicht.
M a s i n. Ich fange Flamm' und Glutt von deiner Tugend
Licht'.

341 verzûcken = Hieb und Stich zurückhalten, darin innehalten.
346 girren = schmerzliches Verlangen tragen.

Die andre Abhandlung 53

Ich brenne durch den Blitz der Schönheit angezündet!
Wie bald wird nicht besiegt / der mehrmals überwindet?   360
Wie fällt in Fässel der / der sie löst andern auf!
Schau: wie der Liebe Blitz durch Pfeil-geschwinden Lauf
Den Grimm wie Wachs zerschmeltzt / des Siegers eisicht
                                    Hertze
Wie Schwefel zündet an; wie der Begierden Kertze
Des Hasses Rauch zertreibt! wie Masanissa brennt;   365
Der dich die Siegerin / sich den Besiegten nennt!
S o p h o n. Verfinster deinen Glantz nicht in so düstrer
                                    Höle.
Die ersten Regungen in einer zarten Seele
Sind keine Wolcken nicht / nur leichter Hägerauch /
Den Sonn' und Witz bald tilgt. Und er / mein Fürst / wird   370
                                    auch /
Eh als es Mittag wird / mit klärern Augen sehen.
M a s i n. Nein! meine Flammen wird Vernunft und Zeit
                                    aufwehen!
Ich habe dieser Glutt zwar Anfangs widerstrebt;
Doch ich floh wie ein Reh / in dem der Pfeil schon klebt.
Ich wolte mit Gewalt die Augen von dir kehren.   375
Doch ich empfand: daß sie von Arth der Adler weren /
[32] Du ihr schön Sonnenrad. Ja hette meine Pein
Mir Ruh und Schlaff vergönnt / würd' es ein Traum zu sein
Mich düncken! aber ach! ich brenn' und werde brennen!
Das Epheu läßt sich nicht gantz von der Staude trennen /   380
Ich nicht beseelt von dir! Ja / ausser dir bin ich
Todt. Denn ich habe ja kein ander Hertz als dich.
Mein Abgott / Sophonisb'; Ich falle dir zu Fusse;
Ach! kühle meinen Brand mit einem feichten Kusse!
Geuß in mein siedend Hertz zwey Tropfen reiner Gunst.   385
Wie wird mir? Himmel hilf! kreucht durch so heisse Brunst
Das Eis des Todes uns und Ohnmacht in das Hertze?
Mein Lebens-Wachs zerrinnt / weil meine Liebes-Kertze
Mit allzu grosser Glutt das Adern-Oel greift an.
Ach! daß sich nicht die Seel' in dich verwandeln kan!   390
S o p h o n. Mein Fürst / mein Augen-Trost; zwar meine
                                    Seele schwimmet
In diesen Flammen auch / worvon dein Hertze glimmet:

369 Hägerauch = Höhenrauch.

Der Himmel aber spricht uns diesen Brand nicht gutt /
Entzeucht den Ampeln's Oel / geust Wasser auf die Glutt.

M a s i n. Welch Unmensch mag so schwartz dir Stern und   395
            Himmel mahlen?
S o p h o n. Mein Auge wirft mit fug nur auf den Syphax
            strahlen.
M a s i n. Der flücht'ge Syphax ist dir ein verlohrnes Ziel?
S o p h o n. Ich blieb sein Eh-Gemahl / als gleich sein Glücke
            fiel.
M a s i n. Die Stratonice freyt noch bey Selevcus leben.
S o p h o n. Selevcus hat mit will'n dem Sohne sie gegeben.   400
M a s i n. Auch Syphax kan nun nicht mehr eyfersichtig sein.
S o p h o n. Das Unglück äschert nicht der Liebe Pfeiler ein.
M a s a n. Hat Asdrubal mich dir zum Bräut'gam doch
            erwehlet.
S o p h o n. Carthago aber hat mich ihm / nicht dir vermählet.
M a s a n. Zernichtet Kaccabe mit Fug der Eltern Schluß?   405
S o p h o n. Das Vaterland geht für / dem alles weichen muß.
M a s i n. Das Kriegs-Recht scheidet sie / und schenckt sie
            meinen Händen.
S o p h o n. Wil er umb meine Gunst sein gantzes Heil
            verschwenden?
M a s i n. Wahrhafte Liebe scheut ein scheles Auge nicht.
S o p h o n. Er weiß / mein Fürst / was Rom für strenges   410
            Urtheil spricht.
[33] M a s i n. Hat Rom im Lieben uns Gesätze
            vorzuschreiben?
S o p h o n. Ich werde Scipions Gefang'ne sollen bleiben.
M a s i n. Nimmt Cyrtha Scipio nicht Masinissa ein?
S o p h o n. Die grösten Fürsten solln der Römer Werckzeug
            sein.
M a s i n. Ich bin Roms Sclave nicht / es heißt mich   415
            Bunds-Genossen.
S o p h o n. Sie wolln stets erndten ein / wo andre gleich
            gegossen.
M a s i n. Dich Sophonisbe nicht / weil Masinissa lebt.
S o p h o n. Ich sorge: daß mir dis den Sterbekittel webt!
M a s i n. Ich wil den Bund mit Rom / eh als den Eyd dir
            brechen.
S o p h o n. Ich darf / mein Schutz-Gott / dir nun nicht mehr   420
            widersprechen.

Die andre Abhandlung 55

Die Flamme läßt in mir sich länger nicht verhöln.
Laß einen heissen Kuß den todten Mund beseeln.
Denn Küssen ist der Kern / die Seele ja der Liebe.
Itzt folgt nach Thränen Lust / und Sonnenschein aufs Trübe.
Ich bin aus mir entzückt / ersäuft von Glück und Lust!   425
Ich opfere mein Hertz und wiedme meine Brust
Zum Tempel. M a s i n. Himmel hilf! wil sie in Ohnmacht
                                                    fallen?
S o p h o n. Laß Labsal saugen mich aus deinen Mund-
                                                    Korallen.
M a s i n. Streut zweyer Sonnen Nacht der Thränen Thau
                                                    von sich?
S o p h o n. Mein Brand zerschmeltzt die Seel' und fleucht   430
                                                    aus mir in dich!
M a s i n. Und meine lächst nach dir! Ich sincke für dir nieder!
Ich gebe dir dein Reich mit meiner Seele wieder.
Das Einhorn lägt sein Horn / das Zepter seiner Macht /
So in der Frauen Schoos. Laß uns / mein Licht / bedacht
Stracks auf die Hochzeit sein / und aus dem Kercker gehen.   435
Vollzogner Heyrath kan Rom schwerer wiederstehen.

[34]   *Der Schauplatz bildet ab den Tempel.*

Reyen

*Der Liebe / des Himmels / der Regiersucht unter der Person
des Jupiters; des Abgrunds / der Grausamkeit unter der Person des Pluto; der Erde / der Tugend / unter der Person des
Hercules; des Wassers / der Ehre / unter der Person des Jason.*

Die Liebe.

DEr Zirckel der Natur umbschrenckt
Nicht mein Altar / nicht meines Tempels Zinnen /
In einem meiner Finger henckt:
Daß euer Leben euch die Parcen spinnen.   440
Kommt nun Hell / Erde / Himmel / Meer /
Kommt streut mir opfernd Weyrauch her.

---

421 verhöln = verhehlen.
425 entzücken = entrücken, gewaltsam plötzlich entziehen.
n. 436 Abgrund = Hölle.

56   *Die andre Abhandlung*

Der Himmel.

Du bist mein Kind / die Gôtter opfern mir;
Der Donner kåmpft fûr meines Zepters Wûrde.
Was zûckst du denn dich meiner Gottheit fûr?   445
Dein Tempel ist fûr meinem eine Hûrde.

Die Liebe.

Eh als der Himmel stand / war ich.
Er buhlt der Welt liebåugelnde von ferne /
[35] Und schmûckt mit tausend Augen sich.
Sein Kleid und Antlitz sind verliebte Sterne /   450
Beer / Ochs' / Orion / Adler / Schwan
Zeugt meine Macht / sein Feuer an.

Der Himmel.

Auf rûste dich Regiersucht fûr mich aus!
Laß Jupiter dein Zepter nicht verachten.
Schlag was dein Reich trotzt / durch den Blitz in Graus!   455
Laß diese Kinder mir zum Opfer schlachten.

Die Liebe.

Fûr mir muß Jupiter selbst knien /
Ein Guckuck sein / ein gûldner Regen werden.
Reißt Kinder ihm den Mantel hin;
Weißt: daß er sey ein Satyr auf der Erden.   460
Brecht ihm die DonnerKeil' entzwey /
Lehrt: daß mein Pfeil ihr Meister sey.

Die Helle.

Wer Jupitern und Kronen gleich besigt /
Låßt doch den Pful der Hellen unversehret.
Die Lieb' erstickt / ihr Anmuths-Reitz erliegt /   465
Wo man nur Ach und Ketten schwirren hôret.

Die Liebe.

Auch bis zur Helle dringt mein Strahl.
Mein Pfeil steckt noch in Ariadnens Brûsten /

---

445 zûckst . . . fûr = ziehst . . . vor.
460 weißt = weist, zeigt, offenbart.

Die andre Abhandlung   57

Und Didons Geist fühlt Liebes-Kwal.
Dringt Orpheus nicht gereitzt von süssen Lüsten   470
In Abgrund zur Eurydice
Und Theseus zur Proserpine?

Die Helle.

Auff! Grausamkeit / die meine Nacht verwahrt!
Auff! Pluto / auf! bewafne dich mit Flammen.
Beweis' allhier / wie Rach' und Grimm gebahrt.   475
Zertreib den Schwarm der Kinder stracks vonsammen.

Die Liebe.

Die Grausamkeit wird für mir bleich.
Ein Polifem erstarrt für Galatheen.
[36] Selbst Pluto läst sein finster Reich /
Gereitzt durch Brunst der Ceres Tochter stehen.   480
Geht / Kinder / schleppt ihn für's Altar /
Reicht mir der Hellen Schlüssel dar.

Die Erde.

Wenn in der Glutt gleich Hell und Himmel kracht;
Nehrt meine Schoß doch Seelen ohne Flammen.
Leucatens Fels vertilgt der Liebe Macht /   485
Silemnus Bach theilt Seel' und Brunst vonsammen.

Die Liebe.

Durch mich wird Cyrth- und Troja Graus.
Die Erd ist in den Himmel selbst verliebet /
Sie schmückt im Frühling sich schön aus /
Nur: daß sie ihm geschwängert Anmuth giebet.   490
Der Tyger Grimm / der Schlangen Gift
Verraucht / wenn sie mein Liebreitz trift.

Die Erde.

Alcides auf! greif diesen Drachen an!
Der Tugend weicht jedwedes Ungeheuer.
Wer Hell' und Neid / und Löwen tödten kan /   495
Bleibt unversehrt wie Salamand'r im Feuer.

475 gebahrt = gepaart.

Die Liebe.

Die Tugend wird mein glüend Brand.
Geht / Kinder / reißt die Keule weg dem Riesen /
Gebt ihm den Rocken in die Hand.
Nun spinne / wie dir's Omphale gewiesen!   500
Ja Oeta sol ein Leichen-Stein
Und meine Glutt dein Holtzstos sein.

Das Wasser.

Das Wasser läscht / fångt aber keine Glutt.
Wie sol nun's Meer dir heisses Opfer bringen?
Selbst Phaethon kühlt sich in meiner Flutt.   505
Und Syrinx kan bey mir dem Pan entspringen.

Die Liebe.

Die Lieb' hatt' ihre Wieg in dir.
Jedweder Fisch / jedwede Schnecke brennet.
[37] Neptun wird rasende für mir:
Daß er der Ceres wie ein Pferd nachrennet.   510
Ja des verliebten Alpheus Bach
Kreucht durchs Meer Arethusen nach.

Das Meer.

Auf! Jason / auf! hier ist mein Drey-Zancks-Stab.
Spritz' aus hierdurch die Brände der Begierde.
Denn Ehr und Ruhm gewinnt der Wollust ab;   515
Das güldne Flüs ist deiner Seele Zierde.

Die Liebe.

Die Lieb' hat dirs zuwege bracht /
Medeens Brust muß vor mein Pfeil zertrennen.
Geht prüft ihr Kinder meine Macht /
Versucht ob nicht der Drey-zancks-Stab kan brennen.   520
Kommt nun Hell' / Himmel / Erde / Meer /
Kommt streut mir opfernd Weyrauch her!

Jupiter. Pluto. Alcides. Jason. Himmel. Abgrund. Erde. Wasser.

Wir legen uns fußfållig für's Altar.
*Wir opfern mit den Nahmen unsre Hertzen.

* Jede dieser Personen leget seinen Nahmen auf das Altar der Liebe

Die andre Abhandlung 59

Der Wörtter Brand macht selbst das Feuer wahr /   525
Schaut: wie sie sich erhelln von ihren Kertzen.

Die Liebe.

Schaut: wie ein Theil als Sternen glüht.
**Ihr Kinder / geht / ziert euch mit ihren Flammen;
Weil ja ihr Schimmer ferner siht /
Ihr setzet zwar die Wörtter itzt zusammen;   530
[38] Die Nachwelt aber wird schaun an;
Was reine Liebe würcken kan.

Des Römschen Reiches Jupiter
Wird überm Meer' Europens Perl' ihm holen.
Der Teutschen Hercules und Herr   535
Hat Omphalen sein Hertze schon befohlen.
Die grosse Keyserin und Braut
Wird kurtzweiln mit der Löwen-Haut.

Es wird ein edler gülden Flüß
Als Phasis hat / der Strom Manzanar hegen.   540
Der Jason / der von Argos stieß /
Wird selbst so denn sein güldnes Flüß anlegen
Dem Löwen / der / O güldne Zeit!
Dem güldnen wieder sich verfreyt.

Himmel. Abgrund. Erde. Wasser. Jupiter. Pluto. Alcides.
Jason.

Wir falln zu Fuß' uns opfernd eurer Hold;   545
Der Himmel halt' euch in stets-grüner Blüthe /
Durchlauchtigster / Großmächt'ger
                         Leopold
Durchlauchtigste / Großmächt'ge
                         Margarite.

nieder; darinnen die durchsichtigen Buchstaben von denen darhinter
stehenden Lampen erleuchtet werden.
** Die Liebes-Götter nehmen aus den ersten vier Wörttern die Buch-
staben P. E. L. U. O. L. D. S. O. heraus / und versätzen daraus das
Wort: LEOPOLDUS zusammen. Gleichergestalt nehmen die andern
Liebes-Götter aus den letzten vier Wörttern die Buchstaben I. R. E. R.
A. M. A. G. T. und machen daraus M A R G A R I T E.

[39]   Die dritte Abhandlung.

Masinissa. Bomilcar. Manastabel.

B o m i l c. SO wil der König nicht von seiner Meinung
                                weichen?
M a s i n. Die Heyrath sol gleich itzt hier ihren Zweck
                                erreichen.
M a n a s t. Ein geher Sprung und Schluß gerathen selten
                                wol.
M a s i n. Was steht hier für ein Felß / an dem ich scheutern
                                sol?
B o m i l c. Er kan sich / grosser Fürst / an Syphax Falle   5
                                spiegeln.
M a s i n. Er fiel / weil er zu hoch stieg mit den Hochmuths-
                                Flügeln.
M a n a s t. Als Sophonisbe vor zum Hochmuth ihn trieb an.
M a s i n. Sag' ob ein Icarus die Sonne schelten kan?
B o m i l c. Sie ist ein bluttig Stern / ein Irrwisch / ein
                                Comete.
M a s i n. Daß für der Lästerung dein Antlitz sich erröthe!   10
M a n a s t. Uns nöthigt Treu und Eyd zu sorgen für sein
                                Heil.
M a s i n. An Masinissens hat auch Sophonisbe Theil.
B o m i l c. Die mit der Mutter-Milch Carthagens Gift
                                gesogen?
M a s i n. Sind für Carthago wir nicht selbst ins Feld
                                gezogen?
M a n a s t. Warumb denn: daß der Fürst zun Römern   15
                                übertrat?
M a s i n. Ihr werft mit schlimmen Recht auf sie die Schuld
                                der Stadt.
B o m i l c. Die Wespen dieses Nests sind einer Art und
                                Tücke.
M a s i n. Ich halt's: daß sie ein Zweig aus Barchens Stamm /
                                für Glücke.
M a n a s t. Der Eyben schöner Baum gibt giftgen Schatten
                                ab.
M a s i n. Sagt's: was für Bubenstück' ie Sophonisb' angab? 20

3 geher = jäher.
7 vor = zuvor.

Die dritte Abhandlung 61

B o m i l c. Sie nam den Syphax ein der Römer Bund
                                        zubrechen.
M a s i n. Sucht eine Mücke doch am Feinde sich zu rechen.
M a n a s t. Sie wird auch ihm solch Gift stets blasen in sein
                                        Ohr.
M a s i n. Ich weiß: wie weit mit Bitt' ein Weib sol kommen
                                        vor.
B o m i l c. Wie wird dis Scipio / und Laelius empfinden?   25
M a s i n. Solln wir als König uns die Hände lassen binden?
[40] **M a n a s t.** Er ist ihr Bunds-Genoß' / Sie ihr
                                        geschworner Feind.
M a s a n. Durch diesen Heyraths-Schluß wird sie der Römer
                                        Freind.
B o m i l c. Sie kan ihr Vaterland nicht aus der Seele
                                        bannen.
M a s a n. Rom wird auf Byrsa nicht stets seinen Bogen   30
                                        spannen.
M a n a s t. Rom wird / bis Kaccabe vertilget sey / nicht
                                        ruhn.
M a s a n. Dis lässet leichter sich ihm setzen für / als thun.
B o m i l c. Die besten Flügel sind schon Kaccaben
                                        verschnitten.
M a s a n. Die gröste Stadt der Welt hat wenig noch
                                        gelitten.
M a n a s t. Man merckt: daß ihr es schon an Volck und   35
                                        Bürgern fehlt.
M a s a n. Die siebenhundert mahl zu tausenden sie zählt.
B o m i l c. Die Besten sind erlegt. Ihr Schatz ist auch
                                        erschöpffet.
M a s a n. Die aus gantz Africa Gold wie aus Brunnen
                                        zöpffet?
M a n a s t. Der auch gantz Africa wie einer Aegel flucht.
M a s a n. Bey welcher wider Rom der Erdkreiß Hülffe   40
                                        sucht.
B o m i l c. Wo denckt der Fürst hinaus? wil er von Rom
                                        sich scheiden?
M a s a n. Nicht / wo die Freyheit nur wird keinen
                                        Schif-bruch leiden.
M a n a s t. Verträuligkeit verblüht / wo schon solch
                                        Argwohn käumt.

39 einer Aegel = einem Blutegel.

62   *Die dritte Abhandlung*

M a s a n. Ich habe dem Verdacht kein Haarbreit noch
                                entråumt.
B o m i l c. Ach! möcht ihn doch dis Weib auf keinen Abweg   45
                                leiten!
M a s i n. Wer feste steht / wie wir / kan nicht geführlich
                                gleiten.
M a n a s t. Der Liebreiz ist ein Fisch der auch durch
                                Anrührn låhmt.
M a s i n. Ihr Spinnen / die ihr Gift auf reinste Lielgen
                                såmt /
Seyt albern Mohren gleich / die nicht den Nutz erkennen
Der Sonne / sondern sie / weil sie sie pflegt zu brennen /   50
Mit Schmach und Fluch anspein. Ja euer blödes Licht
Erkiest den Schatten nur / die Sonnen selber nicht /
Nicht Sophonisbens Glantz / nur ihre schlechte Flecken.
Die Zeit / Vernunft / und Witz kan abthun und verdecken.
Das lang erwog'ne Werck muß nun vollzogen sein.   55
Drumb wage keiner sich mir mehr zu reden ein.

[41] *Sophonisbe. Masanissa. Bogudes. Bomilcar. Manastabal.*
Himilco. Micipsa. Adherbal. Hierba. Der Königin Frauen-
zimmer. Zwölff nackte Cupidines.

S o p h o n. Ist dis die güldne Nacht / die jeden Tag
                                beschämet?
Auf die Dianens Horn den Thau als Perlen såmet;
Der Himmel sie verliebt mit tausend Ampeln schmückt;
Da das Verhångnüs uns mit holdem Strahl' anblickt /   60
Als da das Tage-Licht zu erst uns angelachet?
Als du Numidien mir's erstemal gemachet
Das grosse Hochzeit-Fest? Es fasset meine Brust /
Mein Haupt die Liebes Brunst / mein Hertze kaum die
                                Lust /
Ich werd' aus mir entzuckt / nun ich mit Masinissen   65
Ein ewig-festes Band der Heyrath sol beschlüssen.
M a s i n. Die Zunge wird durchs Band der Liebe mir
                                gehemm't /
Die Seele von der See der Freuden überschwemm't!

44 entråumen = Raum geben, einräumen.
48 såmt = sät.

Die dritte Abhandlung 63

Ihr grossen Gŏtter helfft! helfft! segnet unsre Flammen!
Knipft und schrenckt mit der Hand die Hertzen auch   70
                                   zusammen!
B o g u d. Der Himmel segne selbst dis unser Heyligthum!
Befestig' euer Heil / beförder euern Ruhm!
Laßt uns Astarthen nun / die Nacht und Tag anleuchtet /
Die jede Seel' ansteckt und doch die Welt befeuchtet /
Durch Myrten-Zweig' erhelln ihr ewig's Brand-Altar.   75
Reicht mir / ihr Kinder / nun Sabeens Weyrauch dar.
Streut Rosen rings umbher / spielt mit verstreuten Nŭssen.
Laßt uns ins Feuer nun den Saft von Trauben gissen.
Macht einen von Zibeth und Ambra sŭssen Rauch.
Sprengt die geweyhte Flutt durch euren Myrthen-Strauch   80
Auf der Verliebten Haupt. Laßt uns mit dieser Lantze
Der Braut ihr Haar zertheiln; und mit dem Rosen-Krantze
Beblŭmen beyder Stirn / die Locken hŭllen ein
In dieses Schleyers Gold / und ihnen Heil zuschrein!
[42] A l l e. Gib Gŏttin Masiniß- und Sophonisben Glŭcke! 85
Daß sie kein schwartzer Stern / kein giftig Aug' anblicke!
B o g u d. Reicht beyd' ein ander hin den Trau-Ring / dessen
                                   Stahl
Beständiger nicht sey / als des Gelŭckes Strahl!
Reicht den Verliebten nun das Wasser und die Flammen.
Schrenckt die geflochtnen Hånd' itzt noch einmal zusammen. 90
Ich schnell' Ihr / Sophonisb' / itzt Strick und Gŭrtel zu /
Die Masinissens Hand bey der verlangten Ruh
Im Bette lŏsen sol. Die gantze Schaar wird mŭssen
Nun fŭr der beyden Heil der Liebe falln zu Fŭssen:
Ihr Nymphen mŭßt ringsher verliebte Blumen streu'n.   95
Schlŭßt / Kinder / sie in Kreiß von eitel Fackeln ein.
A l l e. Gib / Gŏttin / Sophonisb- und Masinissen Glŭcke!
Daß sie kein schwartzer Stern / kein giftig Aug' anblicke!
B o g u d. Macht mir ihr Kinder drey Schnee-weiße Tauben
                                   loos /
Und lågt zum Opfer sie der Gŏttin in die Schoos.   100
Ach! Delephat / die du von Saltz und See gezeiget /
Doch ålter solst als Ammon sein /

---

91 schnellen = schnallen.
95 verliebte Blumen = durch Liebe entstandene, bzw. auf Liebe sich
beziehende Blumen.
101 gezeiget = gezeuget.

64   *Die dritte Abhandlung*

Hilf glücklich uns dis Paar einweih'n!
Sey beyder Seelen Lieb' und Bündnüsse geneiget!
Beschencke sie mit so viel Fruchtbarkeit /   105
Als deine Gunst dem Schopffen-Vieh verleiht!
Salambo / streue den Verliebten Beyden
Auf Bett' und Tisch das schärfste Saltz der Freuden /
Das unser Leben uns / wie Saltz die Speisen / würtzt!
Laß Seel' und Mund den Liebes-Zucker schmecken /   110
Den Priapus sie aber nicht erschrecken /
Befiehl: daß beyden er die Zeit mit lachen kürtzt.
Du Himmels-Königin / Lust-schaffende Mylitte /
Nim an den Opfer-Teig / er zeugt dein eigen Bild /
Das West-Phoenicien verehrt für seinen Schild /   115
Sey der Verlobten Schirm / gewehr' uns unser Bitte!
Astarthe / Sonne dieser Erden /
Die als kein Atlas nicht / die Kugel dieser Welt /
Auf ihren Achseln helt;
Durch die die Tage schön / die Nächte lichte werden;   120
[43] Die du der Hertzen Königin /
Schutz-Göttin der Phoenizer stets bist blieben /
Nim von mir dis dein Opfer hin /
Beseelige der zwey Verliebten Lieben!
Laß dieser reinen Tauben Blutt /   125
Woraus mein Arm das Eingeweyde reisset /
Und in die dir geweythe Flammen schmeisset /
Versöhnen deine heil'ge Glutt /
Laß deiner Hold und Anmuths süsse Kertzen
Mit Lust erfülln die hier vermählten Hertzen!   130
A l l e. Gib / Göttin / Sophonisb' und Masinissen Glücke!
Daß sie kein schwartzer Stern / kein giftig Aug' anblicke!
B o g u d. Wie? wil die eine Taub' erst sich entzihn der Glutt?
Laß uns das Eingeweid' erforschen: ob es gutt /
Ob dieser Liebe Band der Göttin wol gefalle!   135
Ihr Götter! aber Ach! fehlt doch hier gar die Galle!
Die Leber liegt nicht recht / und ist geschrumpfen ein:
In diesem aber ist das Hertze gar zu klein.
Ja auch die Flamme wil nicht rein und lodernd brennen.
Gewiß / ein Zufall wird bald diesen Ehstand trennen.   140

106 Schopffen-Vieh = Schuppenvieh, Fische.
140 Zufall = Vorfall, Ereignis.

Die dritte Abhandlung 65

S o p h o n. Ihr Götter reiner Eh / steht allzumal uns bey!
Daß dieser Sonnenschein kein schädlich Blitz uns sey!
Ach! aber / wie erstarrn mir die Eis-kalten Glieder!
Das Hertze kocht und bebt / ich sinck' in Ohnmacht nieder!

C. Laelius nebst einer Menge Römischer Soldaten. Und alle
Personen in vorigen Auftritte.

L a e l i u s. Hilf Himmel! seh' ich recht? ist's bländwerck?   145
                              oder wahr?
Daß Masanissa kniet für Dercetens Altar /
Und Sophonisben ihm vermeinet zu vermählen?
M a s i n. Läßt unsre Heyrath sich wol unter Wunder
                              zehlen?
L a e l i u s. Rom giebet nimmermehr: daß dis geschehe / zu.
M a s i n. Wie? wenn es schon geschehn? sol auch ich / was   150
                              ich thu /
Nach deiner Richtschnur thun / und Rom umb's Jawort
                              bitten?
L a e l i u s. In Sachen / die mit Rom den theuren Bund
                              zerritten:
[44] M a s i n. Was reißt für einen Punct mein Heyraths-
                              Schluß entzwey?
L a e l i u s. Jedweden: daß er ihm legt unsre Feindin bey.
M a s i n. Die ist nicht Feindin mehr / die Masinissa   155
                              nimmet.
L a e l i u s. Sie ist zum Siegs-Gepräng' uns Römern schon
                              bestimmet.
M a s i n. Sol Sophonisbe nicht des Siegers Beute sein?
L a e l i u s. Du nimmst Numidien mit Röm'schen Armen ein.
M a s i n. Die Hauptstadt Cyrtha fällt durch Masanissens
                              Degen.
L a e l i u s. Muß Scipio nicht vor den Asdrubal erlegen?   160
M a s i n. Durch diesen Arm gerieth sein Läger in den
                              Brand.
L a e l i u s. Das Haupt war Scipio / du seine blosse Hand.
M a s i n. Wo kämpfte Scipio / als Syphax ward gefangen?
L a e l i u s. Sol Laelius kein Theil von dieser Beut'
                              empfangen?
M a s i n. Du schreibst itzt alles auch des Heeres Haupte bey. 165

66   *Die dritte Abhandlung*

L a e l i u s. Meinst du; daß Laelius dein Knecht gewesen
                                    sey?
M a s i n. Meinst du: daß Masaniß' euch / wie ein Sclave
                                    diene?
L a e l i u s. Mich wundert: daß er sich so viel auf Rom
                                    erkühne.
M a s i n. Auf Rom / dem ich das Thor in Africa schloß auf.
L a e l i u s. Welch Riegel hat gehemmt der Röm'schen   170
                                    Waffen Lauf?
M a s i n. Der Mohren Siege fahrn selbst auf dem Sonnen-
                                    Wagen.
L a e l. So könt ihr mehr als Rom von Sieg und Thaten
                                    sagen?
M a s a n. Wir sind Phönicier; Tsor unser Vaterland /
Vom grossen Chna gezeugt; durch Sud und Ost bekant.
Wie weit der Schatten reicht / der Erdkreiß Sternen schauet / 175
Hat unser Mast gefahrn / und unsre Hand gebauet.
Wir gaben die Gesetz' und Bau-Kunst aller Welt.
Wir haben euch gelehrt / wie man das Kriegs-Volck stellt /
Wie man die Hand zur Zung / und's Auge macht zu
                                    Ohren /
Durch die erfundne Schrifft; die Weißheit ist geboren   180
Bey uns / und nach Athen und Memphis überbracht.
Die ersten Schiffe sind von unser Axt gemacht /
Die Rechen-Kunst entsprang aus unserem Gehirne /
Wir segelten zu erst nach Leitung der Gestirne /
Die Seulen Hercules / wo er geruhet hat /   185
War'n in der Erde Ring ins grosse Meer ein Pfad
Bis in das rothe Meer umb Africa zu schiffen.
Wir suchten Thule auf. Des Hanno Schiffe lieffen
[45] Bis in der Sonnen Bett' in eine neue Welt /
Die Kaccabe noch itzt für ein Geheimnüs hält /   190
Und endlich ihr und uns für einen Freyheits-Hafen /
Wenn's Ammon ja verhengt: daß Rom die Welt zu Sclaven /
Und unser Land / aus dem Rom allen Weitzen kriegt /
Zur Wüsten machen sol. Jedoch der Würffel liegt
Zum Spiel noch auf dem Tisch' und unsre Köcher stecken   195
Voll Pfeile / die die Luft wie Wolcken überdecken.
Wormit Numidien nicht wird die Römer fehln /
Wenn Fürsten man schreibt für / wem sie sich solln
                                    vermähln.

Die dritte Abhandlung 67

Euch lehrt schon Regulus: daß Hoffart für dem Falle /
Trotz für der Kleinmuth kommt. L a e l. Nicht lasse Lieb' 200
          und Galle
Die Feinde der Vernunft / dir stören Glück und Ruh.
M a s i n. Es billiget das Recht und Klugheit was ich thu.
L a e l i u s. Du wirst's bereun / wenn du wirst Zorn und
          Brunst beherrschen.
M a s i n. Du greifst mir an das Hertz / und trittst mich auf
          die Fersen.
L a e l i u s. Sagstu den Bund uns auf? M a s a n. Dafern ihn 205
          Rom versehrt.
L a e l i u s. Die Bündnüs-Brüche sind bey Römern unerhört.
M a s i n. Vom Bunde bin auch ich kein Haar-breit
          abgewichen.
L a e l i u s. Der Bund wird durch den Schluß der Heyrath
          gantz durchstrichen.
M a s i n. Ein Knecht / kein König darf nicht nehmen / wen
          er wil?
L a e l i u s. Mit Feinden sich vermähln / verrückt das 210
          Bündnüs-Ziel.
M a s i n. Schätzt Rom auch Weiber Feind / und tragt ihr
          Furcht für ihnen?
L a e l i u s. Ihr zaubernd Liebreitz kan zu ärgstem Meyneyd
          dienen.
M a s i n. Glaubt: Masanissa sey kein flatternd Wetterhahn.
L a e l i u s. Des Syphax Untreu lehrt / was Sophonisbe kan.
M a s i n. Sie wird sich itzt entfernt von den Verführern 215
          schauen.
L a e l i u s. Der Wurtzel Gift ist nicht mit Aesten
          abzuhauen.
M a s i n. Mäßt angestammtes Gift ihr Sophonisben bey?
L a e l i u s. Sagt / wer wie Barchens Stamm auf Rom
          vergiftet sey?
[46] M a s i n. Sie wird euch Treu und Bund wie Masanissa
          globen.
L a e l i u s. Der Grund bleibt Gift / schwimmt gleich so Oel 220
          als Zucker oben.
M a s i n. Es läßt so liederlich sich nicht mit Eyden spieln.
L a e l i u s. Sie hat vorher geschworn: an uns den Grimm zu
          kühln.

219 globen = geloben.

68   *Die dritte Abhandlung*

M a s i n. Die Låsterung siht auch an Sonnen Fleck und
                                        Schatten.
L a e l i u s. Wir werden nimmermehr / was du beginnst /
                                        verstatten.
M a s i n. Wir gleichwol sehn: wer uns wird endern Schluß   225
                                        und Sinn.
L a e l i u s. Reißt Sophonisben ihm stracks von der Seiten
                                        hin.
M a s i n. Der erste / der sie rührt / sol Tod und Sebel
                                        küssen.
L a e l i u s. Vollstrecket den Befehl an Ihr / Trotz
                                        Masanissen.
M a s i n. Auf! edle Mohren / lehnt Gewalt ab mit Gewalt.
B o m i l c. Besinnt / ihr Helden / euch! M a s i n. Auf! laßt 230
                                        viel eh uns kalt /
Als Rôm'sche Knechte sein! L a e l i u s. Fahrt fort an sie
                                        zu setzen.
B o m i l c. Wo rennt ihr Helden / hin? wollt ihr die
                                        Schwerdter wetzen /
Ausschütten Gall und Zorn / so kühlet Hertz und Muth
In eignen Dårmen nicht; verspritzt der Feinde Blutt /
Zerstôrt Carthagens Nest / das neue Schwerdter schleiffet.   235
M a s i n. Wer kan mehr Feind uns sein / als der an's Hertz
                                        uns greiffet?
Die Mordwehr auf uns zůckt / ja uns fůr Sclaven hålt?
M a n a s t. Laß Laelius die Rach' itzt bleiben ausgestellt /
Bis der Begierden Brand im Hertzen sich gekühlet
Und Scipio selbst komm't. Geschwinder Eifer zielet   240
Auf Ausschlag / welchen Zeit / Vernunft und Witz bereut.
L a e l i u s. Sol Rom und Laelius erzittern / wenn Er
                                        dråut?
M a s i n. Soln wir den Wolf das Schaf uns furchtsam lassen
                                        rauben?
B o m i l c. Behertzigt: was ihr thut. Man kan bald was auf
                                        Schrauben
Und auf die Spitze stelln: daß weder Witz und Fleiß   245
In seinen rechten Stand es zu versetzen weiß!
Wil Rom sich umb ein Weib mit Masanissen trennen?
Vergessen seiner Treu / nicht seine Dienst' erkennen?
[47] Carthago stehet noch / ist Cyrtha gleich gefalln.
Es hofft auf's Glůckes Rad / und pocht auf Hannibaln.   250

Die dritte Abhandlung 69

Kurtz: laßt ihr diesen Bund in Krieg und Zwiest zerrinnen /
Wird Masanissa nicht / auch Rom nicht Seide spinnen.
L a e l i u s. Der Zwist / ich geb' es nach / mag endlich stehen
                                                    an /
Bis ihm selbst Scipio den Ausschlag geben kan:
Ob Syphax und sein Weib sol deine Beute bleiben.   255
M a s i n. Der gâb' ihn! aber was vernûnft'ger und
                                                    bescheiden.
L a e l i u s. Die Hofnung heuchelt dir. Es wird auch Er
                                                    durch's Schwerdt
Den Knoten lôsen auf / wie Laelius begehrt.
Schaff't aber den Torquat / und die hier mehr gefangen
Noch sitzen / stracks hieher. H i m i l c o. Des Laelius   260
                                                    Verlangen
Sol Augenblicks geschehn. Weil aber den Torquat
Die Kônigin nechsthin fûr's Reich geopffert hat /
So wird's unmôglich falln ihm den Torquat zu liefern.
L a e l i u s. Macht ihr / ihr Tyger / euch zu gift'gen
                                                    Ungeziefern?
Verteufelt-bôse That! verdammter Aberwitz!   265
Wie? regnet's Schwefel nicht / und schlägt der lichte Blitz
Nicht in die Opferung / fûr der die Haut mich schauert /
Mein Haar zu Berge steht? fûr der der Himmel trauert /
Die Euch Hystaspides fûrlângst hat abgeschafft;
Euch / die ihr habt mit Schimpf erlernet / was fûr Krafft   270
In euern Greueln steckt / als der verdammten Mohren
Altar und Kônigreich fast gântzlich gieng verlohren
Durch Agathoclens Faust. Meint ihr / die Gôtter sind
So grausam / als wie ihr? die ihr so thumm und blind
Die Menschen schlachtet ab / fûr derer langes Leben   275
Gott wil gebethen sein? und an Altâren kleben
Laßt das versprizte Blutt / das schlechten Sand befleckt?
Brecht ihr auch das Verboth das Gelo euch gesteckt?
Wol! wir woll'n gleiches Recht auf euren Adel ûben.
Laßt die Gefangenen die noch sind ûbrig blieben   280
Schnur-stracks uns schaffen her. Welch Prister aber hat
Unmenschlich ausgeûbt die ârgste Greuel-That?
Ist's dieser Gôtzen-Knecht? Ja sein verblaßt Gesichte /
Sein bebend Leib gesteht's: daß er dis Blutt-Gerichte

262 nechsthin = kürzlich.

70   Die dritte Abhandlung

[48] Der Hellen hat gebracht. Halt! du solst zeitlich fühln;   285
Ob sich mit Menschen-Blutt der Götter Zorn läßt kühln /
Wie auf Abgötterey der Himmel Hagel regne;
Und die / die ihr verflucht / mit Lorber-Kräntzen segne.

C. Laelius. Mamercus. Bogudes. Drey Gefangene / und darunter Syphax verkleidet. Sophonisbe. Masinissa, und alle
                          vorige Personen.

M a m e r c. Hier hab' ich / grosser Held / drey Mohren
                                        aufgebracht /
Die diesen Abend sich vermummt in Röm'sche Tracht   290
Geflüchtet aus der Stadt. L a e l i u s. Sie kommen gleich zu
                                        rechte.
Torquatens edles Blutt sol durch das Blutt der Knechte
Bespritzt sein und versöhnt. Nimm stracks mit ihnen für
Dein Opffer. B o g u d. Herr / es ist nicht zugelassen mir.
L a e l i u s. Wer hindert / was man schafft? B o g u d. Die 295
                                        himmlischen Gesetze.
L a e l i u s. Hört mir den Wahnwitz an / dis albere
                                        Geschwätze!
Warumb ward nicht die That auch am Torquat verwehrt?
B o g u d. Weil unser Götter Grimm nur frembdes Blutt
                                        begehrt /
Es sey denn: daß ihr Kind die Eltern selber schlachten.
L a e l i u s. Setzt ihr Verzweifelten so ungeheure Trachten 300
Den Göttern auf's Altar / die Atreus Taffel nicht
Setzt dem Thyestes auf? Und Titans sternend Liecht
Geht hier wie zu Mycen den Krebsgang nicht zurücke?
Entsetzt sich die Natur nicht selbst? stracks / Mörder /
                                        schicke
Dich zu der Opferung verdammter Mohren an;   305
Das Rom mit mehrerm Fug auf euch beginnen kan.
B o g u d. Eh als ich dieses thu / werd' ich den Geist ausblasen.
L a e l i u s. Solln Hencker über dich / verstockter Bube /
                                        rasen?
B o g u d. Es ist erträglicher / als Götter-Rache fühln.
L a e l i u s. Der Abgrund sol an dir bald seine Flammen 310
                                        kühln /
Die Furien dich mehr als den Busiris plagen.

Die dritte Abhandlung   71

Man muß stracks an den Pfal den Teuffels-Priester schlagen /
[49] An dem er mehrmals hat Abgött'schen Mord verübt.
B o g u d. Solch Tod bestetigt es: Bogudes sey beliebt
Den Göttern / denen er als Priester sich geweihet /   315
Weil er zum Opfer selbst auf ihr Altar gedeyet;
Ihr edles Creutze küßt. L a e l i u s. Hört mir den Wahnwitz
                                                    an!
Wie der Verzweifelte noch höhn- und trotzen kan /
Laßt / wenn er angepfleckt' / die Brust ihm undurchschnitten /
Bis er gesehn die Drey die schwartze Seel ausschütten.   320
B o g u d. Die Unschuld hegt in sich ein Diamanten Hertz
Und Augen aus Porphier / die weder weicher Schmertz
Noch nasse Wehmuth rührt. L a e l. Der Außgang wird es
                                                    lehren /
Wie weit Hartneckigkeit nicht möglich zu versehren.
Ist aber kein Busir sonst hier in Cyrtha dar /   325
Der diese Drey thut ab auf dieses Mord-Altar?
Weil für der Grausamkeit mir so fängt an zu grauen:
Daß ich die Römer nicht hierdurch befleckt kan schauen.
Ist Niemand unter euch / ihr Mohren / der die Drey
Zur Rach uns opfern wil / und durch die Raserey   330
Verdienen unsre Hold? S o p h o n. Darf ich mich wol
                                                    erkühnen
Durch ein verzweifelt Werck mir Wolfarth zu verdienen?
Hier stellt sich Laelius / dir eine Königin /
Die kein Bedencken trägt die Drey zu richten hin /
Umb euch zu machen wahr: daß ich durch Masanissen   335
Mit Römern Freindschaft wolln / mit Mohren Feindschaft
                                                    schlüssen /
Daß ein Schneeweißes Hertz in braunen Brüsten steckt.
L a e l i u s. Ist's glaublich / was sie sagt? Sehr wol! es sey
                                                    vollstreckt
Was uns ihr Mund verspricht. S o p h o n. Ich wil mit Lachen
                                                    schneiden
Die Hertzen aus der Brust. Kommt / laßt mich euch   340
                                                    entkleiden.
Reicht mir das Messer her. Trit näher in das Licht.
Hilf Himmel! ich bin todt! ich kan das Messer nicht
Mehr halten! mir erstarrn / ihr Götter / Mund und Hände!
L a e l i u s. Wie? nimmt ihr hitzig Trieb der Mordlust schon
                                                    ein Ende?

72   *Die dritte Abhandlung*

[50] S o p h o n. Ach! dis L a e l. was träumt ihr? S o p h. 345
        ist L a e l. wer? S o p h. Syphax. L a e l. Syphax?
        S o p h o n. Ja.
B o m i l c. Schwermmt Sophonisb'? S o p h o n. Er ist's!
        B o m i l c. Unmöglich! S o p h o n. Ach! ich sah
Itzt ja auf seiner Brust ein unbetrüglich Zeichen!
M a s i n. Sein Antlitz lässet sich dem Syphax nicht
                                               vergleichen.
S o p h o n. Ziht nur sein falsches Haar vom Haupt und
                                               Antlitz weg.
S y p h a x. Ja! Leider / ja / ich bin's! laßt aber euren Zweck 350
Vom Zufall nicht verzihn und meinem hohen Stande.
Der Tod ist Königen erträglicher als Bande /
Da sie der Feinde Spott / der Freunde Greuel sein /
Und schaun: daß Meineyd flicht verschworne Seelen ein.
Auf! Syphax / auf! ergreif der Sophonisbe Messer!   355
Auf! reche Lieb' und Schmach. M a s i n. Halt Thörchter!
                                       S y p h. Es ist besser
Daß dieses Messer ihr der Adern Brunn durchgräbt /
Als geiler Wollust-Koth auf Lilg- und Brüsten klebt;
Daß mein und ihr kalt Blutt hier rinne schwartz zusammen /
Als daß ihr Ruhm verwelckt für Masanissens Flammen.   360
S o p h o n. So wil mein Syphax mir nunmehr ein Hencker
                                               sein?
S y p h a x. Ja in dein Blutt mit Lust dis Messer tauchen ein.
S o p h o n. Gebieret meine Lieb' in dir so strenge Rache?
S y p h a x. Verletzte Liebe wird ein Weingetränckter Drache.
S o p h o n. Wordurch hab' ich mein Schatz so heftig dich   365
                                               verletzt.
S y p h a x. Untreue! hastu mich nicht diesem nachgesetzt?
S o p h o n. Die Untreu hat uns nicht / das Glück uns nur
                                               getrennet.
S y p h a x. Wahrhafte Liebe wird beym Unglück erst
                                               erkennet.
S o p h o n. Entschuldigt / wenn ihr Fuß trit gleitend auf dis
                                               Eiß.
S y p h a x. Hört wie die Heucheley sich zu verreden weiß. 370
S o p h o n. Die Liebe gegen dich wallt noch in meinen
                                               Brüsten.
S y p h a x. Wie mag dich Falsche denn nach neuer Eh
                                               gelüsten?

Die dritte Abhandlung   73

S o p h o n. Weil sie mir Heil verleiht / dir keinen Abbruch
thut.

S y p h a x. Kan ein rein Hertze nehrn zweyfache Lieb' und
Glutt?

S o p h o n. Sie hat zweyfachen Sitz aus Noth in mir   375
gewonnen.

S y p h a x. Du blåndest Ihn / und Mich / mit falschen
Neben-Sonnen.

[51] S o p h o n. Ich schwere: daß ihr mir zwey rechte
Sonnen seit.

Daß beyden mein gantz Hertz verknůpft ist und geweiht.
Entsinne dich / mein Licht / mit was fůr heissen Lieben
Ich bis auf diesen Tag dein treuer Schatz bin blieben /   380
Wie ich fůr heisser Brunst / und du entzůckt fůr Lust
Zerschmoltzen in der Schoos / gelåchst auf meiner Brust /
Wie oft ich meine Seel' in deinen Mund geflôsset /
Mit deiner Hand gespielt / die mich itzt von dir stôsset /
An mir zum Môrder wird. Wie oft dein treuer Eyd   385
Beweglich sich verschwor: daß weder Tod / noch Leid /
Zeit / Flamme / Pfal und Ertzt / auch nicht des Himmels
Krachen

Mich solte dir verhaßt / dich auf mich eyfernd machen.
Zwar glaub' ich's / Eyfersucht reitzt dich zur Rachgier an.
Doch die Vernunft schlågt dis / was sie nicht nutzen kan /   390
Veråchtlich in den Wind. Was bringt dir's fůr Vergnůgen /
Wenn diese die du liebst / und nicht kanst wieder kriegen /
Nebst dir durch Sturm vertirbt? und nicht entschwimmen
darf /

Ob ihr das Glůcke gleich ein Stůcke Brett zuwarf.
Wahrhafte Liebe kan Geliebten nichts mißgônnen.   395
Zu dem wird Syphax ihm den Feind versôhnen kônnen /
Wenn er guttwillig mich tritt Masanissen ab /
Die Glůck und Tugend ihm vor schon zur Beute gab.
Was ohne dis verspielt / låßt unschwer sich verschencken.
Schôpft aber Syphax Lust / wenn er mein Hertze krånckt /   400
Mein Glůcke stôren kan / so knie ich hin fůr dich;
Volstrecke nun behertzt den vorverwehrten Stich!

S y p h a x. Ihr Gôtter! habt ihr noch mit mir nicht
ausgespielet?

Hat noch mein tieffer Fall nicht euren Muth gekůhlet?
Nicht euren Zorn gelescht? Sol Lieb' und Eyfer noch   405

Begierden und Vernunft mich henckern? da das Joch
Der Dienstbarkeit vorher drückt den gekrönten Nacken.
Nein / Masanissa / nein / wetz' auf mich Beil und Hacken /
Schärff' auf mich Stahl und Schwerdt / du nimmst mit willen mir
Nicht Sophonisben weg! Wie? oder lassen wir   410
Mit mehrerm Ruhm und Nutz ihm die Vermählte fahren?
Nein! sicher / Wolthat läßt mit Feindschafft sich nicht paaren.
Ich schütte Schmach und Fluch auf die Vermählten aus!
Sie wünschend' im Verterb / das HochzeitBett' im Graus /
[52] Den Thron in Staub zu sehn. M a s a n. Laßt hier den   415
                                                    Thörchten stehen /
Den Tummen rasen aus / uns zur Vergnügung gehen!
Dem Laelius steht sonst zu ordnen alles frey /
Wie Syphax und die Stadt wol zu verwahren sey.
S y p h a x. Untreue! wagst du dich so offentlich zu brechen
Mir Treu / und Eh und Eyd? dem Feinde zu versprechen   420
In meiner Gegenwart / mein / nicht dein Eygenthum?
Auf! Syphax / auf! du kanst mit unversehrtem Ruhm /
Mit unerstarrtem Aug' / und Marter-freyem Hertzen
Nicht solchen Greuel sehn. Auf! hilf so grimmen Schmertzen
Durch ihr / auf meine Brust gezucktes Messer ab!   425
L a e l i u s. Halt / Syphax! reißt ihm aus das Messer! Tod
                                                    und Grab
Steht nicht Gefang'nen frey. Auch kan's noch wol geschehen:
Daß du / eh als du meinst / dein Weib wirst Wittib sehen
Getrennt vom Masaniß'. Ihr schlüßt die sämtlich ein.
Denn Scipio mag ihr und aller Richter sein.   430

Reyen

Der Eyfersucht. Der Vernunfft. Des Neides. Der Narrheit.
Der Verzweifelung. Die Schönheit und Einbildung werden
mit ihren Bildungen stumm fürgestellt.

Der Neid.

AUf Eyfersucht! zerbrich des Abgrunds Kluft!
Weil Neid nichts mehr an Lieb' und Schönheit schaft
Komm steh mir bey; vergifte Land und Luft

Die dritte Abhandlung   75

Weil Laelius hat nicht mehr so viel Kraft
Den Masaniß' aus Sophonisbens Ketten /   435
Darein sie ihn verzaubert hat / zuretten.

[53]   *Die Eyfersucht.*

Welch Vorwitz tagt mich aus der bangen Nacht?
Aus Phlegrens Höl' / und wůster Einsamkeit.
Wo Titan und Diana nie erwacht /
Wo stille Furcht stets unter Eulen schreit /   440
Wo Kröten girr'n / und fette Schlangen zischen /
Wo Dampf und Stanck sich mit Verdruß vermischen.

Der Neid.

Auf! Eyfersucht verstőre Lieb und Lust.
Dein Reif sengt ja sonst Blum' und Anmuth weg.
Du kochest Gall' aus Zucker in der Brust /   445
Såmst Nesseln ein / und schmierst auf Lielgen Fleck' /
Ersteckst und saug'st aus Rosen giftig Eyter;
Vergiftest Ambra / tődtest reine Kråuter.

Die Eyfersucht.

Ists nicht genung: daß ich das Hertz in mir
Mir selbst freß' ab? daß mein Medusen Haar   450
Mich kehrt in Stein und in ein årger Thier
Als Sphynx / Chimer / Ocypete nicht war?
Daß Molchen-Blutt und Nattern-Fleisch mich speisen?
Daß ich mich selbst stets tődte durch dis Eisen?

Der Neid.

Auf! wirf Napel in Liebes-Garten ein!   455
Kehr' ihre Ruh in ein bestürmtes Meer.
Die Circe wandelt Menschen in ein Schwein /
Calisto wird durch Junons Rach' ein Beer:
Und du låßt dich itzt Cyrthens Schőnheit blånden?
Auf! růste dich mit Wermuth / Gift und Brånden!   460

Die Eyfersucht.

Hast du verspielt? werd ich nicht Sieger sein.
Dem Drachen ward entfůhrt das gůldne Flůß /

447 erstecken = ersticken machen.

76   *Die dritte Abhandlung*

Und Argus schläfft mit hundert Augen ein /
Als in ein Horn Betrug und Liebe bließ /
Wird Juno nicht selbst mit samt mir bethöret /   465
Wenn Jupiter als Kuh die Io ehret?

[54]   *Der Neid.*

Mars Liebe / List / so Stärck' als Witz verspielt /
Wenn Eyfersucht bewafnet den Vulcan:
Der sich durch's Garn an seiner Venus kühlt.
Versuche nun / was deine Stärcke kan.   470
Dein zweyfach Antlitz / deine tausend Augen /
Dein Hirschfuß / kan dir stets zum Siege taugen.

Der Wurm / der dir nagt an der lincken Brust /
Macht: daß sich's Ohr zu jedem Rasseln spitzt.
Dein blauer Mund haucht Pest zu jeder Lust /   475
Weil der Verdacht dir stets im Hertzen sitzt /
Neid und Geschrey dir stets gällt in die Ohren;
Auf! auf! hab Acht / sonst ist dein Schatz verlohren!

                             Die Eyfersucht.

Ach! Schwester! ach! ach! was erblick ich schon?
Was seh' ich dort für eine Kuplerin?   480
Was stiftet sie zu meinem Schimpf' und Hohn?
Was für ein Adler raubt den Schatz mir hin?
Was für ein Buhler spielt auf ihren Wangen?
Auf! laßt uns ihn in unser Netze fangen!

                             Die Vernunft.

Wahnsinnige! was träumt für Narrheit dir?   485
Schlag in den Wind so thörchte Fantasey.
Halt! setze nur dir meine Prillen für;
Sihst du's: daß es nur eine Fliege sey?

                             Die Narrheit.

Wenn Jupiter wil Junons Buhler werden /
Weiß er sich als ein Guckuck zu gebehrden.   490

                             Die Eyfersucht.

Ach! Schwester / ach! ach! was erblick ich itzt?
Was ist's / daß ihr die Kuplerin einbläßt?

Die dritte Abhandlung

Was ist es / das auf ihren Brüsten sitzt?
Wer ist's / den sie sich so betasten läßt?
Auf! diesen Schnee sol keine Faust befühlen!   495
Auf! auf! sein Blutt muß meinen Zorn abkühlen!

[55]   *Die Vernunft.*

Wahnwitzige! bist du dumm oder blind?
Komm schaue: wer mit ihr zu buhln begehrt.
Erkennst du's nun: daß es nicht Finger sind.
Dis ist ein Kefer / dis ein Grase-Pferd.   500

Die Narrheit.

Wenn Jupiter wil Danaens genüssen /
So kan er auch in regnend Gold zerflüssen.

Die Eyfersucht.

Ach! wen führt itzt die Kuplerin zu ihr?
Welch Bube küßt ihr ihren schönen Mund?
Welch eine Hand / ragt bey der Schürtze für?   505
Auf! Schwester / laß uns tödten diesen Hund!
Auf! laß uns ihm den frechen Halß zerbrechen!
Und meinen Schimpf durch sein Verterben rechen.

Die Vernunft.

Stockblinder Narr! was nimmstu thörchtes wahr?
Was grämst du dich und sie so sonder Noth?   510
Halt / lasse Mich dir stechen vor den Staar!
Erschlag den Floch / tritt diese Spinne todt!

Die Narrheit.

Wenn Jupiter wil bey der Leda liegen /
Verstellt er sich in Schwan sie zu betrügen.

Die Eyfersucht.

Itzt kan gewiß mein Auge nicht mehr irrn!   515
Ach! Schwester / ach! ach! wer umbarmt sie gar!
Wie lächelt sie? wie weiß sie ihn zu kirrn?
Was zweifeln wir? itzt ist der Ehbruch klar!

512 Floch = Floh.

78   *Die dritte Abhandlung*

Schaust du's? mein Haupt kriegt wie Actaeon Hörner!
Auf! brauche Schlangen / Dolche / Peitschen / Dörner.   520

Die Vernunft.

Nach dem du ja stets durch ein Blaster sihst;
Bezauberte / so brauche Fühl' / und Hand.
Fühlst du was? Nein; nur: daß dis Schatten ist /
Der dich bethört / und äffet an der Wand.

[56]   *Die Narrheit.*

Wenn Jupiter Antiopen begehret /   525
Wird er in ein Gespenst' und Bock verkehret.

Die Eyfersucht.

Nun / Schwester / ist's umb meinen Schatz gethan.
Verteufelte / verfluchte Kuplerin!
Welch Hercules spricht umb die Gunst sie an?
Welch Cyclops rennt zu Galatheen hin?   530
Ist sie gleich keusch; die Nothzucht wird sie zwingen.
Auf! laß' uns ihr behertzt zu Hülffe springen!

Die Vernunft.

Mondsüchtige! du bist Erbarmens werth.
Halt! schaue vor durch's Schau'-Glaß / wer sie sind /
Dis ist ein Zwerg / der einen Scherf begehrt;   535
Und jenes ein Allmosen bettelnd Kind.

Die Narrheit.

Wenn Jupitern Alcmenens Gunst sol weiden /
Weiß er in einen Knecht sich zu verkleiden.

Die Eyfersucht.

Ach! itzt bin ich verrathen und verkaufft!
Wer / Schwester / mag der glatte Jüngling sein?   540
Der umb mein Licht wie ein jung Rehbock lauft?
Itzt liefert er ein Buhler-Lied ihr ein?

---

521   Blaster = Pflaster.
522   Fühl' = die Fühle, das Gefühl.
534   Schau'-Glaß = Fernglas.

Die dritte Abhandlung 79

Welch edler Held erscheint mit Helm und Spisse?
Auf! Schwester / daß dis Paar stracks sterben müsse!

Die Vernunft.

Hier brauche von der Augen-Salb' ein Theil /   545
Weil alles dir so frembd' und seltzam scheint.
[57] Siehst du dis Weib / die Nadeln tråget feil?
Den Hirten / der sich zu vermitten meint?

Die Narrheit.

Daß Omphal' und Europe beyden bleibe
Wird Jupiter ein Rind / sein Sohn zum Weibe.   550

Die Eyfersucht.

Ach! Schwester / zetter! zetter! ich vergeh!
Ach! siehst du's nicht? wer meinen Schatz umbfångt.
Er küsset sie / sie ihn. Weh / weh! ach! weh!
Schau! wie er gar den Brautt-Schmuck umb sie hengt.
Sie reichet ihm ein Haarband; nebst zwey Ringen.   555
Nun ist es Zeit sie und mich umbzubringen.

Die Vernunft.

Bezwinge dich! Ein solch Meineydisch Weib
Ist keiner Lieb' auch keines Seuftzers werth.
Sie verunehrt nicht dich / nur ihren Leib.
Und endlich wird ihr Straf' und Schimpf gewehrt!   560

Die Verzweifelung.

Weg mit Geduld! Ein Strick und Dolch ist besser.
Geh tödte dich und sie. Hier ist ein Messer.

[58]   Die vierdte Abhandlung.

         Der Schauplatz stellet für einen Königlichen Saal.

Scipio. Laelius. Syphax. Eine Menge Römischer Kriegs-
                Obersten und Soldaten.

S c i p i o. SO hat den Göttern es durch unsre Sieges-Waffen
Des Syphax Friedenbruch gefallen zu bestraffen/
Rom und die Nach-Welt wird dein danckbar Schuldner sein /
Und dich mit Siegs-Gepräng’ in’s Capitol hol’n ein.
Der Himmel ist indes uns auch zu Hülffe kommen;   5
Wir haben Utica und Tunis eingenommen /
Carthagens rechten Zaum / wodurch die neue Stadt
Schon halb belägert ist. Des Feindes Seemacht hat
Vergebens sich gewagt an unsre wenig Schiffe.
Nun aber zeug uns an / durch was für kluge Griffe   10
Das Reich Numidien in so sehr enger Zeit
In eure Hånde fiel. L a e l i u s. Als deine Tapferkeit /
Durchlauchtigst-grosser Held / hatt’ Asdrubaln erleget;
Und Masanissa sich nebst mir hieher beweget /
Fiel ihm’s verlohrne Reich als rechten Erben zu /   15
Vom Syphax wieder ab / der gleichwol sonder Ruh
In seinem Reiche sich müht’ ein neu Heer zu richten /
Fast stårcker / als das sich bey Utica zu flüchten
Für dir genöthigt ward. Mit dieser neuen Macht
Wagt’ er uns beyden sich zu liefern eine Schlacht.   20
Des Feindes Reuterey fiel als ein håuffig Hagel
Des Heeres Spitzen an; so: daß an einem Nagel
[59] Flucht und Verwirrung hing. Doch dieser Sturmwind
                                                      nam
Bald mit Verwundern ab / so bald das Fuß-Volck kam /
Und mit geschloßner Macht des Syphax Reuter trennte.   25
So eyfrig auch der Feind im ersten Ansatz brennte /
So lau ward der Bestand / so furchtsam seine Flucht.
Ja als ihr König sich mit höchstem Eyfer sucht:
Wie er sein flüchtig Heer in frischen Stand versetzet /
Und an der Spitze kåmpft / wird ihm sein Pferd   30
                                                verletzet /

7 Zaum = Zaun, Grenz- und Schutzwerk um Städte.
27 Bestand = Beständigkeit, Standhaftigkeit.

Die vierdte Abhandlung   81

Daß er zu Bodem stůrtzt; und er / mit was fůr Macht
Man ihn zu retten meint / gefangen zu mir bracht;
Der hier des Scipio siegreichen Fuß muß kůssen.
Als auch die Reuterey voran mit Masanissen
Fůr Cyrthens Mauren kommt / ihr ihren Kônig weißt /   35
Und ihm mit scharffem Dreun die Pforten ôfnen heißt /
Macht' er sich Augenblicks der grossen Festung Meister.
S c i p i o. Die Gôtter machen klar: daß eure Helden-Geister
Ihr Einfluß rege macht / ihr himmlisch Trieb bewegt;
Weil er uns spielende den Feind zu Fůssen legt.   40
Nun eure Tugend sol verdienten Lohn empfangen!
Ja eure Bilder solln in Ertzt und Marmel prangen /
So lange Rom bestrômt wird von der Tyber sein.
In was wird aber man dich Syphax / etzen ein?
In was wird dein schlecht Ruhm und schlimm Gedâchtnůs   45
                                            stehen?
Urtheile selbst: wie Rom mit dir itzt umbzugehen
Hat Uhrsach wieder dich: Was hast du dir gedacht?
Als du durch Friedenbruch meineydig dich gemacht;
Als du den Bund verletzt / den du mir selbst geschworen;
Hast du / wie vor die Treu' / itzt alle Scham verlohren?   50
Eydtbrůchiger! meld an: Ob Rom dir Uhrsach gab:
Daß du so liederlich fielst von den Rômern ab?
S y p h a x. Großmâcht'ger Scipio. Ich bin fůr mein
                                            Verbrechen
Von Gôttern so gestrafft: daß menschlich Urtheil-sprechen
Nicht meinem Leide kan das minste setzen bey;   55
Gesâtzt: daß Beil und Pfal mir schon bestimmet sey;
Ich bin so tief verfalln / und bin so hoch gewesen.
Rom und Carthago hat auf einmal mich erlesen
Zum Ancker seines Heils / gebuhlt umb meine Gunst /
Mit Ehrerbittung mir der leichten Freindschaft Dunst   60
[60] Wie Gôttern Opferwerck begierig fůrgetragen.
Der Asdrubal gesteht's / und Scipio wird's sagen:
Wie beyde mich verehrt / und jeder sich bemůht
Mein Schoos-Kind sich zu sehn. Schaut itzt den Unterschied!
Fůr mir hat Masaniß' in Hecken wohnen můssen;   65
Itzt schâtzt er mich kaum werth den Bůgel ihm zu kůssen;
Und Scipio fâhrt mich wie Hund und Schergen an.

47 wieder = wider.
55 das minste = das mindeste.

82   Die vierdte Abhandlung

Lernt: wie der Götter Blitz die Riesen stürtzen kan!
Doch Syphax hat's verdient! wiewol mein thör'chtes Rasen
Hat seinen letzten Sturm erst vollends ausgeblasen /   70
Als ich zun Waffen grif / und Rom die Spitze wieß.
Weil meine Raserey sich dar schon blicken ließ /
Als ich aus Barchens Stamm und aus Carthagens Schlangen
Mir eine Frau erkohr. Dar ward die Glutt gefangen /
Die Fackel in mein Hauß / die Pest in's Hertz gebracht /   75
Dardurch mein Königreich in lichten Flammen kracht /
Mein Heil sich äschert ein. Dar hab' ich in mein Bette
Die Natter (ach! daß ich sie nie gesehen hette!)
Erhoben / ja auf Schoos und an die Brust gesetz't
Den Wurm / der stündlich mich auf Rom und euch verhetzt /   80
Medeen / die steckt an Numidiens Paläste /
Sie / sie hat wider dich den besten meiner Gäste /
Als ein Busiris mir das Mordbeil in die Hand /
Mich in den Harnisch bracht. S c i p i o. Wer Nattern /
                                          Pest / und Brand
Ihm selbst in Busem setzt / und unter's Dach selbst träget /   85
Ist nicht Bejammerns werth. Ein kluger Herrscher pfleget
Für Weibern seinen Rath und Ohr zu schlüssen ein
Wie Schlangen / die umbkreißt von dem Beschwerer sein.
S y p h a x. Für dieser Circe kan sich kein Ulysses hütten.
S c i p i o. So schützt ein jeder für / der Schifbruch hat   90
                                          gelitten.
S y p h a x. Sie ist ein Scorpion / der stets zwar's Gift
                                          behält /
Doch in dem Winter sich todt und erfroren stellt /
Wenn aber Sonn' und Gunst ihr liebkos't und sie wärmet /
Mehr als die Schlangen sticht / mehr als die Bienen
                                          schwermet /
Die durch ihr Honigseim verstellen ihren Stich.   95
S c i p i o. So Bien als Scorpion hat seine Straff' in sich.
[61] S y p h a x. Ja! jene bißet ein den Stachel; der die
                                          Stärcke /
Wenn uns ihr Stich verletzt. Allein die schlimmsten Wercke
Der Weiber geben noch ein Werckzeug ihnen ab /
Zu steigen in die Höh / und ihrer Männer Grab   100
Zum Grundstein ihres Glücks und neuen Heil's zu machen.

---

97 bißet = büßet.

Die vierte Abhandlung 83

Denn ob sie zwar mehr Gift beherbergen als Drachen /
Darmit sie Adler fälln / und Löwen sperrn an's Joch /
Ist's hole Stachel-Röhr der Scorpionen doch
Viel sichtbarer / als dis / durch das ein Weib vergiftet.   105
Was hat mein Ehweib nicht für arges schon gestifftet?
Sie stürtzt Numidien / steckt Kaccaben in Brand.
Doch hengt der Himmel ihr voll Geigen / und die Hand
Des Glückes steckt ihr an schon neue Hochzeit-Kertzen.
S c i p i o. Ich glaube Syphax schwermt von Unmuth / Angst 110
                                                und Schmertzen.
S y p h a x. Hieraus schöpf ich noch Trost / mein Hertzeleid
                                                noch Lust:
Daß itzt mein gröster Feind küßt Sophonisbens Brust;
Daß diese Unholdin / die Seuch' und Pest des Landes /
Sein Bett' und Hauß steckt an. S c i p i o. Wer macht sich
                                                dieses Brandes
Theilhaftig? S y p h a x. Masaniß' ist's / den sie durch ihr 115
                                                Gift /
Das Basilischken-Blick' und Molchen übertrift /
Mehr hat als mich bethört / und schneller angezündet /
Als sie ihn angeblickt. S c i p i o. Ihr grossen Götter! findet
In dieses Helden Hertz ein solcher Wahnwitz statt?
S y p h a x. Ja / weil er sich bereit mit ihr vermählet hat. 120
S c i p i o. Ich kan der Thorheit kaum vernünftig Glauben
                                                geben.
L a e l i u s. Es ist wahr / was er sagt! Es half kein
                                                Widerstreben /
Kein Warnen / ja kein Ernst. Er lief verzweifelt fort
Wie Hirsch' in voller Brunst. Er schäumte Zorn und Mord /
Sties Fluch und Dreuen aus / als ich's verhindern wolte. 125
S c i p i o. Ach! daß ich nicht von dir den Schandfleck
                                                hören solte!
Du mehr als edler Held! Wo hastu hin gedacht?
Daß du ein Weib der Stadt / die sie zu Göttern macht /
Zur Herrscherin erkies't? du Löwe der Numiden.
Was würde nicht der Wurm durch dich für Ubel   130
                                                schmieden?
[62] Der Scorpionen Gift würckt / wenn der Sonne Rad
Im Löwen seinen Lauff / des Hund-Stern's Einfluß hat /
Zweyfache Schädligkeit. L a e l i u s. Gar recht! vom
                                                Hanno stammet

Die vierdte Abhandlung

Sein Ehweib / den darumb Carchedan hat verdammet /
Weil ein gezähmter Löw' ihm an der Seite gieng.   135
Geht Sophonisbe nun leer aus? die einen Ring
Zwey Löwen leget an / zwey Könige bethöret /
Die Ammon bethet an / die Rom zeither geehret /
Die Welt in Krieg verflicht. S y p h a x. Sie hat den
                              Syphax nicht
Gekirrt. Ich war behext. Ich hab' ihr Augen-Licht   140
Andächtiger verehrt als Lybien die Sonne.
Ihr Antlitz war mein Trost / ihr Anblick meine Wonne /
Mein Wünschen war ihr Heil / und kurtz / sie war mein
                                 Gott /
Mein Hertz' ihr Heyligthumb. Itzt braucht sie meinen
                                 Spott
Zum Ruder ihres Heils / zu Flügeln ihres Glückes /   145
Schätzt meine Fessel nicht werth eines süssen Blickes /
Küßt meinen Feind und lacht / wenn meine Ketten schwirrn.
Dem Vogel aber weh / der sich läßt Beeren kirrn /
Die ihm ihr Liebreitz stellt! Gewiß auch Rom wird fühlen /
Daß Klipp' und Syrten sind / wo Sophonisben spielen.   150
Seh' aber ich bey ihr den Meineyd Straff' ausstehn /
Wil ich vergnügt nach Rom in schweren Fesseln gehn.
H a u p t m. Fürst Masanissa komt den Scipio zu grüssen.
S c i p i o. Wir wünschen hoch erfreut ihn in den Arm zu
                                 schlüssen.
Daß man den Syphax bald verschaff' in sein Gemach.   155

*Masanissa. Scipio. Laelius. Eine Menge Römer. Eine Menge
Masanißischer Kriegs-Obristen. Eine Menge Numidischer
Gefangenen.*

M a s a n. Beglückter Scipio / der Himmel gebe nach:
Daß er gantz Africa bald kniend vor ihm sehe!
Daß sein Gelückes-Wind bald Caccaben verwehe!
Den schön und kostbarn Staub in Meer und Felder streu'!
Was Masanissens Hand und unverrückte Treu'   160
[63] Hier in Numidien ersprüßliches begangen /
Ist unser Götter Werck. Der König ist gefangen /
Die Hauptstadt bethet uns als ihre Häupter an.
Hier ist die Krone selbst / die er willkührlich kan

Die vierdte Abhandlung 85

Ins Capitol gewehrn; hier sind zu Syphax Schätzen   165
Die Schlüssel ihm gewehrt und zu den festen Plätzen /
Der Zepter / den mein Volck mir wieder überreicht /
Als ich mein Land betrat. Weil Masanissa leicht
Sich zu bescheiden weiß: daß nebst der Götter Segen
Die Gunst des Scipio / der tapfren Römer Degen   170
Mir hat mein Reich erkämpft. Hier ist die Hauptfahn auch
Des Syphax / die mein Arm aus Schuld und nach Gebrauch
Ihm zu den Füssen legt. Mehr kriegt er hier gebunden
Die Häupter dieses Reich's / die wir jüngst überwunden.
Wenn dieses Scipio schätzt Zeichen meiner Pflicht /   175
Verlang' ich keine Beut' / auch keinen Siegs-Preiß nicht.
S c i p i o. Mein Bruder / und mein Freund / dem ich mein
                                          halbes Hertze
Fürlängst schon zugetheilt / des Ruhmes lichte Kertze /
Die seine Tugend ihm in Mohrenland steckt an /
Gläntzt über Abila. Die Freundschaft aber kan   180
Rom nach Verdienste nicht vergelten Masanissen;
Wenn es ihm gleich aus Gold' ein Riesen-Bild läßt gissen /
Und nebst des Romulus auf Märckt und Tempel setzt.
Denn Tugend ist was mehr / als was ein Künstler etzt;
Verdient auch mehr als Ertzt und Helffenbein zum Lohne.   185
Wir nehmen itzt zwar an den König und die Krone
Des Reichs Numidien / auch die gefang'ne Schaar /
Die Fahnen und den Schatz / und was des Feindes war /
Als Banden / welche Rom zu mehrerm Danck verstricken;
Dahin wir sie noch heut' ihm wolln zu Ehren schicken;   190
Nim Laelius alsbald der Sachen fleißig wahr.
Daß aber Masaniß' uns beuth die Schlüssel dar
Zun Plätzen seines Reichs / sein Zepter leget nieder /
Ist Höflichkeit von ihm. Er nehme beydes wieder.
Rom schätzt / von Feinden sich bereichern / nur für Ruhm.   195
Er ist sein gröster Freund / dis ist sein Eygenthumb.
[64] Die Götter lassen ihn und seinen Stamm dar blühen!
Ja Scipio wird sich viel mehr bey Rom bemühen:
Daß Africa sein Haupt mehr Kronen tragen schau'
Auf welches Rom und Ich noch grössre Berge bau'.   200
M a s a n. Die Götter wollen Rom und ihren Feld-Herrn
                                          segnen!
Auf ihrer Feinde Kopf Blitz / Hagel / Schwefel regnen!

86   *Die vierdte Abhandlung*

Scipio. Masanissa.

S c i p i o. Jedoch halt! Masaniß'. Es fällt uns noch was
                        ein.
Wo bleibet Sophonisb'? Auch diese muß noch sein
Die Beute der Stadt Rom. Er schweiget! er erblasset!   205
Er zittert! was für Angst / was für Erschrecknůs fasset
Dir Hertz und Antlitz an? M a s a n i s s. Ach! Scipio!
                                                S c i p i o. Sag' an.
M a s a n. Ach! Sophonisbe! S c i p i o. Nun / was ist es?
                                                M a s a n. Ach! ich kan
Nicht sprechen! S c i p. Träumet dir? ermunter' Hertz
                                                und Sinnen!
M a s a n. Ach! Sophonisbe sol S c i p. was sol sie?   210
                                                M a s i n. nicht entrinnen?
S c i p i o. Ja recht / sie sol nach Rom noch heute sein
                        geschickt.
M a s a n. So wird mein Lebens-Drat mein Glůcks-Compas
                        verrůckt.
S c i p i o. Wie? hengt sein Geist und Glůck' an unser
                        Feindin Leben?
M a s a n. Ja Masanissa wird mit ihr den Geist aufgeben.
S c i p i o. Was für ein Uhrsprung ist's / woraus sein   215
                        Wahnwitz kwillt?
M a s a n. Er průfe vor den Baum / eh er die Frůchte schilt.
S c i p i o. Hat Masanissa sich vielleicht in sie verliebet?
M a s a n. Ja! Sie mein Engel ist's / die mir Vergnůgung
                        giebet.
S c i p i o. Die gestern dir mehr Feind' als Spinn' und
                        Natter war?
M a s a n. Oft kehrt ein důster Heyn sich in ein hell Altar. 220
S c i p i o. Die mit der Mutter-Milch hat Gift und Haß
                        gesogen?
M a s a n. Die Drachen werden uns durch Kirrung selbst
                        bewogen.
S c i p i o. Durch ihr Bewogen-sein kommt Syphax umb
                        sein Reich.
M a s a n. Der Rose bleibt ihr Werth / entseelt sie einen
                        gleich.
[65] S c i p i o. Ein zaubernd Weib kan auch den klůgsten 225
                        Kopf verstellen.

Die vierdte Abhandlung 87

M a s a n. Der Liebe Zucker kan nicht Treu' und Milch
vergållen.
S c i p i o. Was schleust den Helden-Geist so schlimmen
Fåsseln ein?
M a s a n. So Tugend / als Gestalt / die an ihr Göttlich sein.
S c i p i o. Hat Rom und Africa nicht Sophonisbens
gleichen?
M a s a n. Kein Stern weiß Wůrd' und Glantz der Sonne   230
zu erreichen.
S c i p i o. Begierde siht Comet- oft auch fůr Sonnen an.
M a s a n. Daß Mißgunst / die nichts reucht / doch Rosen
tadeln kan!
S c i p i o. Die Schönheit ist schön Mah / der einschlåfft /
nicht erkwicket.
M a s a n. Sie weckt die Todten auf / wenn ihr schön Auge
blicket.
S c i p i o. Er tödte mit Vernunft den Reitz der Uppigkeit.   235
M a s a n. Wenn Grund und Giebel brennt / ist's nicht mehr
leschens zeit.
S c i p i o. Ist deine Liebe denn schon bis zum Gipfel
kommen?
M a s a n. Ja! denn ich habe mir sie schon zur Eh
genommen.
S c i p i o. Ha! ist der Aberwitz von ihm wol Glaubens-
werth?
M a s a n. Den Göttern hat's gefalln / mein Glůcks-Stern   240
hat's begehrt.
S c i p i o. Mit dem Verhångnůsse vermummt man eigne
Sůnden.
M a s a n. Des Himmels Reitzungen kan niemand
überwinden.
S c i p i o. Den reitzt die Thorheit / der in's Garn der
Wollust fållt.
M a s a n. Der Venus Gottesdienst wird selbst hierdurch
bestellt.
S c i p i o. Gott ist ein keuscher Geist / liebt Andacht   245
keuscher Hertzen.
M a s a n. Der Keuschheit heilig Oel ernehrt des Ehstands
Kertzen.

233 Mah = Mohn (vgl. IV 533 und Anmerckungen III, Zeile 187).

88   Die vierdte Abhandlung

S c i p i o. Nicht wenn ein blinder Trieb uns auf das
                                              Glat-Eiß jagt.
M a s a n. Fehl-tretenden wird nicht stracks Laub und Gras
                                              versagt.
S c i p i o. Der thut die Laster selbst / der durch die Finger
                                              siehet.
M a s a n. Auf was für Absehn ist sein Eyver denn bemühet? 250
S c i p i o. Daß Masanissa sol zertrennen Eh und Pflicht.
M a s a n. Der Himmel läßt's nicht zu / auch mein Gewissen
                                              nicht.
S c i p i o. Es ist ungiltig Ding der Ehstand bey euch
                                              beyden.
M a s a n. Was kan für Menschen Recht solch himmlisch
                                              Band zerschneiden?
[66] S c i p i o. Das Kriegs-Recht macht sie Rom zu einer 255
                                              dienstbarn Magd.
M a s a n. Sie sey es. Wird nun mir auch eine Magd versagt?
S c i p i o. So eine; die auf Rom so eyfrig ist vergiftet.
M a s a n. Man mißt ihr unrecht bey / was Syphax hat
                                              gestiftet.
S c i p i o. Du fichst für sie umbsonst. Bezwinge selber dich.
M a s a n. Was schöpfet Rom für Lust / wenn man Sie   260
                                              kränckt und Mich?
S c i p i o. Er jammert mich / mein Freund; sein Leid geht
                                              mir zu Hertzen /
Ich hab' Empfindligkeit und Theil an seinen Schmertzen /
Ich sorge für sein Heil. So schlag' er dessen Rath
Doch nicht so schlecht in Wind / den die Erfahrung hat
Als redlich / längst geprüft; ja der nicht seines Blutes   265
Für Masanissen schont. Wofern er etwas Guttes
Mir damals zugetraut; als er kam in mein Zelt /
Als wir ein Freundschaffts-Pfand einander zugestellt /
Von welcher Zeit er mich mit seinem Glück und Hoffen
Willkürlich lies gebahrn; wo er je's Ziel getroffen   270
Gesuchter Redligkeit; so bild' er ihm doch ein:
Daß Scipio nicht hier erst falsch und schlimm wird sein.
Der Tugenden Magnet sol ihn gezogen haben /
So wie er rühmt / zu mir. Von allen grossen Gaben
Weiß ich mich sonsten arm / in der rühm' ich mich reich: 275

263 sorgen für = sorgen um.

Die vierdte Abhandlung 89

Daß meinem Hertzen ist der Liebe Trieb zu weich /
Die Wollust ist mir Gift / und Geilheit schmeckt mir herbe.
Ja sichre dich: daß nichts so sehr als sie verterbe
Den Frühling unser Zeit. Kein giftig Mehlthau nicht
Kein Reif ist / der so viel der zarten Blüth' abbricht   280
Als Brand der Uppigkeit. Für den geharnschten Heeren
Darf unser Alter sich nicht wie für Wollust wehren /
Die uns ins Garn zu kirrn mit süssen Körnern streut /
Mit Engel-Augen winckt / und doch die Hell' uns dreut.
Nun diese Tugend muß auch Masanissa lernen /   285
Wil er mir ehnlich sein / sein Nahme bey den Sternen
Im Sonnen-Zirckel stehn. Wer Wollust übermannt /
Thut mehr / als der den Feind an Sieges-Wagen spannt /
[67] Ja zwey drey Syphax zwingt. Alcides hat am Riesen
Am Löw und Schlangen nicht mehr Hertz und Kraft   290
                                          erwiesen /
Als da beym Scheideweg' er wiech der Wollust aus.
Du tritst / behertzter Held / des Syphax Reich in Graus /
Und läßt den Zärtling dich an Spinnenweben leiten?
Leg auf die Wage doch die schnöden Uppigkeiten!
Ein' Handvoll Ehre wigt zwölf Kisten Wollust weg.   295
Besudel deinen Ruhm nicht erst durch diesen Fleck.
Mein Beyspiel sey ein Liecht zur Folge Masanissen.
Hast du den Scipio ie eine Frau sehn küssen?
Hat des Allucius fast Göttlich-schöne Braut
Mein Finger angerührt / ein geiler Blick beschaut?   300
Der Sophonisbe doch nicht wird den Schatten reichen.
M a s a n. Wer wil sich / grosser Held / dem Scipio
                                          vergleichen?
S c i p i o. Ich bin ein Mensch wie du / doch der Begierden
                                          Herr.
M a s a n. Du bist der Götter Blutt / und stammst vom
                                          Jupiter /
Dein Thun weist's. Man hat ihn / (von dem als einer   305
                                          Schlangen
Auch Alexandern hat Olympias empfangen /)
Wo deine Mutter schlief / oft so gestellt verspürt.
S c i p i o. Der ist der Götter Kind recht / den die Tugend
                                          ziert.
M a s a n. Ich bin aus Libyen. In unsern Städten blühet
Nichts / was nicht feurig ist. Die Sonn' und Liebe glühet   310

Bey uns zur Winters Zeit mit mehrer Krafft und Macht /
Als / wenn der Hunds-Stern brennt in eurer Mitter-Nacht.
S c i p i o. Es dien' ihm Hannibal zum Beyspiel' und zum
        Spiegel!
Bey dem die Keuschheit ist der Liebe strenger Zügel.
Er bleibt beym Weine kalt / und bey der Schönheit Eiß. 315
M a s a n. Ist er aus Africa / und nicht im Lieben heiß?
S c i p i o. Doch klug. Drumb lasse dich den Feind nicht
        schamroth machen.
Ja Caccabe wird sich verstocken / dich verlachen /
Die Raths-Herrn fordern heim / die mit bestürtzter Hand
Die Oel-Zweig' uns verehrn / und für ihr Vaterland 320
Die Erde bethen an / und unsre Füsse küssen /
Ja schon mit Thränen uns umb Friede bitten müssen.
Dein zehnder Feldzug gibt dir auch den zehnden Ring /
Und du verspielest sie als ein verächtlich Ding /
[68] Weil du aus Ohnmacht dich nicht selber kanst 325
        bezwingen.
Zu dem steht's nicht bey mir / weil Rom in allen Dingen
Die unser Schwerdt erwirbt / für Helffern hat die Wahl /
Dir noch was zuzutheiln. Der Syphax / sein Gemahl /
Sein Reich / sein Volck / sein Gutt ist ja der Römer Beute.
Kurtz: Sophonisbe muß nach Rom zihn / und zwar heute. 330
Dis ist mein endlich Schluß. Entschleuß dich: ob der Dunst /
Der Kitzel lieber dir sey / als der Römer Gunst.
M a s a n. Ach! Scipio / ja ja! ich habe mich vergangen!
Ich fühle mein Gesicht schamröthend Blutt umbfangen;
Die Wehmuths-Thräne bricht aus Aug' und Hertzen für! 335
Ich unterwerffe mich / Großmächtger Feldt-Herr / dir.
Gebahre / wie du wilst / mit deinem Masanissen.
Wer aber wird in dem mir noch zu rathen wissen?
Was meine Seele kwält und die Gewissens-Ruh:
Daß ich mit Hand und Mund ihr eydlich sagte zu: 340
Sie solte nimmermehr in frembde Hände kommen.
S c i p i o. Was Masanissens Brunst wahnwitzig
        fürgenommen /
Dem weiß schon sein Verstand / der größre Feinde schlug /
Zu helffen weißlich ab. Du bist dir selber klug.

Die vierdte Abhandlung 91

Masanissa.

M a s a n. Ach! so sol Sophonisb' in Rôm'schen Fesseln   345
               lâchsen?
Steckt dieser bittre Kern in gûldenen Gewâchsen;
Die eure falsche Gunst / ihr schlimmen Rômer ihr /
Sâtzt unser Hofnung auf / tragt unser Einfalt fûr!
Ich scheue mich fast euch / wie den Saturn / zu nennen.
Ihr sucht Numidien von Zeutis nur zu trennen /   350
Daß unsre Zweytracht euch auf-opffer Gold und Blutt.
Zu was ist unser Eh Zergliederung euch gutt?
Traut ihr den Augen-Dorn Carthago nicht zu dâmpffen?
Traut ihr die Herrschafft euch der Welt nicht zu
               erkâmpffen /
Umb die Rom Gall' und Gift auf alle Vôlcker schâumt /   355
Wenn Sophonisbe nicht wird aus der Welt gerâumt?
Nein! Hannibal steht euch / nicht Sophonisb' im Lichte.
Das Glûcke kehret euch mit ihr sein Angesichte.
[69] Sie reißt nebst mir ihm aus die Flûgel / hemmt sein
               Rad /
Daß es von Rom zu flihn mehr keine Federn hat.   360
Wie hoch ist Rom geklimmt / seit ich auf seiner Seiten!
Carchedons Juno kan nicht mehr auf Lôwen reiten /
Ihr Zepter und ihr Blitz fâllt ihr aus beyder Hand.
Carthago wird fûr's Kind Alcidens nicht erkannt /
Und doch sol Masaniß' itzt Zwang und Undanck leiden.   365
Sol Sophonisbe fort? sol Sophonisbe scheiden?
Wird unserm Auge nicht mit ihr entgehn das Licht?
Des Adlers wird ja blind / schârft es die Sonne nicht.
Steinharter Scipio! den ein Hircanisch Tyger /
Ein Arimaspisch Wolf / ein Basilißk' am Niger   370
Mit Gift und Blutt gesâugt! der Zembl- und Caspisch Eiß
Im kalten Hertzen nehrt / weil er / wie siedend heiß
Gleich meine Bitte war / wie viel verliebte Flammen
Gleich schlugen ûber ihn aus meiner Brust zusammen /
Mitleidende nicht schmeltzt. Hat Treu' und Tugend nicht   375
Was mehr / als dis verdient? Mein Augen-Trost / mein
               Licht /
Mein Abgott / Sophonisb'! Ach! ich sol dich verlieren?
Was sol ich fûr Gewinn fûr den Verlust verspûren?
Man sagt mir gûldne Berg' und schwere Zepter zu.

92   *Die vierdte Abhandlung*

Einfålt'ger! Reichthum ist ein Zirckel ohne Ruh /   380
Ein Sclavenhaus der Seel' / Abgötterey der Thummen /
Die güldne Larv' / in die sich Sorg' und Geitz vermummen /
Das Arme årmer macht / und Hungrige nicht satt /
Das man mit Schweisse sucht / mit Furcht und Schrecken
                              hatt
Mit Hertzens-Ach verliert. Nein! Landens Diamanten   385
Sticht Sophonisbe weg. Das Bein von Elefanten
Ist schwartz bey ihrer Haut. Den Mund-Rubinen sind
Nicht Taprobanens gleich. Und was im Tagus rinnt /
Bezahlet nicht ein Haar von Sophonisbens Haupte.
Was ist auch Kron' und Reich? Ach! daß die Welt es glaubte: 390
Daß jede Kron' ein Joch / ihr Gold so schwer als Bley /
Jedweder Diamant ein spitzig Pfriemer sey /
Die Perlen Thrånen-Saltz; die schütternden Rubine
Geronnen Fürsten-Blut; der weiche Purper diene
Der Boßheit: daß sie macht der Heuchler Schwarm' ein   395
                              Nest /.
Der den gekrönten Knecht einst vor der Schippe blåßt.
[70] Nein! Sophonisbe / nein! Reich / Zepter / Purper /
                              Kronen
Sind gegen deinem Werth Schaum / Blasen / Schalen /
                              Bohnen.
Nimm / unersåtlichs Rom / Numidien dir hin /
Wenn ich Besitzthumbs-Herr nur Sophonisbens bin!   400
Halt inne! Masaniß'. Auf was für Syrt- und Scyllen
Rennt dein verzweifelnd Schif? Låst du den blinden Willen /
Und die verkappte Brunst dir einen Leit-Stern sein?
Nein! råume Stab und Heft nicht den Begierden ein.
Numidien ist dir von Uhrsprung' angetråuet.   405
Das Reich ist dein Gemahl. Wer diesem sich verfreyet /
Kan sonder Ehbruch es nicht sencken in Gefahr.
Die Herrschafft ist dein Gott / die Klugheit dein Altar.
Das Auge der Vernunfft wirst du dir selbst ausstechen /
Und årger dich am Glück' als Hannibal verbrechen /   410
Da er zu Croton schimpfft der Juno güldn Bild.
Behertzig': ob ein Weib mehr als dein Wolstand gilt.

393 schütternden = glitzernden.
396 Vgl. *Ibrahim Bassa*, I 472 f.:
                    Wer auf der Schippe steht
       Stürtzt leichtlich Kopff und Hals.

Die vierdte Abhandlung   93

Im Uhrwerck unsers Thuns muß die Vernunfft's Gewichte /
Das Auge Weiser sein. Denn wer dem Irrwisch-Lichte
Der scheinbarn Wollust folgt / versincket in Morast.   415
Die Lieb' ist thôrcht / die nur im Auge Zunder faßt.
Die Schônheit ein Betrug / ein Geyer zarter Hertzen /
Ein Raubfisch unsers Heils. Auf! lasse dir die Kertzen
Der nichternen Vernunft / die Scipio steckt auf /
Dir weisen Farth und Port! wo zielt dein blinder Lauf   420
Mit Sophonisben hin? Auf dreyer Nâchte Lûste /
Auf oft-gekûste Lipp' / und vor befûhlte Brûste;
Auf ein von Scham entfern' und Treue-leeres Weib;
Auf eine Helena / die einen Schwanen-Leib
Ein Raben-Hertze hat. Ist die werth lieb zu haben /   425
Die / den sie heut' umbarmt / wûnscht morgen zu begraben?
Die Masanissen kûßt / weil noch ihr Syphax lebt?
Ja selbst ihm Fallen stellt / und falsche Netze webt?
Nein! Masanissa nein! halt die Begierd' im Zaume!
Sie ist ein giftig Zweig von Barchens Eyben-Baume /   430
Der die / die unter ihr wolln schôpfen Schlaf und Ruh /
Beschattende bringt umb; die Untergang bringt zu
Und Gift zur Mitgift hat / ist unwerth reiner Liebe.
Die Art des Crocodils ist: daß er sich betrûbe /
[71] Wenn er den Menschen frißt; sie macht kein Auge naß / 435
Ob's Unglûck 's Crocodil gleich ihren Syphax fraß.
Wie aber? ist von ihr nicht Besserung zu hoffen?
Den oft des Unglûcks Fuß / der Straffe Keil getroffen /
Lernt endlich weise sein. Nein! alte Laster sind
Nicht wol zu rotten aus. Luft / Wasser / Zeit und Wind   440
Vertreibt nicht den Geruch aus stinckenden Gefâssen.
Fort / Sophonisbe / fort! dein Sarch ist abgemâssen /
Dein Untergang bestimmt. Ach! aber / ach! wie schwer
Kommt uns dis Urthel an! mein Hertze schwimmt im
                                                    Meer'!
Ich wat' in Sand und Angst! Ist's nicht zu hinterzihn?   445
Umbsonst! wer Lorbern / Glûck / und Ruhm ihm wil sehn
                                                    blûhen /
Den Nahmen beym Gestirn' in Ehren-Tempeln stehn /
Muß aus der Irrebahn verwehnter Sinnen gehn.

414 Weiser = Uhrzeiger.
427 weil = während.
448 verwehnt = irregeführt, in Wahn befangen.

Masanissa. Disalces.

M a s a n. Du komst mir eben recht / Disalces. **D i s a l c.**
Was befehlen

Mir ihre Majeståt? **M a s a n.** Mein heutiges Vermåhlen 450
Reißt Himmel / und Vernunft und Zufall morsch entzwey.
Schaf Augenblicks ein Glaß / und Wein / und Gift herbey.
D i s a l c. Hilf Himmel! worzu Gift? **M a s a n.** Volstrecke
was wir sagen.

Ach! wie fiehl' ich in mir mein schnelles Hertze schlagen!
Begierden und Vernunft bekåmpfen mein Gemütt' / 455
In dem bald dis / bald das / aufs andern Scheitel tritt.
Jedoch der Zweifels-Knot' ist aufgelőst und offen.
Das Lieben hat gefehlt; Vernunft den Zweck getroffen.
D i s a l c. Hier hat der Kőnig dis / wie viel er hat verlangt.
M a s a n. Wir Aermsten! daß man noch mit Gift und Tode 460
prangt!

Uns zu erwůrgen Strick' aus Seid' und Purper windet.
Thut's nicht so weh / wenn man mit Adler-Holtze zůndet
Die Scheuter-Hauffen an? und mit Schmaragd versåtzt
Die Dolche / welche man auf unsre Gurgel wetzt?
Bringstu mir's Gifft darumb in Jaspis und Chrystallen? 465
In diesem ja gar recht; weil wir wie Glaß zerfallen.
[72] Wie aber; bring' ich selbst Ihr dis Geschencke zu?
Warumb nicht? kan sie schmehn / was ich gezwungen thu?
Kan jemand besser ihr als ich den Traum auslegen?
Nein! Jupiter låßt sich nicht sehn bey'n Donnerschlågen. 470
Disalces / trag dis Gift stracks Sophonisben hin;
Vermeld' ihr: daß ich noch ihr Freund / ihr EhMann bin /
Daß mir noch unentfalln mein doppeltes Versprechen.
Weil aber Måchtige das Eh-Verlőbnůs brechen /
Und mich der Himmel nicht låßt ihren Eh-Schatz sein / 475
Sol doch mein ander Wortt im Wercke treffen ein:
Daß sie nicht lebend wird falln in der Rőmer Hånde;
Worfůr ich ihr dis Glaß zur sichern Artzney sende.
D i s a l c. Ach! wie wird Sophonisb' empfinden diesen
Schlag!

M a s a n. Wenn sie behertzt ihn fůhlt / so ist's ihr 480
Ehrentag.

D i s a l c. Der in die Gruft sie schleußt? **M a s a n.** Doch
aus den Fesseln reisset.

Die vierte Abhandlung 95

D i s a l c. Ach! möcht' ich sein verschont mit dem / was er
mich heisset!
Mich schauert selbst die Haut. Macht doch ihr Vaterland
Der Anverwandten Todt durch Bothen nur bekand /
Die in dem Kercker schon zum Tode sind verdammet.   485
M a s a n. Wenn sie behertziget; daß sie vom Belus
stammet /
Daß sie sey Asdrubals des grossen Suffes Kind /
Elissens Enckelin / die Lust in Flammen find't /
Daß sie zur Mutter-stadt Chaedreanech habe;
Daß kein Gewürme lebt in der Phoenizer Grabe;   490
Daß man Amilcars Haupt / und die ihm kommen bey
Durch Tugend / bethet an. Wenn sie erwegt; sie sey
Vorhin vermählt gewest mit zwey gekrönten Köpffen /
Wird sie aus dem Geschenck' ihr Trost und Lehre schöpffen.
D i s a l c. Wo bleibet Treu' und Eh' und ihr geschworner   495
Eyd?
M a s a n. Wo es umb Zepter geht / da sind sie Eitelkeit.
D i s a l c. Kan er ihr Schatz nicht sein / so sey er nicht ihr
Mörder.
M a s a n. Ja! weil ich doch ihr Heil durch Gift und Mord
beförder'.
D i s a l c. Ein Römer kan dis Werck mit mehrerm Ruhm
vollzihn.
M a s a n. Der wird sich ihren Tod mehr zu verhindern   500
mühn.
[73] D i s a l c. Was wil der Fürst denn selbst so scharf
auf sie gebahren?
M a s a n. Daß sie in Rom nicht darf zum Siegsgepränge
fahren.
D i s a l c. Sol Fürsten noch der Tod Genad' und Vortheil
sein?
M a s a n. Disalces / geh und wirf mir mehr kein Wort
nicht ein.
Jedoch / halt! Ich vergeh' / ich zitter / ich erstarre!   505
Geh immer! es ist nicht mehr Zeit zu zweifeln. Harre!
Verzieh'! Ach! schaue / wie mir Aug' und Hertze bricht!
Fort! immer fort! der Schluß ist mehr zu ändern nicht.

96   *Die vierdte Abhandlung*

Reyen

Des Hercules. Der Wollust und Tugend. Keyser Leopolds
Geist.

Hercules.

WO wird / nach so viel Müh und Streit /
Nach überwund'nen Schlang' und Riesen /   510
Durch der erzürnten Juno Neid
Erst Hercules noch hingewiesen?
Ihr Götter / die ihr bey mir steht /
Helft: daß mein Fuß nicht irre geht!

Die Wollust.

Einfältiger! darf's eines Zweifels noch?   515
Sihstu hier nicht den Garten? dort die Hecken?
Hier trägt man Sammt / dort schlepp't man Bley und Joch.
Dort muß man Gall' / hier kan man Zucker schmecken.

Die Tugend.

Laß dich den Wurm / Alcides / nicht verführn.
Der Tugend Kern beschämt der Wollust Schalen.   520
Die Lielgen / die der Wollust Abgrund zier'n /
Sind Disteln / die mit falschem Silber pralen.

Die Wollust.

Setz' einen Fuß nur auf den weichen Pfad /
Den dir die Hand mit Nelcken gantz verneuet.

[74]   #### Die Tugend.

Halt! schaue vor: was es für Wespen hat   525
In ihrer Schoos / aus der sie Blumen streuet.

Die Wollust.

Dis / was du siehst in meinem Blumwerck spiel /
Sind Stachel-leer und Honig-reiche Bienen.

Die Tugend.

Du wirst den Stich eh als ihr Zucker fühln;
Ja siehe: Nattern nisten unter ihnen.   530

Die vierte Abhandlung 97

Die Wollust.

Doch ohne Gift. Sie saugen reinen Saft
Aus diesen Rosen / die nie sind erblichen.

Die Tugend.

Es ist kaum Mah; Einschläffen ihre Kraft.
Nur Tulpen / die nichts / oder heßlich richen.

Die Wollust.

Sie tragen Frücht' und Aepfel dicht' aus Gold.   535

Die Tugend.

Wol! laßt uns sie hier auf die Wage legen!

Die Wollust.

Dis wird erwerben Mir Alcidens Hold.

Die Tugend.

Die Haselnuß wird ihrer drey abwegen.

Die Wollust.

Was leicht' ist / gleicht den Sternen und klimmt hin.

Die Tugend.

Schaust du's: dis Gold hat in sich nichts als Aschen.   540

Die Wollust.

Der Mensch wird Vieh auch durch die Zauberin.
Wol! diesen Schimpf sol mir ihr Blutt abwaschen.

Die Tugend.

Wil auch dis Thier mit güldnen Pfeilen praln?
Schaut: Sie sind nur aus Wachs und Bley bereitet.

[75]   ### Die Wollust.

So sol der Spiß dir deinen Hochmuth zahln!   545

---

538 abwegen = abwägen.

98   *Die vierdte Abhandlung*

Die Tugend.

So siget / wer mit glåsern Lantzen streitet!

Die Wollust.

Ich wil dich fålln auch ohne Pfeil und Spieß.

Die Tugend.

Durch ein schön Lied bezaubernde Sirene?

Die Wollust.

Ja / Orpheus zwingt hierdurch die Finsternůs.

Die Tugend.

Hört! wie verstimmt mein Griffel ihr Gethöne.   550

Die Wollust.

Nicht lasse dich durch diesen Blåndungs-Dunst
Von meiner Feder-weichen Bahn ableiten.
Mein Bett' ist Seid' / und durch der Seren Kunst
Laß' ich Damast den meinen so bereiten.

Die Tugend.

Schaut den Betrug! in dieser Seide sind   555
Stro / Nesselkraut / Dorn / Disteln / Stein verstecket.

Die Wollust.

Ja! weil mein Arm hieraus auch Seide spinnt;
Aus Gall und Gift Zibeth und Zucker becket.

Die Tugend.

Was sich der Wurm / der Molch / die Schlange růhmt!

Die Wollust.

Die Gold bekrönt / und Wurmgespinste kleidet?   560

Die Tugend.

Die Aeßer sind mit Veilgen oft beblůmt.

Die Wollust.

Die Mißgunst schmeht auch Engel / die sie neidet.

Die vierdte Abhandlung 99

Die Tugend.

Wol! wir wolln bald des Engels Schönheit sehn!
Ich muß ihr den geborgten Rock ausziehen.
[76] Kan sich ein Bettler in was ärgers nehn?   565
Wer wolte nicht für dieser Sclavin flihen?
Wirf aber auch den Bettler-Mantel weg.
Schaut: ist ein Schwein besudelter zu schauen?
Dis ist ein Krebs- und dis ein Aussatz-Fleck.
Muß dir nicht selbst für Schwer- und Eyter grauen?   570
Der Wollust Kopf ist Schwan / der Leib ein Schwein.
Laßt uns die Schminck' im Antlitz auch vertilgen.
Hier fault das Fleisch / dort frist die Lauß sich ein /
So wandeln sich in Koth der Wollust Lilgen.
Noch nicht genung! zeuch auch die Lumpen aus /   575
Was zeigt sich nun? Ein Aaß / ein todt Gerippe.
Besih' itzt auch der Wollust innres Hauß:
Daß man sie in die Schindergrube schippe!

Hercules.

Gesicht' erschrecklicher Gestalt!
Sey Wollust tausendmal verfluchet!   580
Mein Hertze schlägt / der Leib wird kalt!
Weh dem / der diesen Irrweg suchet!
Wol dem! der mit mir treten kan
Hier auf der Tugend Distel-Bahn.

Die Tugend.

Mein Distelweg hat in sich Ros' und Klee /   585
Die finstre Kluft das Paradis / den Himmel.
Mein Sonnenschein vertilget Eiß und Schnee /
Mein Lorberzweig verlescht Schweiß und Schimmel.
Hier steht der Trohn der Ehren aufgebaut.
Hier hencket die verwelckens-freye Krone.   590
Weg / Hercules / mit deiner Löwen Haut!
Empfang den Zepter / füge dich zum Trohne.
Ich werffe selbst mein hären Kleid von mir;
Weil Perl' und Gold die Tugend kleiden müssen.
Besteig den Thron. Dort folgt noch einer Dir.   595
Numidien bekrönet Masanissen.

590 hencket = hänget.

100   *Die vierdte Abhandlung*

Hercules.

So hoch sitzt der / der Lôwen zwingt /
Der Riesen dâmpft / die Helle stůrmet;
[77] Der mit der Wollust siegbar ringt /
Der's Vaterland und Tugend schirmet.   600
Die Sternen werden seine Kron' /
Die Welt sein Reich / der Ruhm sein Trohn.

Doch was umbstrahlt mich fůr ein Glantz?
Die Tugend winckt mir abzutreten.
Betrit den Stuhl / empfing den Krantz.   605
Ich bin bereit dich anzubethen!
Nim mich in deinen Schutz und Hold /
Durchlauchtigst-grosser Leopold.

Mein Lôw' und Drach' / und der Busir
Sind schwâcher als Stamboldens Drachen.   610
Die aber bůcken sich fůr dir /
Und můssen schimpflich Friede machen.
Ja Leopold wird noch ihr Reich
Carthagens Asche machen gleich.

Der gůldnen Aepfel Kostbarkeit   615
Aus der Hesperiden Gepůschen /
Den mir erwarb mein Drachen Streit /
Ist als zu schlecht nicht zu vermischen
In dein erstritten Friedens-Gold
Durchlauchtigst-grosser Leopold.   620

Das gůldne Flůß / wo Phasis rinnt
Nach dem ich als Geferthe reise /
Weicht dem / das Leopold gewinnt /
Wie hoch gleich jenes Jason preise.
Madrit und seiner Perle Zier   625
Geht Colchos ja und Golde fůr.

[78]   Die fünfte Abhandlung.

Der Schauplatz stellet für den Tempel der Sonnen und des
Mohnden.

  Sophonisbe. Elagabal die Priesterin. Der Dido Geist.

S o p h o n. ISt di's das Heyligthum / in welchem von zwey
                                                    Sternen
Die blinden Sterblichen zukünfft'ge Dinge lernen?
E l a g a b. Dis ist es. Weil ihr Aug' auf Erden alles sieht /
So Tag und Nacht erhellt; ist auch ihr Geist bemüht
Den düsteren Verstand der Menschen zu verklären;   5
Dann die / die Wissenschafft des Künftigen begehren /
Auch Sonn' und Mond hierumb andächtig ruffen an /
Erlangen ihren Wunsch. Sie / Sophonisbe / kan
Ihr selber lesen aus / wodurch sie wil erlernen /
Was künftig ihr steht für. Hier stehn die von den Sternen   10
Beseelten Theraphim / dis ist des Thammuz Bild /
Und dis der Hecate; von derer Regung kwillt:
Daß die und jene Seel' einander lieben müssen;
Die Hertzen müssen sich eröfnen oder schlüssen /
Nach dem man dreht dis Rad / und aufschlingt dieses Band.   15
Hier ist ein Erstlings Haupt / das eines Pristers Hand
Ihm von dem Halse rieß / in Saltz und Würtzen legte /
Als jeder Irrstern sich zum neuen Lauffe regte.
Wer auf dis güldne Blech des Molochs Nahmen schreibt /
Ihm steckt ein Wachs Licht an / und eine Nacht hier bleibt   20
[79] Für dem Altare knien / kriegt / was er wil / zu wissen.
Dis Bild ließ Dido noch aus Gold und Silber güssen /
Worein so Sonn als Mohnd die Kräften flössen ein.
Dis weiß und redet aus / wie unser Glück wird sein /
Das kein Wahrsager gleich ist fähig uns zu sagen.   25
Allein es läßt sich nur gewisse Tage fragen;
Wenn Hada in den Krebs / Adad in Löwen tritt.
Doch nichts theilt deutlicher die Wissenschafft uns mit /
Als Ob / ein grosser Geist / der Didons Grab beseelet;
Nach welchem dieser Fels hier stehet ausgehölet /   30
Wie das zu Caccabe der Dido Tempel hegt.

18 jeder – vielleicht: jener.

102   Die fünfte Abhandlung

S o p h o n. Auf was für weise wird Elissens Geist geregt?
E l a g a b. Du must die Schuh ziehn aus / Elissens Bild
                                                        umbfassen /
Aus deinem Arme Blutt in dieses Feuer lassen.
Nun setze diese Haub' aus weisser Woll' aufs Haar /   35
Nim hin den Myrten-Zweig; wirf Weyrauch aufs Altar.
Nun muß der Dido Grab mit Aepfeln seyn verehret /
Die Derceto zu seen auf Cypern hat gelehret.
Nach deiner Andacht schlaff' auf Didons Grabmal' ein.
S o p h o n. Wenn werd ich von der Sonn' und ihr erhöret   40
                                                        sein?
E l a g a b. So bald die Sonne früh mit ihrem Aufgangs-
                                                        Lichte
Elissens Bild strahlt an / erscheinet ein Gesichte /
Das Schlaffenden alhier ihr künftig Glück entdeckt.
S o p h o n. Gesichte sinds? durch die die Sonn' ihr Licht
                                                        aufsteckt!
E l a g. Ja / Dido zeuget sich / mit Purper angezogen /   45
Die Haare deckt Schmaragd / ein Carchedonisch Bogen
Hengt von dem Rücken ab; die Pfeile sind aus Gold;
Ihr Antlitz heget noch ihr Ansehn / ihre Hold.
S o p h o n. Auf was für Art wird man der Geister
                                                        Meinung innen?
E l a g. Zu Delphis regt der Erd' ihr Geist die Pristerinnen   50
Was uns begegnen sol. Dodonens Eich-Altar
Sagt durch zwey Tauben / theils auch durch die Zweige
                                                        wahr.
Der Esculapius aus Ertzt und einem Drachen;
Und Hammons hörnricht Kopf winckt zu gewehrten
                                                        Sachen.
Allein Elissa macht durch ihren Bauch und Mund /   55
Was man zu wissen wünscht / viel deutlicher uns kund.
Nun schlaff'; Es ist bald Zeit. Die kleinern Stern' erbleichen.
S o p h o n. Ist / eh' die Sonn' erwacht / nicht Antwort zu
                                                        erreichen /
[80] Weil ja sonst jeder Geist mehr Lust zum finstern trägt.
E l a g a b. Ja / diese / welche Moth und Hecate bewegt.   60
Allein Elissens Geist wird mit dem Tage rege /
Als Baals Sonnen-Kind. Man sieht auch ander Wege
Die Teraphim beseelt durchs Auge dieser Welt.
Ihr Licht ist voller Geist. So bald ein Strahl nur fällt

Die fünfte Abhandlung   103

Auf Memnons steinern Bild / bewegt die todten Lippen   65
Ein angenehmer Schall. Das Licht beseelet Klippen /
Des Apis Seule kehrt der Sonne sein Gesicht
Wie Sonnenwenden nach. Die Sonne geht auch nicht
Je auf: daß man nicht sie Serapens Bild siht küssen;
Und Ströme süsser Milch aus hundert Brüsten flüssen /   70
Von welchen Isis strutzt; so bald in ihrer Hand
Die Ampeln glimmen an. Ja solcher heil'ge Brand
Macht: daß Osiris Wein aus dem Altare spritzet.
S o p h o n. Die Schlafsucht fällt mich an; mein gantzer
                                        Körper schwitzet.
E l a g a b. Der Strahl der Sonne küßt schon ihr geweyht   75
                                        Altar /
Die Gottheit dieses Orths wird itzt gleich sagen wahr.
D i d o n s G e i s t. Das Aug' und Hertze dieser Welt /
Das Erd und Meer beseelt / den Sternen Glantz verleihet /
Strahlt auch durch das Elyser-Feld /
Und unser Schatten bleibt der Sonne noch geweihet.   80
Elissa hat mit ihrem Leben
Ihr männlich Hertz nicht aufgegeben;
Der Dido Schatten irrt noch emsiger umbs Grab /
Als weiland in der Welt / eh sie den Leib legt' ab.
Sie bleibet itzt noch Sonnen-Priesterin;   85
Ihr Geist / der ihr geweiht wie selbst Sicharba war /
Brennt itzt noch Lorbeer Holtz / und spritzt aufs Brand-
                                        Altar
Der Sonne noch ihr Blutt zum Opfer hin;
Labet ihres Eh-Herrns Geist / den des Brudern Mordbeil
                                        fällte /
Mit dem Balsam treuer Liebe / der aus ihren Wunden   90
                                        tröpft /
Weil sie ihr das Oel des Lebens selbst aus ihren Adern
                                        zöpft'
Als Hiarbens tolle Brunst ihrer Keuschheit Netze stellte.
Dieses macht: daß mein Carthago mich als Göttin bethet an;
Und daß mein entseelter Schatten künftig Ding wahrsagen
                                        kan.
[81] Doch / mein Carthago / Ach! ach! Himmel-hohe   95
                                        Stadt!
Ich sehe deinen Glantz in Flamm' und Brand verkrachen /
Die Ochsen und den Pflug zur Saate Furchen machen /

104   *Die fünfte Abhandlung*

Wo vor mein Ochsenfell so weit gegräntzet hat.
Wo Bilder itzt aus Ertzt und Marmel-Seulen stehen /
Wird Moos und Graß und Schlacke sein /   100
Und breite Buchen wurtzeln ein /
Die Schaff' in fetter Weid' auf Thürm' und Mauern gehen /
Die höher sich als viertzig Ellen strecken /
Und itzt voll Volck und Elefanten stecken.
Ja / weil sich Rom nicht sicher schätzt zu sein /   105
Wenn es Carthago gleich wird in ein Aas verkehren /
Wird man in ihm zermalmen jeden Stein /
Gleich könt' jedweder Rom zerdrümern und verheeren.
Der Fall Numidiens und Cyrtha spielt vor an:
Daß sich Carthago ja vernünftig spigeln kan.   110
Elende Sophonisb'! ich klage dein Verterben!
Dein Syphax trägt das Joch / dich heist's Verhängnüs
                                                    sterben!
Jedoch nicht ohne rechtes Recht.
Du geußt in's Feuer Oel / Er träget Holtz zur Flamme.
Der Mohr wird itzt der Römer Knecht.   115
Ach! daß du nicht gezeugt wärst aus Elissens Stamme!
Wilst aber du mir noch mit einer Ader gleichen /
Den Fall des Vaterlands der deine Marter würtzt /
Den Muth des Asdrubal sehn seines Weibes weichen /
Wenn er in Fessel kreucht / sie in die Glutt sich stürtzt /   120
So rette selbst bey Zeiten Ruhm und Ehre.
Es steckt mehr Treue nicht in Masanissens Brust /
Als in Hiarbens Hertz'. Ihr Zweck ist geile Lust /
Mein und ihr Holtzstoß diene dir zur Lehre!
Es ist ein groß Gelück' in Asche sein verkehrt /   125
Eh als der Götter Blitz auf Reich und Zepter fährt.
Doch laß' hierumb nicht Weiber-Thränen rinnen /
Denn der / der in den Wind so Eh als Eyde schlägt /
Und zu Carthagens Brand' itzt Holtz und Schwefel trägt /
Wird selbst hierbey nicht Gold und Seide spinnen.   130
Denn Masanissa / den die Stadt
Carchedon auferzogen hat /
[82] Wird Kronen zwar / doch in den Fesseln tragen.
Rom / das die Dienstbarkeit der Welt
Für himmlisches Verhängnüs hält /   135
Wird seinen Stamm selbst in die Eisen schlagen.
Ich sehe's Joch schon seinen Enckel zihn.

Die fünfte Abhandlung 105

Alleine Palmen / Glück und Siege
Solln auch den Römern nicht stets blühn.
Die Sicherheit wird Rom nach diesem Kriege   140
In Schlaff' und Faulheit wiegen ein;
Das Geld / das Volck / die Macht den Adel blehen auf;
Die Tapferkeit der Wollust Dienst-Magd sein /
Rom sporn-streichs in Verterb beschleunigen den Lauff.
Der Gothen Sündflutt und der Schwarm der Wenden   145
Wird Rom dis Raubgutt reissen aus den Händen.
Aber dieser Räuber Zepter wird so wenig ewig sein /
Als Carthago / dessen Grauß Tunis muß ein Grundstein
                                                  werden.
Die verdamten Araber / Gottes Haß / die Pest der Erden /
Werden unsre beyde Reiche überschwemmend nehmen ein.   150
Ja der Saracenen Strom wird gehemmt von keinem
                                          Thamme /
Muzens Fahnen werden leuchten / wo Iber und Bötis rinnt /
Wo der Fluß Garumna strömt / bis von dem großmächt'gen
                                          Stamme
Des Durchlauchtgen Oesterreichs Welt und Erdkreiß Rath
                                          gewinnt.
Türcke / Mohr und Mohnd' erbleichet für den güldnen   155
                                          Hochzeit-Kertzen /
Wenn der Philip ihm vermählt Ferdinands Erlauchtes
                                          Blutt;
Und ihr letztes Nest Granata wird vereinbart seinem
                                          Hertzen.
Ja man siht: daß die Natur ihm den letzten Schatz aufthut /
Und die neue Welt entdeckt / weil die alte viel zu klein
Für das Hauses Oesterreich grosse Helden würde sein.   160
Atlas und Alcides weiß einen Welt-Ball nur zu tragen /
Alexander einer Erde nur den Zaum zu legen an.
Aber Oesterreichs sein Stamm mag von solchen Riesen
                                          sagen /
Denen auf jedweder Achsel eine Welt nicht schwer sein kan.
Diese müssen Africa von der Tyranney und Ketten /   165
Die ihm Omar leget an / durch ihr siegend Schwerd erretten.
[83] Es wird der fünfte Carl durch seine Sieges-Fahnen
Die Tunis / Tripoli / Biserta / Aphrodiß

142 vielleicht: Das Geld das Volk / ...

106   *Die fünfte Abhandlung*

Mit Zittern schauen wird / den Weg den Kindern bahnen;
Und lehrn: daß er noch dar was zu erobern ließ.   170
Amidas muß den Fuß des andern Philips küssen /
Als Suleiman ihn wil zu Tunis König wissen.
Alleine diese Thaten sind
Ein Vorspiel größrer Helden-Wercke.
Fürst Leopold / das Löwen-Kind   175
Spinnt viel mehr Sieg / hegt größre Stärcke.
Ister / Rab / und Neutra färbt sich durchs Blutt der
                                 Saracenen /
Machmet hüllet für den Adlern seine blasse Monden ein.
Afrikens Gestade werden nicht nur Oesterreichisch sein /
Cyrtha und Carthago wird noch sein Haupt mit Lorbern   180
                                 krönen /
Und sein Siegs-Schwerd wird die Banden Mahumeds
                                 zertheiln entzwey /
Wenn der Löwe wird die Löwin Spaniens ihm legen bey.
Sihst du / wie der Adler dort mit dem Drach' und
                                 Crocodile
Als mit einer Fledermauß / wie mit Reh und Hasen /
                                 spiele;
Wie Europens Keyser-Vogel Donnerkeil' und Flammen   185
                                 blitzt /
Wenn der Africaner Schutz-Thier Feuer speit / und Blitz
                                 ausspritzt.
Kurtz: Africa / Carthago sind vertorben.
Auf Sophonisb'! am besten ist's gestorben.

Sophonisbe. Elagabal. Adherbal. Hierba. Himilco.

S o p h o n. Elendes Africa! wie mögt / ihr leichten Götter!
Nur schütten über uns Verterb- und Unglücks-Wetter?   190
Armseelge Sophonisb'! erbärmlichs Vaterland!
Jedoch / auf! laß uns nicht falln in des Feindes Hand!
Laß' uns der Römer Grim / des Masanissen Laster
Und Untreu nicht erst fühln! Es scheint ein sanfter Pflaster
Verzweifelnden zu sein / dem Feinde kommen für.   195
Vertrautste Priesterin / hol' aus der Halle mir
[84] Die liebsten Kinder her. Ich wil den Ruhm erwerben:
Daß Sophonisbe könn' Elissen gleiche sterben.

Die fünfte Abhandlung 107

Du / ihr verschwunden Geist / empfang hier Eyd und
            Pflicht:
Dich / niemand andern sonst / wünsch' ich zu küssen nicht.   200
Ich wil noch diese Nacht umbarmen deinen Schatten.
Itzt sehn wir: daß wir vor mehr Dunst umbhalset hatten /
Als unsers Syphax Lipp' und Masanissens Mund
An unsern Brüsten sog. Mein Hertze wird mir wund /
Die Seele bluttet mir / nun ich euch / liebsten Kinder /   205
Umbarm' / und wissen soll: daß ihr dem Uberwinder
Solt in die Klauen falln. Habt aber ihr den Muth
Nebst euer Mutter auf zu opfern euer Blutt /
Eh ihr wolt Africa der Völcker Raub sehn werden /
Die edlen Mohren sein Verwürflinge der Erden /   210
Eh ihr wollt Fässel zihn? A d h e r b a l. H i e r b a. Wir
                wünschen Ehr' und Todt /
Und flihen Schand' und Dienst. Sie meld' uns ihr Geboth.
Wir sind / was sie befiehlt begierig zu vollstrecken.
S o p h o n. So laßt / weil unsern Fall die Götter uns
                entdecken /
Der Himmel ihn bestimmt / der Dido grosse That   215
Großmüttig ihr thun nach / Burg / Tempel / und die Stadt
In Brand / uns auf's Altar zu reinen Opfern setzen.
Was für ein schöner Grab kan uns die Nachwelt etzen /
Als wenn uns Africa mit seiner Asche deckt;
Und in der Tempel Graus sich Leich und Staub versteckt?   220
Was wolln wir von dem Feind' uns erst ein Grab erbitten?
Kein Balsam kan auch nicht uns Fäul' und Wurm verhütten.
Ja / was die Made schont / schont doch der Römer nicht /
Der Gold bey Leichen sucht / und jedes Grab zerbricht.
Die Glutt wird aber ihm von uns nicht Hülsen lassen /   225
Die er verunehr'n kan. Die Flammen / die uns fassen /
Muß jeder Mensch verehrn / der Gott ein Opffer bringt.
Sie sind die Flügel auch / durch die die Seele schwingt
Sich zum Gestirn' empor. Durch's Feuers Kräffte werden
Beseelet Erd' und Meer. Die Glutt vertritt auf Erden   230
Der Sonne Gütt' und Ampt; sie ist ihr Göttlich Bild.
Kein Thier / als nur der Mensch braucht Feuer; denn es
                kwillt
[85] Sein Wesen vom Gestirn'. Es reinigt / was beflecket /

---

210 Verwürflinge = Verworfene.

Die fünfte Abhandlung

Es ist der Welt ihr Geist / das alle Sachen hecket /
Der Anfang / in den sich auch alles äschert ein.   235
Welch ein gelücklich Grab wird uns die Glutt nun sein:
Eilt diesemnach / und reißt die Fackeln vom Altare /
Steckt Burg und Tempel an. Mehr als beglückte Baare!
Wo Reich und Königin den Staub zusammen mischt /
Und ihr verspritztes Blutt auf frischen Bränden zischt!   240
E l a g a b. Ihr Kinder? Sophonisb'? Ach! was wollt ihr
                    beginnen?
A d h e r b. H i e r b. Laß uns! E l a g a b. Was? zünden an?
            S o p h o n. Ja / ja! E l a g. Laßt euch besinnen!
Wollt ihr der Götter Zorn durch Brand mehr stecken an?
S o p h o n. Es wird den Göttern selbst hierdurch ein Dienst
                    gethan.
E l a g a b. Wenn ihre Bilder glühn / und ihre Tempel   245
                    krachen?
S o p h o n. Ja / eh aus ihnen man läßt frembde Götzen
                    machen.
Rom / das an einen Stein / nicht unsre Götter glaubt /
Das Gadens Heyligthum des Oel-Baum's hat beraubt /
Der Früchte von Schmaragd auf güldnen Aesten brachte /
Das den Pygmalion / Alcidens Bein' auslachte /   250
Wird dieses Tempels auch nicht schonen / und ihn weihn
Dem Mörder Romulus und einer Wölfin ein.
Die Hure Flora wird den Mohnden hier verdringen /
Ja Rom wird Febern Furcht und Blässen Opffer bringen.
E l a g a b. Rom streut der Sonne selbst ja Weyrauch auf's   255
                    Altar.
S o p h o n. Die Sonne saget selbst uns ihr' Entweihung
                    wahr.
Ihr Kinder / steckt nur an. Die Sonne liebt die Flammen.
E l a g a b. Sol Sophonisb' und ihr von Sonn' und Göttern
                    stammen?
Halt! stürmt auf sie nicht loß. Versehrt nicht euer Hauß.
H i m i l c. Durchlauchtst' / ein Bothschafter hat was zu   260
                    richten aus.
S o p h o n. Wir fürchten böse Post. H i m i l c. Er kommt
                    von Masanissen.
S o p h o n. Auch dieser ist uns gram. Was Rath? ist
                    aufzuschlüssen?
Nein! nein! doch ja! schleuß auf. Wir warten seiner hier;

Die fünfte Abhandlung 109

Des Unglücks Aloe komt der nicht bitter für /
[86] Die Galle schon gesaugt an ihrer Mutter Brüsten.   265
Nur Muth! denn Zagheit kan den Untergang nicht fristen.

Disalces. Sophonisbe. Adherbal. Hierba. Himilco. Micipsa.
Elagabal. Das Frauenzimmer.

D i s a l c e s. Durchlauchtste Königin. Ihr grosser Helden-
                                        Geist /
Der dem Verhångnüsse die Spitze selber weißt /
Ihr Felsen-hartes Hertz / das des Gelückes Schläge
Kaum als ein Ambos fühlt / eröfnet mir die Wege /   270
Macht meinen Kleinmuth keck: daß ich mich untersteh /
(Die Götter wissen es / wie mir's zu Hertzen geh!)
Ihr / welche werth: daß sie nur stets auf Rosen giengen /
Nur Seuftzens-schwangern Gruß und herbe Post zubringen.
S o p h o n. Es ist nicht Noth bey der / die unversehns   275
                                        nicht fällt /
Das man mit Grausamkeit viel hinterm Berge hält /
Den Sarch mit Tulpen blůmt / den Mord mit Thrånen
                                        decket.
Eröfne: wer uns hat das Sterbens-Ziel gestecket.
D i s a l c e s. Die Götter müssen mir wahrhafte Zeugen sein:
Daß Masanissa mich voll heisser Hellen-Pein /   280
Bestůrtzt / verrůckt / halb-tod / an sie hat abgesendet.
S o p h o n. Die Feinde sind erfreut / wenn man an Hafen
                                        lendet.
D i s a l c e s. Er ringt selbst nach dem Tod' / und fleucht so
                                        Freund' als Licht.
Verflucht sich und die Zeit: daß er den Ehschluß nicht /
Den er ihr theuer schwur / und noch als heilig preiset /   285
Vollzihn kan / und die nur mit Hofnung hat gespeiset /
Der er die Seele selbst / die noch von Liebe glimmt /
Zur Nahrung / ja sein Blutt zum Opfer hat bestimmt.
Dis wůrd' er fůr ihr Heil den gift'gen Ungeziefern /
Die beyder reine Brunst vertilgen / willigst liefern;   290
Ja durch sein kreischend Fleisch besiegeln Eh und Eyd;
Kônt es ein Pflaster sein fůr Tod und Dienstbarkeit.
Ach! aber er beweint der grimmen Rômer Sitten /
Die er vergebens sich bemůht hat zu erbitten.

110   *Die fünfte Abhandlung*

[87] Der strenge Scipio reißt Eh und Recht entzwey /   295
Spricht: daß die Königin der Römer Sclavin sey /
Die müste Rom und ihm sein Siegs-Gepränge zieren.
Sie selbst kan unschwer fühln / wie dis sein Hertze rühren
Der Seele weh thun muß. Weil nun nicht Müh und Fleiß
Sein letzter Tropfen Blutt ihr nicht zu helffen weiß /   300
Noch auß der Löwen Klau und dieser Tyger Rachen /
Sie seinen liebsten Schatz lebendig loß zu machen;
So heißt ihn Treu und Schwur ihr liefern Gift und Tod.
Ihr Uhrsprung / ihre Würd' / ihr Witz / ihr Stand der Noth /
Ihr Vaterland wird ihr hier schon den Ausschlag geben: 305
Ob's Sterben besser sey / als in den Fesseln leben.
S o p h o n. Willkommen süsser Tranck! Ich nehm' ihn
                                          freudig an /
Weil Masanissa mir nichts bessers schencken kan.
Gewünschter Freyheits-Saft! verlangte Morgengabe!
Disalces / sichre dich: kein güldner Apfel habe   310
So angenehmen Saft / kein Weinstock süssern Wein /
Als Masanissens Tranck / schenckt er mir Gift gleich ein.
Mein Freund / geh' und laß' ihn von Sophonisben wissen:
Daß wie wir itzt mit Lust sein Trinckgeschirre küssen /
So auch die Zunge bald dis Necktar schmecken sol.   315
Es lebe Masaniß / und dencke dieser wol;
Die ihn itzt sterbende zu gutter Nacht gesegnet.
Geh meld' ihm: daß uns dis / was uns von ihm begegnet /
Den Leib trennt / nicht die Lieb'; ob uns schon hertzlich leid
Die wider unsern Ruhm begang'ne Eitelkeit: 320
Daß wir zum andern mal uns erst verehlicht haben /
Als das Verhängnüs uns schon eine Gruft hies graben.
Doch ein behertzter Todt lescht alle Flecken aus /
Ja Ruhm und Lorbern ziern der Tugend Asch' und Graus.

[88] *Sophonisbe. Adherbal. Hierba. Tychaeus. Himilco.*
        Micipsa. Das Frauenzimmer.

S o p h o n. Vertrautste / nunmehr ist der güldne Tag   325
                                          erschienen /
Des Glücks / der Eitelkeit / der tausend Seelen dienen /
Ihr Joch zu werffen ab; die Larve wegzuzihn

321   erst = zuvor noch, lat. primum.

Die fünfte Abhandlung 111

Gespenstern / die mit nichts sich uns zu schrecken mühn.
Der Todes-Schatten schafft nur blöden Augen Schrecken.
Verwehnten Lippen wil nur Aloe nicht schmecken.   330
Ein Helden-Geist gleicht sich Gefässen die Zibeth
Und Ambra hat durchwürckt. Was in denselben steht /
Zeucht den Geruch an sich / und ärgste Bitterkeiten
Verzuckert die Geduld. H i m i l c o. O frembder Lauf der
                                                    Zeiten!
Sol unsers Reiches Sonn' itzt schon im Grabe stehn?   335
S o p h o n. Die Sonnen sind erst schön wenn sie zu Golde
                                                    gehn.
M i c i p s a. Was wird an uns für Schuld durch so viel Kwal
                                                    gerochen?
S o p h o n. Wir haben mehr / als uns der Himmel strafft /
                                                    verbrochen.
H i m i l c o. Des Masanissen Schuld und Untreu bleibt
                                                    verschont.
S o p h o n. Sein Meineyd wird zur Zeit wie meiner sein   340
                                                    belohnt.
Die Sünd' ist auf die Sünd' ein Werckzeug gleicher Straffen.
Diespiter schärft Keil' auch wenn er scheint zu schlaffen /
Führt wider Erd und Welt mit diesem Schwefel Krieg /
Der aus der Erde vor als Dunst zum Sternen stieg.
Die Untreu schläget mich umb meines Syphax willen /   345
Dem ich vor untreu ward. Auf! laßt uns nun erfüllen /
Was das Verhängnüs wil und Masanissa schafft!
Komm und entbünde mich wahrhafter Freyheits-Saft!
M i c i p s a. Durchlauchtste Königin / wie / wil sie dem zu
                                                    liebe /
Der nichts nicht lieber wünscht / als daß er sie betrübe /   350
Zu seiner grimmen Lust aufopfern Geist und Blutt?
S o p h o n. Dis Opfer ist mehr mir als Masanissen gutt.
[89] T y c h a e u s. Der sie Blutt-dürstig frißt / als wie
                                                    Saturn die Kinder?
S o p h o n. Ich leide zwar von ihm / doch er vom
                                                    Uberwinder
Dem harten Scipio. T y c h a e u s. Ist er der Römer   355
                                                    Knecht?
S o p h o n. Obsiegender Gewalt ist alles Unrecht recht.
T y c h a e u s. Könt' er sie nicht befreyn / solt' er sie selbst
                                                    nicht tödten.

112   Die fünfte Abhandlung

S o p h o n. Der Tod ist ein Geschenck' in solchen
                                        Freyheits-Nöthen.
T y c h a e u s. Ein Greuel der Natur / der Rach' und
                                        Ehrsucht Kind.
S o p h o n. Glaubt: daß in diesem Gifft' auch Oel der   360
                                        Liebe rinn't.
H i m i l c. Ihr Ehherr baut sein Glück auf ihre
                                        Todten-Beine.
S o p h o n. Wir finden in der Gruft die schönsten
                                        Edelsteine.
M i c i p s a. Des Körpers scharffen Schmertz / der Freinde
                                        gröstes Leid.
S o p h o n. Dem Schmertz' hilft ab der Tod / das Leid
                                        versüßt die Zeit.
H i m i l c. Die Götter haben noch nicht allen Trost   365
                                        verschrencket.
S o p h o n. Die Römer uns bereit Halß-Eisen
                                        angehencket.
M i c i p s a. Der Himmel kan aus Band- und Eisen
                                        machen frey.
S o p h o n. Wenn man den Lebens-Drat selbst hertzhafft
                                        reißt entzwey.
H i m i l c. Rom wird auf solch hoch Blutt nicht solch scharf
                                        Urthel sprechen.
S o p h o n. Rom wird den Regulus in Sophonisben rechen.   370
M i c i p s. Mißt Rom der Königin mit Fug zu frembde
                                        Schuld?
S o p h o n. Das Recht liegt / wo man siegt / und schaft
                                        nur Ungeduld.
Sätzt mir nicht ferner zu / macht meinen Geist nicht irre /
Es muß gestorben sein. Dis giftige Geschirre
Bewirthet unser Heil / und macht zur Göttin mich.   375
Ward doch Amilcar auch vergöttert / weil er sich
Des Gelo Hand entzoh / das Leben ihm verkürtzte /
Und in die Opffer-Glutt sich selbst zum Opffer stürtzte.
Ich sterb' / Elissa nimm mich zur Gespielin an!
Melcarthos / weil ich dir kein Erstling schlachten kan /   380
Verwirf mich Todte nicht; Tychaeus / nicht mein Bitten:
Sey auf dein Heil bedacht / entfleuch aus Cyrthens Hütten /

365 verschrencken = verschränken, durch Schranken aussperren, einer
Sache Schranken setzen.

Die fünfte Abhandlung 113

[90] Zeuch deinen Helden-Arm nicht von Carchedon ab.
T y c h a e u s. Ich wil ihr Beystand sein / dein Priester bis
                            ins Grab.
S o p h o n. So sterb' ich hochvergnügt. Dis kummerhaffte   385
                            Leben
Kan uns mehr keine Lust / die Zeit kein Heil mehr geben.
Mit meinem Syphax ging mir meine Glücks-Sonn' auf /
Itzt sinckt sie auch mit ihm; und rennt mit schnellen Lauf
Aufs Meer des Unglücks zu / aus dem nur Dünste steigen /
Die überm Haupte Blitz / in Augen Trähnen zeugen;   390
Ob's Hertze schon mehr Blutt / als jenes Wasser weint /
Nicht: daß der Himmel mir mit schwartzen Sternen scheint /
Nicht: daß man Perl und Gold von unser Scheutel scheidet /
Nicht: daß für Purper uns ein Sterbekittel kleidet /
Nein! nur der Kinder Fall / der Freinde Leid und   395
                          Schmertz
Verwundet meine Brust / durchschneidet Seel und Hertz.
Ach! daß mein Fessel euch die Freyheit kont' erwerben!
Mein Blut sein euer Heil! Wir wolten froher sterben /
Mit Lust der Römer Joch den Achseln legen an!
Ach! aber schnöder Trost! Nichts / als der Tod nur kan   400
Der Freyheits-Ancker sein / des Elends Hafen werden.
Spar't / liebsten Freinde spart die ängstigen Gebehrden.
Ein steiler Felß und Geist weicht Sturm und Glücke nicht.
Die Eiche trotzt den Wind / der weiche Pappeln bricht.
Hertzliebste Kinder kommt / kommt laßt euch mich   405
                          umbarmen /
Den letzten Kuß gewehrn. Die Götter woll's erbarmen:
Daß ich ihr Freund' euch Trost- und Hülfloß lassen muß.
Kommt und gesegnet uns auch noch durch einen Kuß.
Himilco hier nimm dir den Ring mit unserm Siegel
Dir zum Gedächtnüs hin; und Euch zu einem Spiegel   410
Daß des Verhängnüsses Hand alle Siegel bricht /
Oft uns ein Augenblick verleschet Glück' und Licht.
Micipsa hier empfing zu süssem Angedencken
Der Sophonisbe Bild. Die Steine / die umbschrencken
Mit Sternen-hellem Glantz' ihr Antlitz / deuten an: 415
Daß auch ein Diamant zum Kiesel werden kan.
Orynthie nimm hin dis Kleinod; Elenisse
Dis Halßband / Agathe den Ring / und so viel Küsse
Als ein itzt sterbend Mund euch zu gewehren weiß.

114   *Die fünfte Abhandlung*

O r y n t h i a. Mein Hertze wird mir kalt / und alle   420
                                    Glieder Eiß.
[91] S o p h o n. Nehmt mir die Perlen ab / Elissens
                                    Ohrgehencke /
Behalte diese dir / Elgada / zum Geschencke.
Mein itzt zerdrûmmert Stand bringt dir den Uhrsprung
                                    bey /
Warumb ein lôchricht Ohr des Adels Merckmaal sey.
E l g a d a. Der Himmel woll' ihr Heil und ihr Gelück   425
                                    ergäntzen.
S o p h o n. Gar recht! es wird geschehn. Drumb mögen wir
                                    mit Kräntzen /
Die welck und irrdisch sind / nicht länger treiben Pracht.
Drumb sagen wir der Erd' und Schatten gutte Nacht.
Elissa rufft mir zu: Ich were frey gebohren.
Mein Schutz-Geist zopffet mich an den durchbohrten   430
                                    Ohren /
Und sagt: So zeichne man zu Rom jedweden Knecht.
Allein' ein hertzhafft Tod erwerb' ein kräftig Recht
Uns zu der Ewigkeit. E l g a d. So mögen unsre Leichen
Ihr heilig Vordrab sein. E l e n i s s. Laß' uns zu erst
                                    erbleichen
Eh' als die Königin behertzt sich opfert auf.   435
S o p h o n. Nein / liebsten Kinder nein / hemmt euren
                                    Unmuths-Lauf /
Ermuntert Seel und Geist. Rom hat auf euch zu wütten
Nicht Uhrsach / wie auf uns. E l e n i s s. Solln wir die
                                    Stirne bitten
Des Unglücks ernstem Grimm / das grosse Riesen fällt /
Gekrönte Häupter schlägt? Der Blitz / der Stämm' erschellt / 440
Zermallmt die schwachen Aest'. S o p h o n. Er schont der
                                    kleinen Hecken
Wenn er die Zedern trifft. Laßt euch den Fall nicht
                                    schrecken /
Noch in Verzweifeln ziehn. Ich wünsch' euch Heil und
                                    Trost /
Des Himmels Hold und Gunst / der sich auf Uns erboost.
Was aber wird itzt euch / hertzliebsten Kinder / lassen   445
Die Mutter / die der Schluß der Götter heißt erblassen?

438 bitten = bieten.
440 erschellen = brechen, erschüttern.

Die fünfte Abhandlung   115

Die das Verhängnüs schon umbs Erbgutt hat gebracht /
Eh' als ihr Tod das Recht zu erben lebend macht?
Thron / Purper / Kron und Reich ist in des Feindes Händen.
Zwey Schwerdter sind noch hier; dis hat des Syphax   450
                              Lenden /
Dis die behertzte Faust des Asdrubals geziert.
Die solln das Erb-Gutt sein. Wo eure Seelen rührt
Der Tugend reger Geist / der Väter groß Gemütte /
Wo euch in Adern steckt ein Tropffen vom Geblütte /
[92] Das Barchens Stamm gehegt / wird mit der Zeit der   455
                              Stahl
Noch unser Recher sein. Kommt / laßt zum letzten mahl
Die Mutter / die itzt stirbt / die Schwerdter umb euch gürten.
Jedoch / was schwermen wir? die Lybier bewirthen
Nicht Drachen / die so wild' als unsre Feinde sind.
Wenn Rom ein Haupt abstürtzt muß des gestürtzten Kind   460
Auch auf die Fleischbanck fort. Ihr würdet doch erbleichen
Durch dieser Löwin Grimm. Mit euren todten Leichen
Würd' ihm Rom Kurtzweil-Spiel / uns ärgstes Leid stelln an.
Der sterbe nur der nicht unschimpflich leben kan!
Auf! laßt uns nun den Tranck von Masanissen schmecken!   465
Dis Gift ist uns kein Gift. Denn Heil und Freyheit stecken
In dieses Glaß vermischt. Euch Kindern trinck' ich's zu.
A d h e r b. Sie glaube: daß ich ihr vergnügt bescheiden thu'.
H i e r b a. Ich lechse dieses Gift als Nectar zu genüssen.
S o p h o n. Es schmeckt / weil Noth und Muth den bittren   470
                              Tranck versüssen.
H i e m p s. Sie reiche mir dis Glaß nun auch / Frau
                              Mutter / her.
S o p h o n. Macht unser Unglücks-Faß mit diesem Glase
                              leer.
H i m i l c o. Micipsa / lassen wir der Fürsten Fall
                              geschehen?
H i e r b a. Wollt ihr uns lieber nicht todt / als in Fesseln
                              sehen?
M i c i p s a. Die Hülfs-Hand ist ja noch den Göttern nicht   475
                              verkürtzt.
H i e m p s a l. Wer nicht guttwillig weicht / wird mit
                              Gewalt gestürtzt /
Wenn das Verhängnüs stößt. Laßt mich das Glaß nun
                              fassen /

116   Die fünfte Abhandlung

In dem du / Bruder / mir zu wenig hast gelassen.
S o p h o n. Recht so! wer hertzhaft stirbt / lacht Feinde /
                                              Glück und Zeit;
Verwechselt Ruh und Ruhm mit Angst und Eitelkeit.   480
Kommt laßt / ihr Kinder / euch den Abschieds-Kuß
                                              gewehren /
Auf Euch die Sterbende das Mutter-Hertz ausleeren.
Die Augen starrn mir schon / ihr Licht verdüstert sich /
Die Glieder werden kalt. H i e m p s. Umb-arme Sie und
                                              Mich
Mein Bruder: Daß allhier bey unzertrennten Leiben   485
Die Seelen unzertrennt auch nach dem Tode bleiben.
H i e r b a. Ein Himmel schleußt die Seeln / ein Sarch drey
                                              Leichen ein.
S o p h o n. Sol euer erste Wieg' auch eure Baare sein?
[93] O r y n t h. Hilf Himmel! sie vergehn! sie sincken zu
                                              der Erden.
S o p h o n. Wir sterben (gutte Nacht!) mit uns Angst und   490
                                              Beschwerden.
E l e n i s s. Uns geht der Unglücks-Stern auf / nun die
                                              Sonnen falln.
H i m i l c o. Sol über uns allein der Römer Zornsturm
                                              knalln?
Micipsa / laß' uns auch durch ein behertztes Sterben
Schimpf und Gefängnüs flihn / Ruh / Ehr und Ruhm
                                              erwerben!
M i c i p s a. Micipsa lobt den Schluß. Laß unser edles   495
                                              Schwerdt
Eh als durch unsern Hals ein knechtisch Messer fährt /
Uns selbst durch tapfren Kampf und Purper-schöne Wunden
Den Fürsten / denen wir bis auf den Tod verbunden /
Grosmüttig opffern auf. Ein Knecht hat's höchste Gutt
Der Treu und Ehr' erreicht / der durch versspritztes Blutt   500
Des Herren Leiche salbt. A g a t h e. Ihr unbarmhertz'gen
                                              Götter!
Was schüttet ihr auf uns nicht für ergrimmte Wetter?
Nun sich itzt Africa durch eignen Stahl aufreibt;
Der Helden Faust das Schwerdt durch eigne Därmer treibt.

479 lachen = verlachen.
480 verwechseln = vertauschen.

Die fünfte Abhandlung   117

Sie falln; ach Himmel hilf! itzt falln des Reiches Seulen.   505
Laßt Schwestern uns nun auch zu der Erlösung eilen /
Der Brüste reine Milch bepurpern durch dis Schwerdt.

Masanissa. Orynthia. Elenissa. Menalippe.

M a s a n. Halt Sophonisbe! wie? welch Basilißke kehrt
Sein Gift- und tödlich Aug' ihm selber zum Verterben?
Und euer Wahnwitz wil durch eigne Mordthat sterben?   510
Ach! Sophonisbe / wie? ist sie schon todt und kalt?
Verfluchtes Volck! habt ihr der Fürstin mit Gewalt
Aus ihren Hånden nicht das Gift-Glaß können reissen?
O r y n t h. Steht Mågden zu / zu wehrn was grimme Sieger
heissen?
M a s a n. Wenn die Verzweifelung ein schlimmes Urtheil   515
fållt.
E l e n i s s. Wenn Furcht und Ohnmacht uns die Hånde
selber hålt.
[94] M a s a n. Eilt! rettet! wo in ihr sich noch ein Athem
reget.
Bringt Balsam / Oele / Wein / im Fall der Pulß noch
schlåget.
Ich Mörder! Ach! ich muß selbst ihren Zustand fühln!
Und mein hell-lodernd Hertz auf ihrer Leiche kühln!   520
Ja! leider! sie ist hin. Die Rosen sind verschwunden /
In denen meine Seel' hat süsse Weide funden.
Ihr Athem ist verraucht / der Zunder meiner Lust.
Allein' es glimmet noch in ihrer kalten Brust
Ihr unausleschlich Oel und Schwefel meiner Liebe /   525
Die starren Augen zihn mit süssem Anmuths-Triebe
Mein lodernd Hertz an sich. Und meine Seele låchst
Nach Balsam / der noch itzt auf ihren Lippen wåchst.
Gib / Sophonisbe / zu / mein Abgott / Masanissen:
Dir noch zum letzten mal dem kalten Mund zu küssen!   530
Ja flösse mir noch itzt des Liebens Zucker ein.
Dein todter Leib sol mir nicht nur die Baare sein /
Er sol mein liebster Schatz wie Periandern bleiben;
Ja ich wil Lieb' und Lust mit ihrem Schatten treiben.
Alleine Masaniß' / auf was für Wahn rennst du?   535
Störst du nach ihrem Mord' auch ihres Geistes Ruh?

118   Die fünfte Abhandlung

Wilst du die Leich' ihr noch wie vor den Leib beflecken?
Siehst du mit Flammen dich nicht ihr Gespenste schrecken?
Besänfte deinen Grimm / Durchlauchtste Königin!
Weil ich mich selbst alsbald zu straffen schlüßig bin.   540
Ach! was hab ich gethan? wie viel hab' ich verschuldet?
Ach! daß der Himmel mich noch unzerschmettert duldet?
Ach! daß der Abgrund mich lebendig nicht verschlingt?
Und ihr hier schwermend Geist Megaeren mit sich bringt;
Mich mit verdienter Kwal und Martern zu entseelen.   545
Ich seh's! itzt öfnen sich die unter-irrd'schen Hölen.
Ihr Antlitz schüttet Blitz / ihr Arm wirft Glutt auf mich.
Auf! Masanissa / auf! stich selbst dis Schwerdt durch dich!
Daß beyd' ein Tag ein Sarch zu Grabe kan bestatten.
Versöhne durch dein Blutt und deinen blassen Schatten   550
Ihr zorniges Gespenst'!

[95] *Masanissa. Scipio. Laelius. Syphax. Juba. Mamercus.*
Bogudes. Eine Menge Römischer Kriegs-Obersten und Sol-
daten.

                     S c i p i o. Halt! bist du Sinnenloß?
M a s a n. Hilf Himmel! wer verzückt mir so gerechten
                         Stoß?
S c i p i o. Wie läßt du dich so sehr Brunst und Verzweifeln
                         bländen?
Stracks reißt dem Wüttenden den Degen aus den Händen.
M a s a n. Wird mir nun auch der Todt als letzte Ruh   555
                         verwehrt?
S c i p i o. Dem billich / welcher selbst nicht weiß / was er
                         begehrt.
M a s a n. Mein Meuchel-Mord hat mehr als schlechten Tod
                         verschuldet.
S c i p i o. Entdeck's: wer was von dir unrechtes hat
                         erduldet.
M a s a n. Durch mein geschicktes Gift liegt hier der
                         Eh-Schatz todt.
S c i p i o. Stand nicht die Wahl bey ihr? Dein Rath war   560
                         kein Geboth.

552 verzücken = verzucken, hinwegreißen.

Die fünfte Abhandlung 119

M a s a n. Ist ein betrüglich Rath was minders / als
                                                    Gebitten?
S c i p i o. Sie hat zu wenig noch für ihre Schuld erlitten.
M a s a n. Sie hat an mir sich nicht verbrochen / Ich an Ihr.
S c i p i o. Rom und der Himmel gab zu straffen Vollmacht
                                                    dir.
M a s a n. Die Götter fordern itzt auf mein Verbrechen   565
                                                    Rache.
S c i p i o. Ist ihnen Eigen-Mord doch selbst verdammte
                                                    Sache.
Wer auf sich selber raast / ist unwerth ihrer Gunst /
Verletzt Natur und Recht. Laß dich den tummen Dunst
Den Wahnwitz nicht verwirrn / umb eines geilen Weibes
Gelücklichen Verlust ein Hencker deines Leibes   570
Und deines Ruhm's zu sein. Gib treuer Warnung Raum.
Dein Hertz umbwölckt Begierd' / und dein Gehirn' ein
                                                    Traum.
Du wirst so schlimmen Schluß bereun und schamroth
                                                    bleiben /
Wenn der Vernunft ihr Licht den Nebel wird vertreiben.
Ermunter mit mehr Ruhm bald deinen Helden-Geist;   575
Eh' als dir Zeit und Feind die Thorheit selbst verweist /
[96] Da itzt dein bester Freind dich nur zu warnen suchet.
Dein Feind selbst Syphax hier / der dich vorher verfluchet /
Fängt wegen ihres Fall's dich selbst zu lieben an /
Weil ihrer Untreu doch kein Mensch nicht hold sein kan.   580
Behertzig': Ob mit Fug dich kan ihr Fall betrüben;
Die einen Tag sich nicht zwey Männer schämt zu lieben /
Und nach des Glückes Uhr auch ihre Liebe stellt;
Ja geile Wechselung für Witz und Klugheit hält.
M a s a n. Ich wil / Großmächtger Held / mich mühn zu   585
                                                    überwinden;
Wo meine Wunden nur noch Salb' und Pflaster finden;
Weil doch mein halbes Hertz' in ihr begraben liegt:
Jedoch / da Sie und Ich nicht diese Gnade krigt:
Daß ihre Leiche nicht wird erst nach Rom geschicket /
Da ihr Begräbnüs ihr von Römern wird verstricket /   590
Mag ich lebendig nicht solch Hertzeleid schau'n an.
S c i p i o. Du bittest / was dir Rom nicht wol versagen kan /
Und unser Siegs-Fest sol mit keiner Leiche prangen.
Was Masanissa wird für Arth und Pracht verlangen

120   Die fünfte Abhandlung

Die todte Königin in's Grab zu setzen bey /   595
Wird Rom und uns gefalln; dir stehet alles frey.
Ja: daß auf diesen Tag kan Masanissa lernen:
Die Tugend schwinge sich bis an das Dach der Sternen;
Rom lasse treue Dienst' und grossen Helden-Muth
Auch frembder Tapferkeit und Ruhm-verspritztes Blutt   600
Durchaus nicht unbelohnt / nicht Untreu ungerochen /
So wird durch meinen Mund sein Urtheil ausgesprochen.
Fürst Syphax hat verspielt Reich / Freyheit / Zepter /
                                                    Thron /
Die Rom sind heimgefalln. Du Laelius wirst schon
Mit dem Gefangenen nach Rom zu eilen wissen.   605
Wer Treu und Eyd zerreißt den müssen Fessel schlüssen.
Doch sol die Beute nur des Sieges Vorschmack sein.
Carthago muß auch noch geäschert werden ein.
L a e l i u s. Die Götter wollen Rom und dich mit Siege
                                                krönen /
Auf dessen Achseln sich Rath / Herr / und Bürger / lehnen. 610
Den allen wird noch mehr mein Zeugnüs bringen bey:
Daß vom Verhängnüsse fürlängst beschlossen sey /
[97] Die Scipionen solln der Juno Stadt zerstören.
S c i p i o. Dich / Masanissa / wird Rom stets als Bunds-
                                                Freund ehren.
Dis überliefert dir des Syphax Reich durch mich.   615
Nimm Cron und Zepter hin; du wirst hingegen dich
Der Römer treuer Freund hinfort zu sterben mühen.
A l l e. Daß Rom und Scipio und Masanissa blühen.

                              Reyen

                Des Verhängnüsses / der vier Monarchien.

                         Das Verhängnüs.
IHr grossen Reiche dieser Welt /
Die ihr verblüht seit / und solt blühen.   620
Mein Arm der Erd' und Himmel hält /
Der euch hat Sieg und Macht verliehen /
Stellt einen güldnen Siegs-Krantz hier
Dem Grösten unter allen für.
Ich hab' Ihn an den Himmel an   625

Die fünfte Abhandlung   121

Mit Stahl und Diamant gebunden /
Daß ihn kein Arm abreissen kan /
Als der den Welt-Kreiß überwunden.
Kommt und versuchet euer Heil.
Dem Stärcksten wird der Preiß zu theil.   630

Das Assyrische Reich.

Rühmt eure Würd' / ihr Reiche / wie ihr wolt.
Ihr seit aus Silber / Ertz't / Stahl / Thone / meine Glieder.
Ich bin das Haupt; und dis ist feines Gold.
Und meine güldne Zeit kömmt mit euch keiner wieder.
[98] Mein Babylon ist's güldne Haupt der Welt /   635
Das Thürm' und Mauern hebt bis an der Sternen Gipfel.
Ich bin der Baum / der fernern Schatten fällt
Als Asien / es reicht zum Himmel ja mein Wipfel.
Auf Asien! reiß Stahl und Kett' entzwey!
Und lege mir der Reiche Siegs-Krantz bey.   640

Das Persische Reich.

In Asien war deiner Hoffarth Ziel.
Für Elymais muß nicht Asien nur knien /
Als Babylon zu Persens Füssen fiel.
Mohr- und Egypten Land muß meinen Siegs-Karn zihen.
Gantz Africa bückt sich für meiner Macht /   645
Der raue Scyth' ist zahm / wenn sich mein Cyrus reget.
Gantz Grichen-Land erschüttert sich und kracht /
Wenn übern Hellespont mein Xerxes Brücken schläget.
Auf Asien! auf Africa! kommt raubt
Den Siegs-Krantz weg / und setzt ihn auf mein Haupt.   650

Das Griechische Reich.

Ihr setzt umbsonst mit Weiber-Händen an.
Sardanapal kan Stahl nicht wie das Flachs zerzihen.
Ja Asien hegt Weiber / keinen Mann.
Für wenig Grichen muß das gantze Persen fliehen.
So bald mein Blitz dein gläsern Haupt zerschellt /   655
Verstäubt Persepolis bis auf kaum viertzig Säulen /
Gantz Asien / und halb Europa fällt /

---

652 zerzihen = auseinanderziehen.

122   Die fünfte Abhandlung

Nicht nur / auch Indien bückt sich für meinen Keilen.
Auf Asien / Europa steht bey dir!
Weißt eure Kräft' und bringt den Siegs-Krantz mir!   660

Das Römische Reich.

Der Sieges-Krantz gehöret Rom allein /
Für dem Europa sich und Africa schon bücket.
[99] Doch Asien wird auch besigt bald sein /
Weil Hannibal in Krieg der Syrer Haupt verstricket.
Glückseeligs Rom! du ewigs Haupt der Welt!   665
Das bald wird Pers' und Sir' und Grich' anbethen müssen.
Wer ist nun dar / der dir den Sieg vorhält?
Weil mit den Dreyen dir der Erdkreiß fällt zun Füssen.
Auf! alle Drey! brecht den Verhängnüs-Drat.
Auf! kräntzet Rom! weil es gesieget hat.   670

Das Verhängnüs.

Daß ihr umbsonst so mühsam seit
Umb diesen Preiß der gantzen Erden!
Das Röm'sche Reich wird ja zur Zeit
Gekrönt mit diesen Lorbern werden.
Doch wird mein Schluß erst treffen ein   675
Wenn Teutschland wird der Reichs-Sitz sein.
Mein fernes Auge siehet schon
Den Oesterreichschen Stamm besteigen
Mit grösserm Glantz der Römer Thron.
Schau eine neue Welt sich zeigen!   680
Weil ihm ein allzu enges Ziel
Alcidens Seule werden wil.

Europa. Asia. Africa.

Willkommen Schwester! steh uns bey!
Hilf uns den Lorber-Krantz abreissen.

Europa. Asia. Africa. America.

Glück zu! die Kette reißt entzwey.   685
Der ist ein Herr der Welt zu heissen /
[100] Für dem wir alle viere knien.

667 vorhält = vorenthält.
671 mühsam = sich Mühe gebend, arbeitsam.

Die fünfte Abhandlung

Nimm Oesterreich den Siegs-Krantz hin.
Dein Stamm wird ewig uns stehn für.
Doch nicht nur wir falln dir zu Füssen.
Nach deinen Häuptern werden wir
Viel neuer Inseln nennen müssen.
Ja es wird noch in Sud sich dir
Der dritte Welt-Kreiß thun herfür.

[101]   Anmerckungen
                      zu
          Der Ersten Abhandlung.

v. 18. Daß an unser Faust des Hanno Blutt noch klebt.)
Wie Masinissa in der Schlacht den Hanno erlegt / beschreibt
Livius dec. 3. lib. 9. p. 370.

v. 20. 21. Das Lager Asdrubals / des Syphax freche Schaaren hat brennend Schilf vertilgt.) Wie Masinissa des Syphax
Låger angezůndet / und sein Heer biß aufs Haupt erlegt /
hat Livius dec. 3. l. 10. p. 377. Florus l. 2. c. 6. Plutarch. in
Vit. Hannib. Wessentwegen auch Asdrubal seines Ampts
und Kopffs verlustig erkennet / und an seine Stelle Hanno
gesetzet worden. Appian. de bell. Pun. p. 11. 12. Dieser Asdrubal hat endlich zu Carthago / wegen zugemessener Untreu / in seines Vatern Gruft ihm selbst mit Gift vergeben;
Der Pöfel aber hat doch die Leiche heraus gerissen / und
sein abgeschnittenes Haupt auf einer Stange angespißt / und
in der Stadt herumb getragen. Appian. p. 20. 21.

v. 34. Die dreißig tausend Mann ins Feld zu stellen hat.)
So måchtig sol diese vom Könige Micipsa befestigte / und
von viel Grichen bewohnte Stadt Cyrtha gewesen sein.
Strabo lib. 7.

v. 45. Das nie besiegte Haupt und Wunder Syracus.) Tota
Insula (Sicilia) in una Urbe superata est. Grande illud &
ante id tempus invictum Caput Syracusae, quamvis Archi-
medis ingenio defenderentur, aliquando cesserunt. Flor. lib.
2. c. 6. 33. Polyb. Hist. l. 8. p. 7. 16.

v. 46. Und neu Carthago fiel.) Flor. l. 2. c. 6. eodem
quippe, quo obsessa est, die capta est, omenque Africanae
Victoriae fuit, quod tam facilè victa est Hispana Carthago.

v. 47. 48. Wie oft hat sich erschůttert fůr uns schon Utica.)
Wie diese nach Carthago fůrnemste Stadt in Africa Appian.
de bell. Punic. p. 42. von Scipio belågert und bestůrmet worden / hat Ap-[102]pian. ibid. p. 9. jedoch hat Scipio endlich
darfůr abzihen můssen. App. p. 16.

v. 57. 58. Fůr Hannibals Gewalt.) Flor. d. l. n. 44. Quid
ergò miramur, moventi castra à tertio lapide Hannibali
iterum ipsos Deos, Deos inquam (nec fateri pudebit) resti-
tisse? Tanta enim ad singulos illius motûs vis imbrium effusa,

Die Erste Abhandlung 125

tanta ventorum violentia coorta est, ut divinitus hostem 40
summoveri; neque coelo sed ab Urbis ipsius moenibus &
Capitolio ferri videretur. Worauf auch Claudianus gesehen
de Bell. Getic. v. 509.

                    nec Numina sedem
    Destituunt jactata procul dicuntur in hostem   45
    Fulmina, diviníque volant pro moenibus ignes
    Seu coelum, seu Roma tonat.

Ein gleichmäßiges erzehlet Justin. lib. 24. in fin. von Brenno,
welcher mit seinen Galliern Delphos gestürmet. Praesentiam
Dei ipsi statim sensere. Nam & terrae motu montis portio 50
abrupta, Gallorum stravit Exercitum: & confertissimi Cunei
non sine vulneribus hostium dissipati ruebant. Insecuta
deinde tempestas est, quae grandine & fulgure saucios ex vulneribus absumsit. Dux ipse Brennus, cum dolorem vulnerum
ferre non posset, pugione vitam finivit. Wie die Christliche 55
Legio Melitina denen fast erdurstenden Römern Regen / wider die Quaden aber Hagel und Donner erbetet / hat Oros.
l. 7. 9. Viel andere Exempel wie die Feinde durch absonderliche Göttliche Zufälle gestürtzet worden / erzehlet Saavedra Symb. 26. circ. fin.   60
    v. 62. seqq. Capua / Tarent &c.) Flor. d. l. 2. c. 6. n. 42.
    v. 75. 369. 370. Wenn noch ein Regulus.) Wie Xanthippus
den Römischen Feld-Hauptman Regulum, als er schon Carthago belägerte / geschlagen / und gefangen / hat Flor. l. 2.
c. 2. Front. 2. c. 2. 11.   65
    v. 85. 86. Wenn Sonne / Staub und Wind.) Diese waren in
der Schlacht bey Canna denen Römern alle zu wider. Flor.
l. 2. c. 6. n. 16. und l. 2. c. 2. n. 20. erzehlt er von des Reguli
Kriege: Nec cum hominibus, sed cum monstris quóque dimi-
catum est; cum quasi in vindictam Africae nata mirae ma- 70
gnitudinis Serpens posita apud Bragadam castra vexaret.
    v. 122. 550. 551. 552. Sagunt und Astapa.) Von Sagunt /
als selbtes Hannibal belägert / ist es gemein / wie aber die
Bürger der Stadt Astapa, ehe sie sich den Römern ergeben
wollen / ihre auf einen Holtz-[103]stos zusammen versam- 75
lete Ehweiber / Kinder und Schätze / und sich selbst verbrennet / erzehlet Livius dec. 3. lib. 8. pag. 315. 316. Appian.
de bell. Hisp. p. 273. Eben so hat es auch die Stadt Thala in

126 — Anmerckungen

Numidien / als sie Metellus belâgert / gemacht. Salust. bell.
Jugurth. p. 106. Als Ariarathus Kônig in Cappadocien von 80
Perdicca ûberwunden ward / ging es auch also. Quippe
hostes ab acie in urbem recepti, occisis Conjugibus & Liberis,
Domos quisque suas cum omnibus copiis incenderunt. Eodem
congestis etiam opibus semet ipsi praecipitant, ut nihil hostis
victor suarum rerum, praeter incendii spectaculo frueretur. 85
Bey Eroberung der Stadt Carthago und des Schlosses Byrsa
zohen sich auch neunhundert Rômische Uberlâuffer in den
Tempel des Aesculapii, und nach dem sie sich wegen Hun-
gers nicht mehr darinnen wehren konten / zûndeten sie selbten an / und verbrennten sich darinnen. Appian. de bell. 90
Pun. c. 59. p. 81.

v. 156. seqq. Mein Vater Gala war.) Diese gantze Geschichte vom Syphax und Masinissa beschreibet Livius dec.
3. lib. 9. p. 365. 369.

v. 191. 192. Biß Syphax sich so weit lâßt Asdrubaln be- 95
thôren durch seiner Tochter Eh.) Syphax hat sich selbst gegen dem Scipio entschuldiget: daß ihn Sophonisbe aus heftiger Liebe gegen ihr Vaterland wider die Rômer zu kriegen /
ûberredet habe. Appian. de bell. Pun. p. 14. 15. Polyb. lib.
14. p. 942.   100

v. 197. Und er der Schwester Sohn Maßiven mir gab frey.)
Wie Scipio diesen in Spanien gefangenen Jûngling ohne Ent-
geld loß gelassen / beschreibt Livius d. 3. lib. 7. p. 269.

v. 200. Lâßt seine Tochter mir mit meinem Reich antragen.) Wie Syphax ehe er sich noch offentlich zu den Cartha- 105
ginensern geschlagen / dem Masinissa / umb ihn wider von
den Rômern abzuziehen / eine auß seinen drey Tôchtern /
und der Maselylen Reich angeboten / und als er sich hierdurch nicht bewegen lassen / durch seinen Gesandten einen
Bedienten des Masinissa erkauft / ihn durch Gift hinzurich- 110
ten / dieser es aber seinem Herren entdecket habe / beschreibet Appian. de bell. Pun. p. 10.

v. 217. Gibt's Beelsamen nach.) Βεελσαμὲν, war bey denen
Carthaginensern eben der Gott / den die Syrer und Phoenicier בעלשמים die Lateiner Jupiter Olympius hiessen. Die- 115
ses erklâret Augustin. in Judic. quaest. 16. Baal Punici vi-
dentur di-[104]cere Dominum, unde Baalsamen, quasi Dominum Coeli intelliguntur dicere, Samen quippe apud eos
Coeli appellantur. Es ward aber hierdurch nichts anders /

als die Sonne / welche bey den Spartanern auch Βέλα bey 120
den Cretensern Ἀβέλιος beym Julio Capitolino, Apollo Be-
lenus genennet wird / bedeutet. Bochart. Geographiae part.
2. lib. 1. c. 42. p. 736. 737.

v. 217. Låßt's Adad auß der Acht.) Adad war bey den
Assyriern der höchste Gott. Macrob. Saturn. 1. c. 18. cujus 125
Insigne cernitur radiis inclinatis, quibus monstratur vim
Coeli in radiis esse Solis, qui demituntur in terram. Also
nichts anders als die Sonne / massen denn auch bey den Per-
sern Adad nichts anders als die Sonne heissen sol / welche
von den Phoeniciern auch Moloch und·Βασιλεὺς θεῶν ge- 130
nennet wird. Selden. de Diis Syris. Syntagm. 1. c. 6. p. 176.
178.

v. 219. seqq. Mein Syphax ist aufs Haupt zum andern
mahl geschlagen.) Diese andere Schlacht / in welcher Syphax
den Masanissa persöhnlich befochten / dieser aber mit den 135
seinen von Ihm und Laelio in die Flucht getrieben / und / als
bey Ubersetzung durch einen Fluß / des Syphax Pferd verwundet ward / Er / nebenst einen seiner Söhne vom Masanissa selbst sey gefangen worden / beschreibt Appian. de
bell. Pun. p. 14.   140

v. 297. 298. Micipsa geh eröffne Thor und Stadt.) Appian.
de bell. Pun. p. 14. berichtet: Es habe Sophonisbe durch Gesandten beym Masanissa entschuldigt: daß sie durch Zwang
den Syphax geheyrahtet hätte / und ihm die Stadt Cyrtha
freywillig aufgegeben.   145

v. 346. 347. Schneidet mir nun das unnütze Haar zu Seenen.) Appian. de bell. Pun. pag. 55. Florus l. 2. c. 15. 10. In
usum novae classis tecta domûsque resciderunt: in armorum
officinis aurum argentumque pro aere ferroque conflatum
est, in Tormentorum vincula Matronae crines suos contu- 150
lerunt. Besiehe Veget. l. 4. c. 9. Frontin. 1. 7. 3. & 4.

v. 366. Schutz-Göttin unsers Reichs.) Daß vielfältige
Völcker ihre Könige für Götter verehret / ist gemein / daß
aber diß insonderheit die Mauritanier ihren Königen / und
besonders dem Juba gethan / bezeuget Vossius 1. de Idol. 32. 155
Minutius Felix: Juba Mauris volentibus Deus est. Und Lactant. l. 1. c. 15. Gleicher gestalt erzehlet Cedrenus Hist. von
Thuro, des Königs Nini Sohne: [105] Τούτῳ τῷ ῎Αρει
πρώτην στήλην ἀνέστησαν οἱ Ἀσσύριοι, καὶ ὡς Θεὸν
προσκυνοῦσι, Βαὰλ ὀνομάζοντες, ὁ ἑρμηνεύεται, ῎Αρης 160

πολέμων Θεός. Nemlich: diesem Kriegs-Gotte haben die As-
syrier ihre erste Seule aufgerichtet / und ihn als einen GOtt
angebethet / ihn Baal nennende / welches fůr den Gott der
Kriege außgelegt wird. Besiehe von Vergôtterung der Kônige Minutium Felicem in Octavio.   165

v. 366. Ja Cyrthens Pallas-Bild.) Daß das von dem Ulysses
den Trojanern entfůhrte Palladium eine Phoenicische Gôttin
gewesen / beweiset Selden. de Diis Syris. Synt. 2. c. 4. p. 296.
allwo Lycophron den Ulysses nennet: Δελφινόσημον κλῶπα
Φοινίκης Θεᾶς.   170

v. 372. Sein Drache Ruhm und Sieg der Rômer Adler
raube.) Die Drachen wurden nicht allein als Sinnenbilder
der Wachsamkeit zu den Seulen der Pallas / des Heiles und
des Aesculapius gemahlet / Coel. Rhodigin. lib. 10. c. 3. p.
502. a. sondern es lehret auch Kircher. tom. 2. Oedip. part. 1. 175
class. 1. c. 3. p. 22. 24. 26. daß Africa zu seinem Wappen
einen Drachen / wie auch Amphiaraus und Cadmus dergleichen gefůhret habe. Insonderheit aber haben die Scythen
Drachen zu ihren Kriegs-Fahnen gefůhret / von denen es
die Dacier entlehnet / wie ex Nazianzeno und Ammian. 180
Marcellino Henric. Spelmann. in Aspilogiâ Londini Anno
1654. editâ. pag. 17. außfůhrt.

v. 375. Vermina schmůcke dich mit unserm Frauen-Kleide.)
Diese Art der Abgôtterey beschreibet Athanasius Orat. contra
Idolat. Olim certae Phoenissae muliere ante Idola prosti- 185
tuebantur, dedicantes Numinibus suum quaestum, persuasae
meretricatu ea propitiari, ac prosperitatem rerum inde nasci.
Viri quóque abdicato Sexu, nec se amplius mares esse feren-
tes, mulierum naturam affectaverunt, tanquam hoc pacto
honorifici gratificíque Matri Deorum facturi essent.   190

v. 378. seqq. Daß ich in Heldentracht dem Mohnden opfern kan.) Kircher. tom. 1. Oedipi Aegypt. Syntagm. 4. c.
16. p. 348. 349. berichtet aus einem alten Grichen Philochoro, oder vielmehr aus Selden. de Diis Syris Syntagm. 2.
c. 4. p. 281. seqq. daß bey den Alten Venus und der Mohnde 195
einerley / beyde auch Månn- und Weibliches Geschlechts gewesen sey. Dahero hâtten ihr die Mån-[106]ner in weib-
die Weiber in månnlichen Kleidern opfern můssen. Und aus
Rambam Moreh Nebochim l. 3. c. 38. Vir induatur muliebri
veste pictâ, cum steterit ante stellam, quae vocatur Venus, 200
& mulier assumet loricam, & arma bellica, cum steterit ante

Die Erste Abhandlung 129

stellam quae dicitur Mars. Daselbst lehrt auch Julius Firmicus c. 8. de error. profanar. relig. Assyrios Venerem co-
luisse, cui aliter servire Sacerdotum suorum Chorus non
potest, nisi effoeminent vultum, cutem poliant, & virilem 205
sexum ornatu muliebri dedecorent. Worauf denn das göttliche Verbot Deuteron. 22, 5. zielet: Daß die Weiber nicht
Waffen / die Männer nicht Weiberkleider tragen sollen. Dahero auch diß Thun daselbst βδέλυγμα ein Greuel / oder
eigentlich eine Abgötterey genennet wird. Nach dieser Phoe- 210
nicischen Art muste bey den Cois des Herculis Priester beym
Opffer eine Haube aufsetzen / und ein Weiberkleid anziehen. Plutarch. in quaest. graec. penult. p. m. 304. wie auch
bey den Teutschen. Praesidet Sacerdos muliebri ornatu,
sed Deos Interpretatione Romanâ Castorem Pollucemque 215
memorant. Ejus Numinis nomen Alcis. Tacit. de mor. German. c. 43. worbey ex Hornii Histor. Philosoph. lib. 2. c.
5. p. 83. anzumercken: Deorum genera non semper ab Anti-
quis distincta fuisse, ab Hermete & Platone Deum ἀρρε-
νόθηλον dictum, Fortunamque & Venerem masculum, Lu- 220
nam Lunumque cultum fuisse. Besiehe auch Selden. de Diis
Syris. Proleg. c. 3. p. 66. 67. & Syntagm. 2. c. 1. p. 210. &
c. 2. p. 238.

   v. 381. Errette Kabar uns.) כבר heißt so viel als groß und
mächtig / dahero auch der Samothracier Götter Κάβειροι 225
genennet wurden. Selden. de Diis Syr. Synt. 2. c. 16. p. 360.
361. es nennten aber die Phoenicier also den Mohnden oder
ihre Venus. Kircher. d. l. p. 348. 350. Diese betheten auch
nicht allein die Araber und Saracener zu Heraclii Zeiten mit
öfterer Ruffung: Ἀλλὰ οὐὰ Κυβὰρ, Ἀλλὰ, nebst den Mor- 230
gensterne / welcher כוכב heißt / an / daher auch diß in der
Saracenen Catechismo scharf verbohten ist; und sätzten ihr
zu ehren die Mohnden auf die Thürme / wie denn auch die
Mohnden der alten Ismaeliter Könige und ihrer Kamele
Kennzeichen waren; sondern sie verehren diese Kabar oder 235
Alilat auf dem viereckichten Steine Brachtan zu Mecha; darauf der Venus Bild sol eingegraben sein. Weil aber dieser
Gottesdienst ihnen [107] verbotten / tichten sie: daß Abra-
ham / als er seinen Sohn Isaac opfern wollen / auf diesem
Steine die Hagar beschlaffen / oder sein Kamel daran ge- 240
bunden habe. Besihe Selden. Synt. 2. c. 4. p. 285. 292.

   v. 381. Du Schutz-Stern dieser Stadt.) Diese Göttin Cabar

130   Anmerckungen

oder Astarte sol die gantze Welt durchwandert / ihrem
Haupte einen Ochsen-Kopff / als ein Merckmahl ihres
Reichs / aufgesetzet / einen aus der Luft gefallnen Stern ge- 245
funden / und selbten auf dem Eylande Tyrus geopffert haben. Selden. Synt. 2. c. 2. p. 243. 244. welches aber Bochart.
Geographiae part. 2. lib. 2. c. 2. p. 787. als lächerlich ver-
wirft / und beym Suida nicht Ἀστέρα sondern ἀεροπετῇ
Ἀστερίαν lieset / welches eine Art der grösten / auch Ha- 250
sen / Kranche / und Rehfangender Adler ist. Alwo er aus
dem Nonno erweiset: daß das Eyland Tyrus dem Neptun
durch einen geschlachteten Adler eingeweihet worden sey.

v. 382. Baaltis höre mich.) Diese Syrische und Phoenicische Göttin hies בעלת שמים, das ist: die Frau des Himmels / 255
wie Baal der männliche Gott oder Jupiter. ist es eben die /
welche sie auch עשתרת Judic. 11. cap. 13. 1. Reg. 11.
Ἀστάρτη, Ἀστάρτιον, Βασίλεια Βῆλτις, Βήλθης, Βασί-
λισσα τοῦ οὐρανοῦ, bey denen Africanern Coelestis Dea,
Urania genennet ward. Welches Herodian. lib. 5. gleichsam 260
zusammen gefaßt: Φασὶ δὲ αὐτὴν Δίδω τὴν Φοίνισσαν
ἱδρύσασθαι, ὅτε δὲ τὴν ἀρχαίαν, Καρχηδόνα πόλιν ἔκτισε,
βύρσαν κατατεμοῦσα. Λίβυες μὲν οὖν αὐτὴν Οὐρανίαν
κάλουσι. Φοίνικες δὲ Ἀστροαρχην ὀνομάζουσι, Σελήνην
εἶναι τέλοντες. Diese sol des Saturni Ehweib und der Venus 265
Mutter gewest sein. Bochart. Geographiae part. 2. lib. 2. c. 2.
pag. 786. Wie nun Dido zu Carthago ihr Bild aufgerichtet /
welches Virgil. lib. 1. Aeneid. der Juno zueignet / also meldet auch Cicer. 4. in Verrem. daß König Masanissa auf
Melita den Tempel der Urania hoch verehret habe. Die As- 270
syrier und Chaldeer verehrten sie unter dem Nahmen My-
lidtha, nemlich der Mutter / die Araber Halilath, nemlich
des gebehrenden Mohnden. Die Phrygier betheten sie als die
Mutter der Götter an; die Grichen hiessen sie Jo, und ἑκάτη,
Damascius Astronoë, und ist in Wahrheit durch [108] sie 275
nichts anders als der Mohnde / wie unter dem Baal und
Hecatus die Sonne verstanden worden; wiewohl diese ΘΕΑ
ΣΙΔΩΝΟΣ, in der Heyligen Schrifft in Masculinô אלהי צדנים
ein Gott der Sidonier geheissen wird. Besiehe hiervon ausführlich den hochgelehrten Selden. de Diis Syris. Syntag. 280
2. c. 2.

251 Kranche = Kraniche.

Die Erste Abhandlung   131

v. 383. Hochedles Menschen-Blutt und Kinder-Fleisch gewehret.) Von diesen grausamen Menschen-Opfern sind alle
Bûcher voll. Welche Abgôtterey nicht nur die blinden Heyden dem Abraham / welcher seinen Sohn Isaac / und dem 285
Jephta / der seine Tochter opfern wollen / sondern auch die
Juden durch Opferung ihrer Kinder dem Moloch unartig
nachthun wollen. Vom Moloch ist aus R. David Kimchi in
4. lib. Reg. c. 23. Selden. Synt. 2. de Diis Syris. c. 6. bekand: daß selbigem Abgotte mit einem Kâlbernen Antlitze 290
in seinem ersten Fache Semmeln / im andern Turtel-Tauben /
im dritten Schaffe / im vierdten Wieder / im fûnften Kâl-
ber / im sechsten Ochsen / im siebenden von Eltern eigene
Kinder / mit Tantz und Trompeten-Schall geopffert worden. Alleine Selden. de Diis Syris. Synt. 1. c. 6. p. 170. hâlt 295
diese aus dem Buche Jalcut genommene Erzehlung fûr einen
Irrthum / und meinet: daß nicht Moloch sondern Mithra
sieben denen Irrsternen zugeeignete Fâcher gehabt habe.
Welchem zu Dienste die sich ihm widmenden achtzigerley
Gefahr ausstehen / und durch Feuer und Kâlte durchgehen 300
musten. Hingegen meldet Rabbi Salomon: daß der Moloch
ein aus Ertzt gegossenes Bild / Theophylact. Apost. 7. aber /
das es ein durchsichtiger Stein / und auf der obern Stirne wie
der Morgenstern (Λίθον Διαφανῆ ἐπὶ μετώποις ἄκροις εἰς
ἑωσφόρου τύπον) gebildet gewest sey. Welchem der Cappa- 305
docier Omanus oder das Licht zu Siccuth als ein Gestirne
ebenfals zu vergleichen. Selden. d. c. 6. p. 178. 191. Zu Carthago war dieser Abgott ein Ertztenes Bild des Saturnus /
welcher die Armen unter sich ausstreckte / also / daß die
darauf gelegten Kinder hinunter in den feurigen Pful sich 310
abweltzen konten. Diodor. Sic. lib. 20. Lipsius. Monit. Polit.
c. 3. §. 3. p. 182. Daß von Carthago auch diese grausame
Gôtzen gar in America kommen / lâßt sich ex Ludovico Vive
ad August. de Civit. Dei l. 7. c. 19. muthmassen / da er berichtet: In Insulâ Carolina frequentes visuntur Statuae Dae- 315
monum, quas gentes illae colunt, aeneae, intrinsecus cavae,
[109] manibus junctis passisóque, in quibus infantes & pueros,
quos Diis illis immolant, statuunt; ibióque uruntur crudeliter
igne in cavis simulacri accenso & aere calorem immodicum
recipiente. Diodor. Sicul. l. 20. berichtet: daß die Cartha- 320
ginenser nach der vom Agathocles gelittenen Niederlage den
Saturn ihnen zuwider geachtet / weil sie anfangs die fûr-

132 Anmerckungen

nehmsten Kinder / hernach aber heimlich gekauffte und erzogene zum Opffer geschickt hätten. Dahero sie denn diesen Unterschlief untersucht / und auf einmal zweyhundert der 325 edelsten Knaben geschlachtet. Denn es war zu Carthago ein Gesätze: daß nur der Edlen / nicht aber des Pöfels oder der Knechte Kinder geopffert werden konten. Hendreich. Carthag. l. 2. sect. 1. c. 2. p. 167. Dieser Opfer fasset zimlich viel zusammen Kircher. Oedip. Aegypt. tom. 1. Synt. 4. c. 330 15. p. 337. Cyprii Aphrodisio mense Agraulo Cecropis filio hominem mactabant; in Chio dilaniatum hominem Dionysio Homalio caedebant, quod & Tenedi factum. Lacedaemones ipsi humano sangvine Marti litarunt, Curetes & Cretes Saturno pueros sacrificabant; hinc, Lampridio teste, Commo- 335 dus Sacra Mythriaca homicidio vero polluit; Galli Druides Esum & Teutatem humano cruore placabant; notum de Iphigenia & Agamemnone. Welches letztere aber Hornius in Arcâ Noae p. 131. 132. 115. für eine blosse aus des Jephtha Geschichte herrührende Fabel hält; so wie den gantzen Tro- 340 janischen Krieg / welchen Dion Chrysostomus Coccejanus geschehen zu sein / mit ihm verneinet. Arnob. contra gentes l. 8. p. m. 778. Saturnus Liberos suos non exposuit, sed voravit. Meritô illi in nonnullis Africae partibus â parentibus Infantes immolabantur, blanditiis & osculo comprimente 345 vagitum, ne flebilis hostia immoletur. Tauris etiam Ponticis & Aegyptio Busiridi ritus fuit hospites immolare: & Mercurio Gallos humanas vel inhumanas victimas caedere. Romani graecum & graecam, gallum & gallam, sacrifici viventes obruere: hodiéque ab ipsis Latiaris Jupiter homicidio coli- 350 tur: & quod Saturni filio dignum est, mali & noxii hominis sangvine saginatur. Von den Semnonen bey den Teutschen meldet Tacit. de mor. Germ. c. 39. caeso publice homine celebrant barbari ritûs horrenda primordia. Zu denen von Kirchero an obigen Orthe angezogenen Indianischen Men- 355 schen-Opfern gehören der Americanischen [110] Guancavilken / welche ihre Zähne ja ihre Kinder für ihren Wolstand dem Götzen Viracochae aufopfern. Hornius in Arc. Noae p. 527. wie nicht weniger die Menschen-Opfer in Jucatan. Hornius d. l. p. 493. Insonderheit aber haben die Phoenicier 360 es arg gemacht / welche ihre allerliebsten und einigen Kinder in ihren grossen Nöhten dem Saturno oder dem Moloch und Baal geopfert. Porphyr. περὶ ἀποχῆς lib. 2. Φοίνικες ἐν

Die Erste Abhandlung 133

ταῖς μεγάλαις συμφοραῖς ἢ πολέμων, ἢ αὐχμῶν, ἢ λοιμῶν, ἐθύοντο τῶν φιλτάτων τινὰ ἐπιψηφίζοντες Κρόνῳ. Und 365 Euseb. in Orat. de Laud. Constantin. Κρόνῳ γὰρ Φοίνικες καθ᾽ ἕκαστον ἔτος ἔθυον τὰ ἀγαπητὰ καὶ μονογενῆ τῶν τέκνων. Diesen thaten es die von ihnen entsprossene Carthaginenser nach / und meldet Pescennius Festus beym Lactant. divin. Instit. 1. c. 21. Carthaginenses Saturno humanas 370 hostias solitos immolare, & cum victi essent ab Agathocle Rege Siculorum, iratum sibi Deum putavisse, itaque ut diligentius Piaculum solverent, ducentos Nobilium Filios immolasse. Ja Plutarchus erzehlet: daß die welche selbst keine Kinder gehabt / derer zu diesem Blutt-Opfer gekaufft. Be- 375 siehe hiervon Diodor. Sicul. lib. 20. Oros. lib. 4. c. 6. Porphyr. de abstin. Anim. l. 2. Pescenn. Fest. apud. Lactant. Instit. l. 1. c. 21. Welches biß zu des Tiberii Zeiten gewehret / teste Tertullian. Apolog. c. 9. ungeachtet Darius Hystaspis sie hiervon beweglich abgemahnet. Justin. lib. 18. p. 160. 380 & lib. 19. p. 262. auch in dem zwischen Carthago und dem Könige Gelo zu Syracusa gemachten Vergleich ausdrücklich versehen war. Ὅτι καὶ τὰ τέκνα παύσονται τῷ Κρόνῳ καταθύοντες. Plutarch. und Agathocles nach seinem Siege diß ihnen mit grossem Ernst abgeschafft hatte. Johnston. 385 Polyhist. p. 209. 291. Es opferten aber die Carthaginenser derogestalt auch der Ἀμίλκαν, welches mit dem Molech von מלך oder dem Könige einerley Uhrsprung hat / und der Atlantier Königin oder Göttin andeutet. Selden. Synt. 1. c. 6. p. 182. Massen denn auch in der Schrifft Moloch eben so 390 wohl ἡ als ὁ Βαὰλ, eine Göttin / wie ein Gott genennet wird. Selden. Synt. 2. c. 2. p. 24. seqq.

v. 393. Durch solch ein Opfer hat auch Anobreta.) Porphyrius [111] apud Eusebium praeparat. Evang. 1. & 4. erzehlet: Saturnum, quem Phoenices Israel vocabant, Regem 395 Phoeniciae vetustissimum, ut Regnum suum à summo imminentis belli periculo liberaret, superosque propitios haberet; unicum (μονογενῆ) quem ex Anobreta susceperat, filium regio ornatum fastu, constructam super aram immolasse. Daß aber Porphyrius hier eben vom Abraham und Isaac 400 rede / wil ex Gen. 22. Kircher. loc. cit. pag. 334. erweisen. Und Selden. Synt. 1. c. 6. pag. 188. 189. Derogleichen für das gemeine Heil geschehene Opferung ist auch beym Pausaniâ in Messeniacis: Apollo Delphicus â Messeniis post

praelium secundum de eventu belli consultus virginem im- 405
maculatam & ab Extraneo jugulatam sibi immolari ex Aepy-
tidarum familia voluit. Hinc Aristodemus filiam suam, etsi
â Sponso, ut inepta sacrificio esset, stupratam jugulavit ejus-
demque utero dissecto, Oraculo se satisfecisse ostendere
voluit. Welche letztere Opferung ihrem Uhrsprunge zimlich 410
nahe kommen / weil die aus dem Bauche redenden Teuffel
diese Menschen-Opfer zum ersten gelehrt haben sollen. Selden. d. l. p. 189.

v. 396. Busir hat dem Osir.) Wie Busir oder Typhon /
umb in Egypten die grosse Hungers-Noth abzulehnen / seine 415
Gåste dem Jupiter oder Osiris geschlachtet / fåhret Kircher.
cit. loc. p. 335. 336. aus / allwo er zugleich meldet: daß bey
des ermordeten Osiris Grabe eitel rothkôpfichte Menschen
geschlachtet worden / weil in solcher Gestalt Typhon den
Osiris getôdtet habe. Die Stadt Pellion schlachtete gleichfals 420
bey der ihr vom grossen Alexander zuhångenden Gefahr
drey Knaben / drey Mågdgen / und drey schwartze Wieder.
Arrian. lib. 1. p. 13. Diese bluttige Opfer haben erst zur
Zeit Keysers Commodi, da die Heyden auch nur eines Gottes Gottesdienst sich der Vielheit ihrer Gôtter schåmende 425
eingefåhrt / aufgehôrt. Euseb. IV. προπ. 7. 8. v. 1.

v. 398. Und Ammon Molochs Bild durch diese Glutt ge-
krônt.) Ammon Loths Sohn / von welchem die in Caele-
syrien wohnenden Ammoniter den Uhrsprung haben. Gen.
19. Hesych. Ἀμμὼν υἱοὶ, μεθ' ἡμῶν Λαός. Dieses Volckes 430
Abgott / dem sie Menschen opferten / wird im 1. Reg. 9.
מלכם Milcom oder ihr Kônig genennet / ist aber eben dis /
was Actor. 7. 43. μολὸχ oder מלך der Kônig / 2. Reg. 17. 31.
Adramelech und Anamelech die Gôtter der Sepharvaim,
und Jerem. 19. 5. [112] Baal heißt. Benjamin in seinem 435
Reise-Buche meldet: daß der Ammoniter Gott ein steiner-
nes / übergůldetes / und auf einem Stuhle sitzendes Bild sey;
Auf beyden Seiten sassen zwey weibliche Bilder / für ihm
stunde das Opfer und Rauch-Altar in einem Tempel. Von
eben diesem Milcon und Melech kommen die Carthaginen- 440
sischen Nahmen Milici, Imilces, Imilco, Hamilcar, und der
bey den Tyriern verehrte Hercules Μέλκαρτος, Μέλκαρθος,
und Μελκάνθαρος, und der Arnathusische Hercules Μαλίκα,
der Grichen Μεγάλαρτος, Jupiter Μελίκαρτος, und Μεγα-
λόμαζος her. Selden. Synt. 1. cap. 6. Dieser zu Carthago 445

Die Erste Abhandlung 135

verehrte Moloch aber / war weder Priapus, noch Mercur,
sondern Saturnus. Vossius de idololatr. gentil. lib. 11. c. 5.
Theodoret. in Aequiv. oder vielmehr Noah, weil die Phoenicier den Saturn, wie die Römer den Janus mit zwey Ge-
sichtern mahlten. Vossius d. l. lib. 1. c. 18. 19. und die von 450
Assyriern unterm Nahmen des Saturn und Bel verehrte
Sonne. Damascius, Euseb. und Vossius lib. 2. c. 4.

v. 405. 406. 424. Ich habe so viel Muth für unser Reich
zu opfern Hertz und Blutt.) Bey den Römern ist dieses zimlich gemein gewest; Florus lib. 1. c. 13. n. 9. de bello Gal- 455
lico: Jam primum majores natu amplissimis honoribus usi,
in forum coeunt, ibi devovente Pontifice, Diis se Manibus
consecrant. Et l. 1. c. 14. n. 3. alter Consulum (Decius Mus)
quasi monitu Deorum, capite velato primam ante aciem Diis
Manibus se devoverit: ut in confertissima se hostium tela 460
jaculatus, novum ad victoriam iter, sangvinis sui semita,
aperiret. Et l. 1. c. 17. n. 7. oppressus in sinu vallis alter
Consulum Decius more patrio devotum Diis manibus ob-
tulit caput. Apud Graecos eadem pietate erga Patriam Me-
noeceus Creontis filius vitam & sangvinem Thebanis suis 465
largitus est, gladioque transfixum è muris praecipitem dedit.
Cicero. 1. Tuscul. Hierzu haben sie gewisse Verfluchungen
gesprochen. Plin. l. 28. c. 2. Livius dec. 1. l. 8. & lib. 10.
Gleicher gestalt hat längst vorher Codrus König zu Athen
sich fürs Vaterland mit Fleiß erschlagen lassen. Justin. lib. 470
2. p. 31. Daß auch bey den Morgenländern viel grosse Herren sich selbst zu der Feuer-Opferung gewidmet haben /
lehret Selden. Syntagm. 1. c. 6. p. 173.

[113] v. 420. Als den zwey Philenen Carthago wiedmete.)
Es ist ein Exempel ohne Exempel / daß die zwey Phileni- 475
schen Brüder von Carthago sich umb ihres Vaterlands ferne
Gräntze gegen die von Cyrene zu behaupten / auf selbter
lebendig vergraben lassen. Westwegen ihnen auf selbiger
Stelle zwey Altäre aufgebauet worden. Salust. bell. Jugurth.
c. 79. Diese Altäre aber haben zur Zeit des Strabo nicht 480
mehr gestanden. Strabo lib. 3.

v. 429. Nun lege Mutter mich der Baal in die Schoos.)
Baal ward von den Weibern für einen Gott / von den Männern für eine Göttin verehret. Wie aus Ezech. 17. 17. das
erste / aus Hoseâ 2. 8. it. 11. 13. Jerem. 19. 5. & 32. 35. das 485
andere unschwer zu unterscheiden ist / wiewohl Bochart.

part. 2. Phaleg. lib. 2. c. 17. p. 859. 860. meinet: daß Baal
allezeit eine Göttin heisse / die Hebreer hätten aber nur kein
weiblich Wort / das eine Göttin außdrückte. Daß aber Baal
bey denen Carthaginensern einen Tempel in der Stadt Balis 490
gehabt / lehret Selden. Synt. 2. c. 1. aus Stephano: Πόλις
Λιβύης πρὸς τῇ Κυρήνῃ ἀπὸ τινὸς Βάλεως, οὗ καὶ ἱερὸν
ἔχει. Von welchem Abgotte denn auch die Nahmen Hannibal, Asdrubal, Hiempsal, Adherbal, herkommen. Bochart.
part. 2. Geographiae lib. 2. c. 16. p. 850. Eusebius aber leh- 495
ret: das dieser Baal oder Belus, nichts anders als Jupiter
sey. Und Xiphilin. in Caracall. Ζεὺς ὁ βῆλος ὀνομαζόμενος,
καὶ ἐν τῇ Ἀπαμεία τῆς Συρίας τιμώμενος. Selden. Syntagm.
2. c. 1. p. 214.

v. 442. 443. 462. 463. So Sonn als Mohnde wolln zum Op- 500
fer Erstlinge von den Gefangnen haben.) Heliodor. l. 3. de
rel. Aethiop. In Aethiopiâ Soli & Lunae, videlicet Osiridi
& Isidi, quicunque ex hostibus primi capti fuerant, jure belli
immolabantur. Von den Deutschen sagt Tacitus. 1. Ann. 61.
Lucis propinquis barbarae Arae, apud quas Tribunos ac pri- 505
morum Ordinum Centuriones mactaverant. Daß in America
die Mexicaner / die Cioroteganer / die Einwohner in neu
Granada jährlich aus ihren Gefangnen einen zu ihrem Gott
machen / und verehren / hernach aber selbten durch ihren
Topilzin oder obersten Priester das Hertze aus der Brust 510
schneiden / das noch warme Blutt davon der Sonne / im
Feste Quetzaalvvalt aber dem Mohnden opfern / und hierauf ihrem Götzen Vitzliputzli ins Antlitz werffen / [114]
seinen Kopff in dessen Tempel auf einen Pfal stecken / den
Körper aber fressen; ja gewisses Brod mit dem Blutte der 515
Gebuhrts-Glieder benetzen / und austheilen / wordurch sie
sich ihrer Sünde zu befreyen einbilden / lehret ausführlich
Hornius in Arcâ Noae. p. 484. 485. 488. 489. 504. 505. 512.

v. 480. seqq. Das Heyligthum meint fluchend zu entweihen.) Die bey den Opfern gebrauchte Ceremonien sind un- 520
zehlbar; diß aber hier allein anzumercken: daß sie aus un-
terlassung einiger derselbten grosses Unheil besorgten / also:
daß man nicht allein das Jahr nicht überlebte / sondern
auch destwegen gantze Städte als Hypaeia und Hierocae-
sarea von der Erde weren verschlungen worden. Theagenes 525
libr. de Diis. Pausan. in prior. Eliacis & Lydiis Persicis.

Die Erste Abhandlung 137

Gleichwohl aber haben die Anaphaner dem Apollo σὺν τω-
θασμῷ, oder mit Verlachung geopfert / und dabey (κερτο-
μοῦντες ἀλλήλους,) ein ander Schandflecke angehenckt. Bochart. Geographiae part. 2. l. 1. c. 15. p. 462.

v. 492. Dis Hertze sol dir Sonne.) In den Opfern ward
für andern Eingeweyden das Hertze als der Uhrsprung des
Lebens und der Sinnen beobachtet. Dahero auch in den Americanischen Menschen-Opfern der Priester das Hertze dem
Mohnden zeigte / oder es selber aaß. Hornius Arcâ Noae
p. 489. 504. 505.

v. 495. Hier hastu / Derceto / zum Opfer ihr Gehirne.)
Weil das Gehirne kalt / und der Brunn der Feuchtigkeit ist /
Cael. Rhodig. l. 6. c. 5. in fin. wird dis billich der Derceto
gewidmet. Denn diese Phoenicische und Babylonische Göttin / welche auch Atergatis, Argatis, Δερκετάδης, Adergatis,
Atargata, Derce, Adargidis, Artaga, Atargatis hieß / war
oben ein Weib / unten ein Fisch / und eben diß / was 1. Sam.
5. 4. der männliche Gott דגון ist / welch Wort von דג oder
דגה, nemlich dem Fische herkommen; und אדיר דג oder Ad-
dirga einen ansehnlichen Fisch heißt / und hierdurch nichts
anders / als die sich in einen Fisch verwandelnde Venus bedeutet wird. Westwegen die Syrier keine Fische nicht aaßen /
ja sie Göttlich verehrten / worvon Clemens in Protreptico,
von Phoeniciern: τους ἰχθῦς οὕτω σέβουσι περιττῶς, ὡς
ἠλείοι τὸν Δία. Selden. Syntag. 2. cap. 3.

v. 503. Kommt laßt / wie Hannibaln euch einen Eyd vorlesen.) Ein solch berühmtes Exempel ist bey Floro l. 2. c. 6.
n. 2. Hinc ultionem puer Annibal ad aram patri juraverat:
nec morabatur. [115] Appian de bell. Hispan. p. 259. Orosius l. 4. c. 14. Annibal Odium Romani nominis Patris Amil-
cari, cum esset novem Annos natus fidelissimè, alias infi-
delissimas, ad aras juravit. Und Plutarchus in Annibale:
Amilcar quatuor Filios intuens tot Catulos Leoninos in per-
niciem Imperii Romani alere se, praedicabat, è quibus
Annibalém novem Annorum natum Altaria tenentem adegit
jurare, se, cum primum per aetatem potuisset, acerrimum
hostem Populi Romani futurum. Diesen Eydschwur beschreibt patheticè Silius Italic. l. 1. de bell. Pun. und sol ihn
Hannibal beym Bilde des Hercules geleistet haben / wovon
Martial. lib. 9. Epigr. 44.

Hunc puer ad Lybicas juraverat Annibal Aras;
Jusserat hic Syllam ponere Regna trucem
Utque fuit quondam placidi Conviva Malochi,
Sic voluit docti Vindicis esse Deus.   570

Dis Bild aber hat nach erobertem Carthago ohne Ansehen
ante aditum Porticûs ad Nationes gestanden / Plin. l. 34.
c. 8.

v. 507. 508. Ihr mŭst's Altar anrŭhrn.) Ptolomeus sumtis
in manûs altaribus, contingens ipsa simulacra & pulvinaria 575
Deorum, inauditis ultimisque Execrationibus adjurat. Justin.
lib. 24. c. 2. 8. Besiehe von dieser Ceremonie Macrobium.
Virgil. 12. Aen. v. 201. Tango aras, mediosque Ignes &
Numina testor. Eine andere Carthaginensische Art zu schweren hat Justin. l. 22. c. 2. 8. Tunc Hamilcari expositis Igni- 580
bus, Cereisque tactis in obsequia Poenorum jurat.

v. 523. 524. Pygmalions sein Bild.) Diesen Ohrt erklåret
Arnobius contra gentes. lib. 6. p. m. 684. Philostephanus in
Cypriacis autor est, Pygmaleonem Regem Cypri Simulacrum
Veneris, quod Sanctitatis apud Cyprios & Religionis habe- 585
batur antiquae, adamasse, ut foeminam, mente, anima, lu-
mine rationis, judiciique caecatis: solitumque dementem,
tanquam si uxoria res esset, sublevato in lectulum numine
copularier amplexibus atque ore, resque alias agere libidinis
vacuae imaginatione frustrabiles. Consimili ratione Posi- 590
dippus in eo libro, quem scriptum super Gnido indicat,
superque rebus ejus, Adolescentem haud ignobilem memorat, sed vocabulum ejus obscurat, correptum amoribus Veneris, propter quam Gnidus in nomine est, amatorias & ipsum
miscuisse [116] lascivias, cum ejusdem Numinis signo genia- 595
libus fusum thoris, & voluptatum consequentium finibus.
Noch mehr solcher nårrischen Buhlereyen fŭhret an Marino
nella Diceria della Pittura part. 2. pag. 84. Sò che Alchida
Rhodico s'inamorò libidinosamente della Statua di Venere
opera di Prassitele. Hò letto, che Pigmalione della sua 600
s'invaghi si follemente, che con esso lei ragionava, l'abbrac-
ciava e con affettuosi gemiti sospirava. Suoviemmi, che
Giunio havendo veduto un Simulacro delle Muse ignude,
s'accese per esso di strano ardore. Mi ricordo che Pontio si
compiaque in guisa d'Atalanta & Helena fatte già per mano 605
di Cleofanto, che se ne struggeva di desiderio. Trovo scritto

HANNIBAL.

140   *Anmerckungen*

finalmente amante essersi ritrovàto tanto focoso, chè mon
baciando della sua cara amata il ritrato.

v. 539. 540. Der Mutter Hertz und Lebens-Glaß zerbricht.) Gaudio periere praeter Chilonem (Victore Filio 610
Olympiae:) Sophocles & Dionysius Siciliae tyrannus, uterque
accepto tragicae victoriae nuntio. Mater pugna illâ Canensi,
filio incolumi viso contra falsum nuntium. Valer. Max. c.
12. l. 9. Plin. lib. 7. c. 32. & 53.

v. 542. Daß Ajax einen Stier für den Ulyß ersticht.) 615
Ovid. l. 13. Met. Eurip. in Ajace.

v. 547. 548. Umbarmt er Flamm und Todt.) Plutarch. libr.
de capiend. ex hostib. utilitate p. m. 86. Cum Satyrus ignem
sibi primo visum osculari vellet & amplecti, monet eum
Prometheus: Barbam tuam, Caper, deflebis protinus: tan- 620
gentem adurit Ignis.

v. 556. Das kein Timantes kan sein todtes Antlitz mahln.)
Dieses beschreibt Plin. lib. 35. c. 10. p. m. 691. Valer. l. 8.
c. 11. Quintilian. l. 2. am besten aber Marino nella Pittura.
p. 69. Fu lodata summamente l' accortezza di Timante, il 625
quale havendo nel sacrificio d' Ifigenia dipinto Calcante
mesto, Ulisse sospiroso, Ajace che gridava, Menelao che si
disperava; quando giunse à voler dipingere Agamemnone
che di passioni tutti costoro superasse, & conoscendo non
esser cosi facile à rappresentare l' affetto del Padre, come 630
la pietà del Aruspice, il dolor degli Amici, il pianto del fra-
tello e la tristitia de circostanti, vinse il difetto con artificio
e fecelo [117] col capo turato, fingendo che per asciugar le
lagrime si coprisse con un velo la faccia.

v. 559. 560. Ich tag' auß der Gruft Achillens Geist: daß 635
er Polyxenen ihm kan geschlachtet sehn.) Dieses beschreibet
ausführlich Seneca in Troad. act. 2. v. 166. seqq.

v. 563. 564. Daß ihn der Bachchen Grimm in tausend
stücke reißt.) Orpheus cum ad Inferos descendit, ibi Deorum
laudes praeterquam Liberi Patris per oblivionem amissi 640
cecinit, quare iratus Dionysus furorem suis Bacchis immisit,
à quibus apud Hebrum fluvium fuit discerptus. Natal. Comes Mythol. l. 7. c. 14. p. 759.

Die andre Abhandlung.

v. 25. Auch Hannibal hat schon Carthagens Fall erkennt.)
Flor. l. 2. c. 6. n. 53. Annibal re cognita cum projectum
fratris caput ad sua castra vidisset, Agnosco, inquit Infelici-
tatem Carthaginis. Haec fuit illius viri non sine praesagio,
quodam fati imminentis, prima confessio.

v. 35. Sol ich allein durch Furcht und Flucht mir rahten.)
Dieser andere Sohn des Syphax, Vermina, hat hernach das
grôste Theil des vâterlichen Reiches eine zeitlang behauptet /
und als Hannibal aus Italien zurûcke kam / sich zu ihm geschlagen. Appian. de bell. Pun. p. 18.

v. 62. 117. Der eine Wôlfin hegt. Und solcher Wôlfe
Klau.) Rom ward allezeit mit einer Wôlfin gemahlt / an der
die zwey Kinder Romulus und Remus saugten. Weil aber die
Wôlffe dem Kriegs Gotte gewidmet waren / nennte man
auch Helden Wôlffe. Also heist Hercules beym Lycophron
in Cassandrâ. v. 871.

καὶ θηροχλαίνου σηκὸν ὠμηστοῦ Λύκου.

v. 99. Die Krântze die uns ziern sind Pfeile voller Spitzen.) Die Mohren pflegen Krântze umbs Haupt zu tragen /
in welchen rings herumb empor gekehrte Pfeile stecken.
Lucian. de Saltatione: Τὸ βέλος Αἰθίοψ ἀνὴρ ἀφελὼν τῆς
κεφαλῆς, ταύτη γὰρ ἀντὶ φαρέτρας χρῶνται, περιδεόντες
αὐτῇ ἀκτινηδὸν τὰ βέλη. Claudian. l. 1. in Stilicon.

[118]   Venerat & parvis redimitus Nuba sagittis.

& lib. 3. de Consul. Honor. Meroë traxit de Crine Sagittas.
v. 102. Da Mohren doch berûhmt sonst von vier Augen
sind.) Solin. c. 20. Maritimos Aethiopas, quaternos Oculos
dicunt habere: sed fides alia est, illa denîque, quod & vident
plurimùm & manifestissime destinant Jecus Sagittarum.
Plin. l. 6. c. 30. Aethiopas Nisicastas vocant, quod significat
ternûm aut quaternorum Oculorum Viros, non quia sic sint,
sed quia sagittis praecipuâ contemplatione utantur. Alleine
Nisi casta, oder vielmehr משיך קשתא heisset vielmehr Esaiae
66. 19. einen Bogenspanner. Die Sineser rûhmen sich ihres
Verstandes halber: daß sie zwey / die Europeer ein / die andern Vôlcker aber gar kein Auge haben.

142   Anmerckungen

v. 115. 116. Der Römer Ketten beängstigen mein Hertz.)
Diese Rede / womit Sophonisbe den Masanissa beredet sie
nicht in der Römer Hånde zu liefern / hat Livius dec. 3. l.   40
10. p. m. 393. Uber das bekante Exempel der Cleopatra die-
net hieher Taciti 12. Ann. c. 51. Rhadamisto subsidium fuit
pernicitas Equorum, quis seque & Conjugem abstulit. Sed
Conjunx gravida, primam utcunque fugam ob metum hosti-
lem & Mariti caritatem toleravit: post festinatione con-   45
tinuâ, ubi quati uterus & viscera vibrantur, orare ut morte
honestâ Contumeliis Captivitatis eximeretur. Ille primò
amplecti, allevare, adhortari, modo virtutem admirans,
modo timore aeger, ne quis relictâ potiretur. Postremo violentia amoris & facinorum, non rudis destringit acinacem,   50
vulneratamque ad ripam Araxis trahit, flumini tradit, ne
corpus etiam auferretur.

v. 168. Sol ich der Creuse Brand / des Creon Ach ausstehen.) Diese hat die eyversüchtige Medea verbrennet. Senec.
in Medea. act. 5.   55

v. 198. Der neu Carthago baut.) Strabo sagt von ihm:
ἡ Καρχήδων ἡ νεά κτίσμα Ἀσδρουβα, τοῦ Διαδεξαμένου
Βάρχαν τὸν Ἀννιβα πατέρα. Neu Carthago sey von dem-
selben Asdrubal gebaut / der des Hannibals Barca Vater in
dem Regimente gefolgt. Und Polyb. lib. 2. c. 13. p. 141.   60
142. rühmet ihn: daß er mit grosser Klugheit und Fleiß Hispanien verwaltet / und durch erbauung der Stadt Neu Carthago zu vergrösserung [119] des Carthaginensischen Reichs
viel beygetragen habe. Und lib. 10. c. 10. p. 813. daß er zu
Carthago bey dem Tempel des Esculapius eine Königliche Burg   65
erbaut / und nach der Oberherrschafft getrachtet habe.

v. 199. Und stets voll Tapferkeit zum Kampfe war gegürtet.) Asdrubal sol / vermöge einer vom Isaaco Vossio
heraus gegebner Uberschrifft / eigendlich AZRUBAL geschrieben werden. Dieses בעל אזרו oder בעל אזור aber heist   70
eigendlich ein zum Kampffe gegürteter Herr. Daher auch
dem Asdrubal beym Philo, Diogene Laertio und Plutarcho
der Nahme Κλειτόμαχος, das ist ein Streitbarer / zugeeignet
wird. Bochart. Geographiae part. 2. lib. 2. c. 12. p. 825.

v. 209. 210. Muß legen den Finger auf den Mund.) Lore-   75
danio nel Antonino Caracalla de Scherzi Geniali p. m. 50.
Gli antichi Elvetii adoravano il Sole col dito alla bocca. Et
Martian. Capella in Philot. Inter sacrificandum, quidem

Die andre Abhandlung   143

puer stabat, ad os compressô digitô salutare silentium com-
monebat. In Sina darf nur der Kônig dem Himmel / der   80
Sonne und Sternen opfern; gemeine Leute wûrden darmit
ein groß Verbrechen thun. Ja auch wenn jemand den Kônig
daselbst anredet / muß er fûr seinen Mund ein helffenbei-
nern Tâflichen fûrhalten. Alvaro Semeda nella Cina. p. 122.
& 150. 151. Bey den Rômern war die Gôttin des Stillschwei-   85
gens Agerona mit verbund- und versiegeltem Munde abgebildet. Plin. l. 3. c. 5. Macrob. Saturn. l. 1. c. 10. Der Egyp-
tische Abgott Harpocrates legte den rechten Weisefinger auf
den Mund. Kircher. Oed. Aegypt. tom. 1. Synt. 3. c. 7. p.
212. 213.   90

   v. 227. Der Vôlcker Schiedesmann.) Syphax warf sich zwischen Rom und Carthago zum SchiedsRichter auf / mit Be-
dreuung wider den zu seyn / welcher bey seinem Ausspru-
che nicht beruhen wûrde. Appian. de bell. Pun. p. 9. 10.

   v. 236. Als du und Asdrubal in einem Bette laget.) Wie   95
Scipio und Asdrubal auf eine Zeit beym Syphax angelen-
det / seinen Beystand zu erhalten / und wie diese zwey
Feinde so gar daselbst in einem Bette geschlaffen / beschreibt
Livius dec. 3. l. 8. p. m. 311. 312. Appian. de bell. Hisp.
p. 271.   100

   v. 275. Ich wil mehr Pein stehn aus / als Regulus ertragen.) Diesen haben die Carthaginenser / weil er lieber wider
sich ins Gefângnûs [120] stelln / als den Rômern Friede zu
machen rathen wollen / aufs grausamste gemartert. Flor. l. 2.
c. 2. n. 23. 24. 25. Appian. l. 1. de bell. Pun. p. 3. meldet: 105
Daß er in einem inwendig mit spitzigen Stacheln gefûllten
Fasse umbkommen. Cic. 3. de Offic. & Orat. in Pison. meldet: man hette ihm die Augenlieder abgeschnitten / und
ihn durch Verhinderung des Schlaffes getôdtet. Welches aber
ein Getichte des Ehweibes des Reguli zu sein scheinet / als 110
welcher die Gefangenen Boslar und Bomilcar zu einem Lôse-
gelde vom Rômischen Rechte anvertrauet / und als Atilius
zu Carthago gestorben / die Gefangenen von ihr übel gehalten worden. Wie aus einem Fragmento Diodori Siculi,
und des Polibii Stillschweigen nicht unklar zu sehen ist. Be- 115
siehe Christoph Hendreich. in Carthagine. lib. 2. sect. 1. c.
5. p. 246. seqq. von allerhand Meinungen seines Todes wegen. Wie grausam Asdrubal aber im dritten Kriege mit den
Rômischen Gefangnen gebahret / ihnen Augen / Zungen /

144   *Anmerckungen*

Fůsse / Finger abgeschnitten / ja sie gar geschunden hat. Ap- 120
pian. de bell. Pun. c. 5. 3. p. 72.

v. 399. Die Stratonice freyt noch bey Selevcus Leben.)
Nemlich mit willen ihres Ehmannes ihren Stiefsohn Antio-
chum, welcher sich in sie heftig verliebt / daß er kranck
darnieder lag / welche Liebe der Artzt Erasistratus wahr 125
nahm / und dem Selevcus erôfnete. Plutarch. in Demetrio
p. m. 906. 907.

v. 403. 404. Hat Asdrubal mich dir zum Bråutgam nicht
erwehlt.) Asdrubal verlobte Sophonisben dem Masinissa.
Als aber Syphax der sich vorher in sie verliebt hatte / dem 130
Scipio in Africa wider Carthago beyzustehen zusagte / ver-
måhlten die Carthaginenser ohne ihres Vaters und Bråuti-
gams vorbewust sie dem Syphax, umb ihn von den Rômern
abzuziehen. Worauf Masanissa zun Rômern / Syphax zun
Carthaginensern ůberfiel. Appian. l. 1. de bell. Punic. p. m. 135
6. & de bell. Hisp. p. 275.

v. 405. Zernichtet Kaccabe.) Die Grichen nennten Carthago auch Κακκάβη, welches so viel als ein Pferde-Kopff
heissen sol / der bey Erbauung der Stadt sol gefunden worden sein. Eustathius in Dionysium: ἐκαλεῖτο δὲ Κακκάβη, ὅ 140
περ τῇ Ἐγχωρίῳ Διαλέκτῳ ἵππου δειλοῖ κεφαλὴν.

Sil. Italic. lib. 2. Punic.

  Ostentant Caput effossâ tellure repertum
  Bellatoris Equi, atque omen clamore salutant.

[121] Κακκάβη aber sol eigendlich Καρκάβη geschrieben 145
worden / und kommt her von קרקף oder כר welches das
Haupt bedeutet / oder auch von רכבה das ein Pferd heißt.
Bochart. Geographiae part. 2. lib. 1. c. 24. p. 514. 515.

v. 433. Das Einhorn legt sein Horn / den Zepter seiner
Macht so in der Frauen Schoos.) Wie von dem Einhorne 150
welches bey den Arabern Mirmis, bey den Indianern Car-
cano oder / nach des Aeliani Meinung / Καρκάζωνον, bey
den Egyptiern Κάρχινος heißt / viel unglaublich Ding getichtet / insonderheit aber sein gegen Menschen und Elephanten gehegter Haß / die Liebe gegen die Holtztauben / 155
die Stårcke und Schônheit seines Hornes / in welchem man
gestalten der Menschen / Pfauen / Rehe / Båume / und andere Dinge kůnstlich gebildet finden sol / von den Arabern

Die andre Abhandlung 145

heraus gestrichen wird: Also erzehlen sie von einem andern kleinern und gegen Mitternacht befindlichen Einhorne / welches sie Charsan und Charis nennen: Daß dieses durch Fürstellung einer Jungfrau in eine Hôle gelocket / zum saugen / wo von es wie von Weine truncken wûrde / gereitzet / und derogestalt von Jâgern gefangen wûrde. Eustathius in Hexameron. p. 40. erzehlt von ihm: Es sey ein kleines aber wildes einhôrnichtes Thier / einem Bocke gleich. Wenn man es fangen wolte / stelte man ihm eine reine Jungfrau fûr / in welcher Schooß sich diß Thier hernach niederwûrffe / sich liebkosen / und in Kônigliche Hâuser leiten liesse. Isidor. lib. 12. v. 2. meldet: es schlieffe darinnen ein / und Tzetzes Chil. 5. c. 7. Die Jâger verkleideten einen starcken Jûngling in eine Jungfrau / wûrtzeten ihn starck ein / und stellten ihn fûr seine Hôle. Durch diesen Geruch wûrde das Einhorn herzu gelockt / von Jâgern ihm sein kostbahres Horn abgeschnitten / und hernach frey gelassen. Bochart. tom. 1. Hierozoic. lib. 3. c. 26. p. 940. 941.

v. 450. 451. Sein Kleid und Antlitz sind verliebte Sternen: Beer / Ochß / Orion / Adler / Schwan.) Diese unter die Sternen versetzte Kebsweiber Jupiters fûhret die sich beklagende Juno in dem fûrtrefflichen Eingange des Rasenden Hercules beym Seneca Tragico prâchtig auf.

v. 457. 458. Fûr mir mus Jupiter selbst knien.) Die Fabeln: daß Jupiter in gestalt eines Guckucks die Juno, eines gûldnen Regens die Danae / eines Satyri die Antiope beschlaffen / sind gemein. Hier-[122]mit aber ziehet die Heyden stattlich durch Arnob. contr. Gentes lib. 5. p. m. 645.

v. 461. 482. Brecht ihm die Donnerkeil entzwey. Reicht mir der Hellen Schlûssel dar.) Hieher gehôren die schônen Verse Philippi.

> Συλήσαντες ὄλυμπον ἴδ' ὡς ὅπλοισιν ἔρωτες
> Κοσμοῦντ' ἀθανάτων σκῦλα Φρυασσόμενοι.
> Φοίβου τόξα Φέρουσι, Διὸς δὲ κεραυνὸν, Ἄρηος
> ὅπλον, καὶ κυνέην, Ἡρακλέους ῥόπαλον,
> Εἰναλίου τε Θεοῦ τριβελὲς δόρυ, θύρσα τε Βάκχου,
> πτηνὰ πέδιλ' ἕρμου, λάμπαδα Ἀρτέμιδος.
> Οὐκ ἄχθος θνητοῖς εἴκειν Βελέεσσιν ἐρώτων,
> Δαίμονες οἷς ὅπλων κόσμον ἔδωκαν ἔχειν.

146   Anmerckungen

Die Liebe hat den Schmuck des Himmels angezogen /
    Und in den schönen Raub der Götter sich gehüllt.
Sie nam dem Zevs den Keil / dem Phoebus Pfeil und Bogen   200
    Alciden seinen Spiß / dem KrigsGott Helm und Schild.
[123] Die Gabel dem Neptun / dem Bachus seine Lantze /
    Die Flügel dem Mercur / Dianen Horn und Glutt.
Wie sol nun nicht der Mensch für ihrer Waffen Glantze
    Sich scheuen / da kein Geist ihr in der Welt was thut.   205

    v. 467. 468. 469. Auch biß zur Hölle dringt mein Strahl.)
Virg. l. 6. Aen. v. 442.

        Hîc quos dirus amor crudeli tabe peredit,
        Secreti celant calles, & myrtea circum
        Sylva tegit; curae non ipsâ in morte relinquunt.   210

    Et v. 450.

        Inter quas Phoenissa recens à vulnere Dido
        Errabat Sylvâ in magnâ.

Ja die entseelten Liebhaberinnen tichten sie: daß sie der
Proserpina die Liebes Fackeln fürtragen müssen. Virgil. in   215
Culice v. 256. und daselbst Taubman.
    v. 470. seqq. Dringt Orpheus nicht &c.) Auch dis / wie
Orpheus seine Euridice aus der Hölle wiedergeholet / be-
schreibt Virg. l. 4. Georg. v. 464. seqq. wie Theseus aber mit
Pirithoo die Proserpinam zu rauben in die Helle gezogen /   220
Natal. Comes Mythol. lib. 7. c. 9. p. m. 735.
    v. 478. Ein Polifem erstarrt für Galatheen.) Dieses Cy-
clopen Liebe beschreibt Theocritus in Cyclope.
    v. 479. Selbst Pluto läßt sein finster Reich.) Claudian. de
rapt. Proserpinae.   225
    v. 485. Leucatens Felß vertilgt der Liebe Macht.) Ovid.
Heroid. in Epist. Sapphus.

        – – Quid nunc non ignibus aequis
        Ureris? Ambraicae est terra petenda tibi.
        Phoebus ab excelso, quantum patet, aspicit aequor,   230
            Actaeum populi Leucadiúmque vocant.
        Hinc se Deucalion Pyrrhe succensus amore
            Misit, & illaeso corpore pressit aquas.

Die andre Abhandlung 147

Nec mora, jussus amor, fugit laetissima mersi
   Pectora: Deucalion igne levatus erat.   235
Hanc legem locus ille tenet: pete protinus altam
   Leucada, nec saxo desiluisse time.

v. 486. Silemnus Bach theilt Seel und Brunst von sammen.) Wer sich aus diesem Flusse bey Patras badet / sol der Liebe sich entbůrden. Pausanias in Achaicis.   240

v. 496. Bleibt unversehrt wie Salamandr'r im Feuer.) Von diesem Thiere / welches Kimchi fůr eine Art der Vŏgel andere der Mâuse halten / und wie die Rabinen schwermen / aus verbrenntem Myrrthen Holtze in sieben Jahr lang brennenden Glase-Oefen gezeugt werden sol / schreiben ins Ge- 245 mein die Naturkůndiger: quod ei tantus rigor, ut ignem tactum extinguat, non alio modo, quàm glacies. Plin. l. 10. c. 67. Arist. l. 5. hist. c. 19. Dahero in dem Sanhedrin getichtet wird: daß der auf seines Vaters Achaz Befehl ins Feuer geworffene Kŏnig Ezechias durch Salamander Oel / 250 wormit ihn seine Mutter eingeschmieret / sol erhalten worden sein. Bochart. tom. 2. Hieroz. lib. 6. c. 6. p. 824. Dieser Meinung / daß die Salamandern Krâffte haben dem Feuer zu widerstehen / hat nun zwar Dioscorides widersprochen; alleine es wird im Journal des Scavans tom. 1. p. 83. 84. du 255 Journal d'Angleterre l. d'An. 1667. die erste mit diesen Worten bestâttigt: Monsieur Stenon célebre Anatomiste à ecrit de Rome au Docteur Croon, que le Chevalier Corvini luy à assuré, qu'ayant jetté dans le feu une Salamandre, qu'on luy avoit apporteé des Indes, elle s'enfla aussi tost, 260 & vomit une grande quantite de matiere sem-[124]blable à de la bave, dont elle esteignit les charbons voisins, sur le quels elle se retira; & que lors que ces charbons se s'allumoient, elle recomgoit à les esteindre de la mesme maniere. S'estant garantie par ce moyen de la violence du feu pendant 265 l'espace de deux heures, ce gentil homme la retira, ne l'ayant pas voulu laisser plus long-temps dans ce danger; & elle a encore vescu neuf mois depuis. Il adjouste que ce gentil homme l'avoit gardeè onze mois entiers, sans qu'elle prist d'autre nourriture pendant tout ce temps, que celle qu'elle 270 pouvoit tirer en lechant une certaine terre, qu'on avoit apporteè des Indes, & sur la quelle elle marchoit. Cette terre

estoit au comencement couverte d'une humidité épaisse, mais
estant en suite de venüe seche, cet animal la mouilloit de
son urine. Au bout d'onze mois comme on eut mis cette 275
Salamandre sur la terre d'Italie, elle mourut trois' jours'
apres, qu'on luy eut fait changer de terre.

v. 498. Reißt die Keule weg dem Riesen.) Wie Hercules
bey der Omphale gesponnen / wie er sich auf dem Berge
Oeta selbst verbrennet ist genug / und sonderlich aus Sene- 280
cae Hercule Oetaeo bekand. Hiermit aber weiß die Heyden
Arnob. contra gentes. lib. 4. p. 614. 615. stattlich durch zu-
lassen. Massen denn wie diese Fabel aus der Geschichte des
Samsons mit der Delila gezogen ja dem Herculi fast alle des
Josua und Samsons Thaten angetichtet worden. Hornius in 285
Arc. Noae p. 130.

v. 505. Selbst Phaethon kühlt sich in meiner Flutt.) Im
Po / als ihn Jupiter bey Entzündung des Erdbodens hinein
geschlagen. Apollon. 4. Argonaut. Lucret. l. 5. Zum Uhrsprunge dieser und anderer Heydnischen Fabeln schicket 290
sich sehr wohl die Auslegung des Marino nella Musica
part. 1. p. 142. 143. Ritroverà in certo modo figurata la
Trinità in Gerione, la generatione eterna in Minerva, la
creatione dell' huomo in Promotheo, la rouina degl'Angeli
ne' Giganti, Lucifero in Fetonte, Gabriello in Mercurio, 295
Noë in Deucalione, la moglie di Loth in Niobe, Giosuè in
Leucothoe, la conservatione del mondo in Atlante, l'incar-
natione del Verbo in Danae, l'amore di Christo in Psiche, le
bataglie col Diavolo in Hercole, la predicatione in Anfione,
la risuscitatione dè morti in Esculapio, l'institutione del 300
Sacramento in Cerere, la passione in Alteone, la dis-[125]
cesa al Limbo in Orfeo, la Salita al Cielo in Dedalo, l'In-
cendio dello Spirito Santo in Semele, l'assuntione della
Virgine in Arianna, il Giudicio in Paride, e cento e mille
menzogne al vero applicabili. Und ist sich nicht zu verwun- 305
dern: daß etliche Fabeln älter / als die wahrhafte Sache
selbst / daraus selbte von den Heyden genommen / weil
Kircherus in Oedip. Aegypt. tom. 2. part. 1. c. 12. p. 193.
seqq. behaupten wil: daß auch die Heyden / als die Sybil-
len / Orpheus und andere aus Göttlicher Eingebung von 310
Christlichen Geheimnüssen wahrgesagt hetten. Besiehe auch
Horn. Hist. Philosoph. l. 5. c. 2.

v. 510. Daß er der Ceres wie ein Pferd nachrennt.) Von

Die andre Abhandlung 149

dieser getichteten Brunst des Neptuni handelt Natal. Comes
Mythol. lib. 3. c. 10. p. m. 221.
v. 511. 512. Des verliebten Alfeus Bach.) Von diesem die
Stadt Elis in Arcadien beströmenden und in Achaien sich
unter die Erde verkrichenden Flusse / berichtet Plin. lib. 2.
& lib. 4. c. 5. 6. Ammian. Marcell. lib. 15. Mela. 27. Strabo.
l. 6. daß er unter dem Meere und der Erde bis nach Syra-
cuse in Sicilien flüsse / und daselbst mit dem Fischreichen
Brunnen Arethuse sich vermählte. Als in welchem die in
Fluß Alpheus geworffene Dinge herfür kommen sollen.
Dahero die Poeten tichten: daß Alpheus sich in eine in diesen Brunn verwandelte Jägerin verliebt hette. Worvon keiner besser als Statius lib. 1. Sylv. singet:

>   Tumidae si transfuga Pisae
> Amnis in externos longè flammatus Amores
> Flumina demerso trahit intemerata Canali:
> Donec Sicanios tandem perlatus anhelo
> Ore bibit fontes: miratur dulcia Nais
> Oscula, nec credit Pelago venisse Maritum.

Ja die Grichen haben diesem Flusse / als einem Freinde Jupiters mit Dianen ein gemeines Altar aufgerichtet / und ihn
wie auch den Brunn Arethusa Göttlich verehret. Pausan. lib.
5. & Nicanor Samius lib. 5. Besiehe hiervon ausführlich
Cluver. in Sicil. antiqu. lib. 1. cap. 12. p. 156. seqq. Den
Fluß Alpheus führet der Sinnreiche Guarini in seinem lieb-
lichen Pastor fido zum Vorredner ein. Weil nun zwey grosse
Landes Leute / derer verträulichen Freindschaft ich mich so
sehr als Schlesien sich ihrer hohen Gaben und Verdienst zu
rühmen habe / [126] in beyden glückseeligen Ubersätzungen
dieses treuen Schäfers den vorredenden Alfeus nicht mit
übersätzt / habe ich bey dieser Gelegenheit gleichsam zu
einer Nachlese ihn in eben so viel Teutsche Reymen bracht /
als ihrer im Welschen sind:

Hat euch ein alt Geschrey / das niemand nam in acht /
Und dem man noch nicht Glauben giebet
Von einem Fluß' ein Wunder beygebracht;
Wie er so heftig sey verliebet:
Daß seine heisse Bach

Durch's Meeres Eingeweid und durch der Erde Schooß /
Wie ist die Macht der Liebe doch so groß!
Durch flücht'gen Arethus' in Trinacris drang nach;
Wo unter Etnens Klufft   355
Der Riese der vom Blitz erlegt ist / und selbst blitzet /
Der Rache Feuer in die Lufft
Und gegen dem verhaßten Himmel spritzet.
Derselbe Fluß bin ich /
Ihr habt von mir gehört nun aber seht ihr mich;   360
Meint euren Augen ihr nicht Glauben zuzustellen?
Schaut: ich verendere den vorgewohnten Lauf;
Ich kieß ein frembdes Meer / und halte nun die Wellen
Des Königes der Flüsse auf;
Hier mach ich freudig mich herbey /   365
Wo es mich recht bedunckt seh ich hier einen Strand /
Wie weiland war mein schön und freyes Vaterland /
Das itzt ist Magd und Wüsteney.
Ja / Mutter / ja du bist's / Alfeus kennet dich;
Ach! so erkenne doch / Arcadien auch mich.   370
Mich dein so lieb und hochberühmtes Kind!
Ich seh' es ja / dis sein die schönen Wälder
Und die zur Zeit so wohlbekannten Felder
Wo Tugend ihre Wieg' und auch ihr Grabmahl find't.
Die güldne Zeit verkroch in diesen Winckel sich   375
Als sie der Welt und Menschen sich entschlug /
Die eisern sind / voll Laster und Betrug.
Alhier ergetzt die Freyheit mich /
Die ohne Neid und ohne Maaße blühet.
[127] Die ein entwafnet Friedens-Bild   380
In Sicherheit besitzt / sich ohne Wache siehet.
Der Unschuld und der Tugend Schild
War dieses Volckes Wall / der besser konte tauren /
Als Thebens starcke Mauren /
Die von beseelten Stein hat Orpheus aufgeführt /   385
Wenn auch gleich Grichenland vom Kriege ward gerührt /
Arcadien in Brand gerieth /
Sein kriegrisch Volck zu waffnen war bemüht /
So blieb doch dieses edle Theil
Der Völcker Zuflucht / Schirm und Heil /   390
Man hörte nichts von dem Geräusch und Rasen /
Wenn Feind und Freind gleich ließ Trompeten blasen.

Die andre Abhandlung   151

    So sehr nun Megara / und Patra / und Corinth /
Micen und Sparta war begierig obzusiegen /
So eifrig war diß holde Volck gesinnt /   395
Das an der Brust dem Himmel schien zu liegen /
Sich zu verwahren in der Ruh.
Wenn jene dort verschantzten ihre Städte
Schrieb dieses sein Gelück der Himmels Festung zu.
Die Waffen kämpften dort / hier aber das Gebethe /   400
Kan dieses Volckes Nahm und Tracht
Gleich Schäffern auch verglichen werden. /
War doch ihr Thun und die Gebehrden
Nicht groben Hirten nachgemacht.
Denn einer war aufs eifrigste befliessen   405
Die Heimligkeiten der Natur /
In Himmel / Erde / Meer und in der Luft zu wissen /
Ein ander folgte nach des flücht'gen Wildes Spur /
Ein ander paßte auf
Ein Wald-Schwein mit mehr Ruhm / und Bären   410
                      umbzubringen /
Der übte sich zu schnellen Lauf /
Und jener wolte sein unzwingbar in dem Ringen;
Der warf gekügelt Bley mit Riemen nach den Scheiben /
Ein ander schoß auf das gesteckte Ziel /
Ja jeden sahe man nach seiner Neigung treiben   415
Ein angenehmes Spiel.
[128] Doch war der meisten gantzes Leben
Den heilgen Musen stets ergeben /
Der Buhlschafft / die man vor für so sehr edel hielt /
Nun aber wenig bringt und gilt.   420
    Wer aber hat nach so geraumer Zeit
Arcadien hieher versetzet?
Wo Dora und der Po das fette Land benetzet?
Was seh ich? dieses ist der Sitz der Einsamkeit /
Und diß das Heyligthum der alten Erycinen;   425
Dort thürmt der Tempel sich empor
In welchem sich ließ Cynthia bedienen.
Wie wunderseltzam kommt mir dieses alles vor!
Was für ein grosser Muth für Tugend muß den regen
Der ein gantz Land versetzt / und Völcker kan verlegen?   430
O grosses Königs Kind /
An der die Jahre jung nur sind

Die an Verstande schon långst worden ist zur Frauen /
Du låst durch deines Ansehns Krafft
Durch deines Stammes Eigenschafft /   435
Durchlauchtste Catharin' / itzt mich dis Wunder schauen /
Denn dieses Vorrecht hat dein hoch Geblůtt' allein:
Daß neue Welten ihm gebohren worden sein.
Doch alle diese Wunderwercke
Sind von Gebuhrts-Art euch gemein /   440
Und schlechte Thaten eurer Stårcke /
Wie in dem Meer im Himmel und auf Erden /
Lebhaffte Seelen / Graß / Geblůme / Laub und Kraut
Der Sonne / wenn sie frůh aus Thetis Bette schaut
Zu Lieb und Lust gezeuget werden;   445
So / wenn sie måcht'ge Sonn' ihr Haupt hebt in die hŏh /
Aus dem durch ihr groß Hauß erhŏhten Abende
Sieht man an allen Enden Ihr
Landschafften blůhn / und Reich' aufsteigen /
Die Erde nichts als Palmen zeigen   450
Und Sieges-Zeichen gehn herfůr.
Sie / Heldin ist es nun / fůr der mein Haupt sich neiget /
Die von dem Herrscher ist gezeuget /
[129] Dem / wenn uns gleich die Nacht bethaut /
Die Sonne doch nicht untergehet;   455
Des grossen Fůrsten holde Braut /
Dem wegen Tugend und Verstandes
Der Himmel hat die Aufsicht dieses Landes /
Und seiner Mauern anvertraut.
   Allein Italien darf mehr   460
Nicht sein Gebůrg' und felsichtes Gefilde /
Denn sie beschůtzt es noch so sehr;
Statt grosser Alpen dient ihr grosser Geist zum Schilde.
Sie wird bey kriegrischer Gefahr
Fůr ein unzwingbar Bollwerck stehen   465
Das Kriegs-Volck aber sie erhŏhen
Zum Friedens Tempel und Altar
In welchem aber sie allein
Wird eine neue Gottheit sein.
   So lebet nun viel lange Zeit   470
Ihr grossen Seelen ihr / in Eintracht und Vergnůgen.
Die Welt hofft viel Glůckseeligkeit
Von eurem Bůndnůsse zu kriegen;

Die andre Abhandlung   153

Zu dieser Hofnung muß ihr steten Anlaß geben
Ihr eingebüßtes Reich mit so viel Königs-Stäben /   475
Wenn sie nach Morgenland ihr traurig Antlitz kehrt;
O Feld! das / grosser Carl / alleine dein ist wehrt!
In dem die Thaten deiner grossen Ahnen
Als Stuffen dir den Weg zur Folge bahnen.
Dis Land und eure Nahmen sind   480
Hoch-herrlich / wie's Geblütt / ja Sitten und Gedancken /
Läßt sich wie euer Geist nicht sperren ein in Schrancken /
So kan von euch nun rühren kein niedrig Werck noch Kind.
   Weil ich nun euch von eitel güldnen Kronen /
Mit denen euch's Verhängnüs wird belohnen   485
Treuhertzig sage wahr.
Ach! so verschmäht mein kleines Opfer nicht
Das auf dem Pindus euch mein reines Hertze flicht
Aus Blumen und der Felder Haar
Durch der neun Jungfrau'n Hand / die singende das Leben / 490
Trotz Tod und Eitelkeit / den Wohlverdienten geben.
[130] Verschmäht der Himmel doch nicht Sachen /
Die gleich geringes Armuth sind.
Wird nun ein holder Gnaden-Wind
Von eurem Himmel mich mehr reg' und geistig machen /   495
So wird die Harffe / die allein
Von zarter Liebe singt / von Hochzeit und von Wiegen
Verwandelt in Trompeten sein /
Und ihren Schall erhöhn von euren Waff- und Siegen.

Sonsten solten auf den Strofadischen Inseln auch Brunnen   500
sein / aus welchen man öfters Blätter von Maßholder-Bäu-
men gefunden / derer doch keiner auf selbigen Inseln wäch-
set. Daher geglaubt wird: daß diese Brunnen unterirrdische
in Morea oder in Peloponesum gehende Röhren haben.
Mons. Spon. tom. 1. des Voyages. p. 119.   505
   v. 516. 539. Das güldne Flüß.) Wie Jason mit Hülffe der
verliebten Medea das güldne Flüß in Colchos erobert / ist
aus Senecae Medea bekand. Suidas meinet / daß Jasons gül-
dener Wieder sey ein Buch gewest / ὅπως δεῖ γίνεσθαι Διὰ
χυμείας χρυσόν, welches nemlich die Heimligkeit des Alchy-   510
mistischen Goldmachens in sich begriffen haben sol. Langius
lib. 1. Epist. Med. 53. Etwas gleichmässiges beschreibt Seneca in Thyeste:

154   *Anmerckungen*

            Est Pelopis altis nobilis in stabulis pecus,
            Arcanus Aries, ductor opulenti gregis,   515
            Hujus per omne Corpus infuso Coma
            Dependet Auro, cujus à tergo novi
            Aurata Regis Sceptra Tantalici gerunt.
            Possessor hujus regnat, hunc tantae domus
            Fortuna sequitur.   520

Diesem wollen einige den Uhrsprung des berühmten Ritter
Ordens des güldenen Flüsses / welchen Philipp Hertzog in
Burgund gestifftet / beymessen; Saavedra in Symb. führet
diß von des Gedeons Felle / andere aus dem Nahmen des
JASON her / nemlich: daß jeder Buchstabe einen Monath / 525
nemlich die nach einander folgende Julium, Augustum, Sep-
tembrem, Octobrem, Novembrem bedeute / als in welchen
die Hertzoge von Burgund jährlich ihre güldene Ein-
kunfften einsamleten.

[131]   Die dritte Abhandlung.

   v. 14. Sind für Carthago wir nicht selbst ins Feld gezogen.) Anfangs hat Masanissa wider die Römer / Syphax wider Carthago Krieg geführet. Appian. de bell. Pun. c. 16.
p. 6. & de bell. Hispan. p. 262. Livius dec. 3. lib. 7. p. m. 269.   5
   v. 15. Daß der Fürst zun Römern übertrat.) Wie Masinissa
und Scipio sich mit einander verbunden / beschreibt Livius
dec. 3. lib. 8. p. 327.
   v. 18. 154. Daß sie ein Zweig auß Barchens Stamm.) Dis
war das mächtigste Geschlecht zu Carthago / aus welchem   10
Amilcar, Annibal, und Sophonisbe entsprossen. Livius dec.
3. lib. 1. p. 2. In Africa war gegen Cyrene eine alte und be-
rühmte Stadt / welche man wie auch ihren Landstrich Barca,
Barce, und Barcha hieß. Bochart. part. 2. Phaleg. lib. 1. c.
25. p. 546. Ob dis Geschlechte nun aus dieser Stadt entspros- 15
sen / ist nicht leicht zu ergründen. Sonst aber führte sich
Hannibal so wohl als Dido vom Belus her. Sil. Ital. l. 8.
Annibali nostro nomen memorabile Belo. & l. 15. redet Hannibals Bruder:

AMILCAR.

Mihi Belus Avorum Principium mihi cognatum 20
Sidonia Dido
Nomen & ante omnes bello numerandus Amilcar
Est genitor mihi.

v. 30. Rom wird auf Byrsa nicht.) Byrsa war die innerste
mit dreyen starcken Mauern umbgebene Festung der Stad 25
Carthago / worinnen mitten auf einen Hügel sechtzig Staf-
feln hoch / des Esculapius Tempel stand / in welchen bey
Eroberung der Stad sieben Tage funftzig tausend Menschen
sich enthielten. Dieses Theil sol Elissa oder Dido gebaut
haben. Es heist aber nicht Byrsa von dem zerschnittenen 30
Ochsenleder / sondern von בצרה welches eine Festung heist /
woraus die Grichen / welche für ϱ das σ nicht leiden können / durch versetzung der mittlern zwey Buchstaben
Βύϱσα gemacht. Bochart. part. 2. Phaleg. lib. 1. c. 24. p. 513.

v. 34. Die gröste Stadt der Welt hat wenig noch gelitten.) 35
Von Eutropio lib. 4. beym Suida, wird Carthago genennet
[132] μεγίστη τῶν κατ᾽ τὴν Οικουμένην πόλεων, καὶ δυνα-
μικωτάτη. Die gröste und mächtigste Stadt der Welt. Im
umbkreise hat sie dreyhundert und sechtzig Stadien wie
Babylon gehabt. Bochart. d. l. p. 514. Liv. l. 4. Epit. Car- 40
thago in Circuitu viginti tria millia passuum patuit. Vid.
Orosium. l. 4. c. 22. Florus l. 2. c. 15. Solino dicitur alterum
post Romam Terrarum Decus.

v. 36. Die siebenhundert mahl zu tausenden sie zählt.)
Carthago sol / im anfange des dritten Krieges mit Rom / in 45
sich μυριάδας ἑβδομήκοντα, oder sieben mal hundert tausend Menschen gehabt haben. Strabo l. 17. Eben so viel sollen ihr / wie Tacitus auß einer Uberschrifft anzeucht / zu
Thebe in Egypten / Agrigent in Sicilien / aber zu des Empe-
docles Zeit / wo beym Laertio lib. 8. kein Irrthum ist / noch 50
mehr gewohnt haben. Zu Jerusalem sind in der Belägerung
Titi eylfmal hundert tausend Menschen umbkommen / und
sieben und neuntzig tausend gefangen worden. Rom aber /
welches 428 342. Bürger gezehlt / hat allem Ansehn nach
noch viel mehr Seelen beherberget. Bochart. part. 1. Geo- 55
graphiae lib. 4. c. 20. p. 278. 286. Diesem nach sich nicht zu
verwundern / daß / nach dem mit dem Xerxes gemachten
Bündnüsse / Amilcar drey mal hundert tausend Soldaten

Die dritte Abhandlung 157

ins Feld geführt / mehr als zwey tausend Kriegs- und über tausend Last-Schiffe auf dem Meere gehabt / da derer Xerxes mehr nicht als zwölffhundert aufbringen können. Diodor. Sicul. l. 11. welcher denn auch wider den Gelo in Sycilien / eben so viel Kriegs-Volck geführet zu sein berichtet. Im ersten Punischen Kriege hat Carthago hundert und funfftzig tausend Mann nur zur Herrschafft des Meeres gebraucht. Polyb. l. 1. c. 26. Ungeachtet auch das wider den Gelo geführte grosse Heer gantz verlohren gegangen / haben sie doch nach siebentzig Jahren eben so viel dahin geschickt / und Hannibal nach dreyen Jahren mit so viel Volck die Sicilische Niederlage ersetzet. Diodor. l. 13. Dahero Cato, bey Einrathung Carthago gar zu vertilgen / im Rathe sagte: Ne Libertatem quidem Populi Romani fore intuto, stante Carthagine. Und die zu Carthago gewesene Gesandten: Quid ita parum solliciti essent de Carthagine aemulâ Civitate, quae tam facilè reciperet amplitudinem suam. Appian. de bell. Pun. Ja nach ihrer [133] Zerstörung ist sie Rom ein Schrecken gewest / daher sie mit vielen Verfluchungen ihre wider Erbauung verbothen. App. d. l.

v. 38. Die aus gantz Africa Gold wie aus Brunnen zöpffet.) Anfangs muste Carthago den Mohren Schatzung geben / sie machten sich aber dessen mit Gewalt loß. Justin. l. 19. c. 2. Hernach aber beherschte es Africa von Cyrene an / biß zu den Säulen des Hercules / sechzigtausend Stadia lang. Polyb. lib. 12. Denn es musten sich fast alle Africanische Könige für dieser mächtigen Stadt beugen / welche allein in Africa dreyhundert eigenthümliche Städte hatte. Strabo lib. 17. Bochart. de p. 286. Polybius l. 1. c. 70. 71. 72. erzehlet: wie Carthago Africa mit schweren Auflagen ausgesogen / und dadurch veruhrsacht habe: daß fast alle Völcker in Africa von ihr ab- zum Mathos und Spendius gefallen. Sonst berichtet Reineccius de Reg. Phoenic. daß bey ihnen das Gold ein Sinnebild der obersten Herrschafft gewest / und sie ihrer Götter Bildnüssen Säcke angehenckt. Insonderheit aber ist Africa vom Golde berühmt gewest; daher das Getichte den Uhrsprung genommen: daß darinnen die guldenen Aepffel χρύσεα μῆλα von einem Drachen verwahret würden. Sintemal מאל Arabisch Vermögen oder Schätze bedeutet. Bochart. in Chanaan l. 1. 24. p. 521.

v. 49. 50. 51. Den albern Mohren gleich.) Qui torridam

incolebant, Deos non credebant, & Solem exorientem ode- 100
rant, quod ab eo urerentur. Strabo l. 17. Geograph.

v. 75. Durch Myrten-Zweig erhelln ihr ewig's Brand
Altar.) Strabo lib. 15. berichtet von der Anaitiß und des
Omanus Persischem Gottesdienste: daß die Magi ihnen ein
unausleschliches Feuer unterhalten / und täglich eine Stunde 105
lang im Heyligthume ein Gebund Rutten gegen dem Feuer
gehalten haben. Selden. de Synt. 2. c. 8. p. 318. meinet: daß
dieses Myrten Rutten gewesen.

v. 91. Ich schnell ihr Strick und Gürtel zu.) Die Auflösung
der Brautgürtel ist / wie alle vorhergesetzte bey den Hoch- 110
zeiten gewöhnliche Sachen bekand. Dieses aber ist hieran
zu mercken: daß die Babylonischen Weiber / welche in dem
Heyligthume Succoth ihre Jungfraußchafft feil hatten / gewisse σχοινία umbhatten / welche ihnen beym Beyschlaffe
abgenommen worden. Welches einige für gewisse aus Strick- 115
lein geflochtene Kräntze / andere für Gürtel / welche allein
dieser nackten Dirnen Scham bedeckten / auslegen / Selden.
Synt. 2. c. 7. p. 310. seqq. allwo er zugleich lehret / daß
Succoth [134] ein Heyligthum der Venus, die sie Benoth
genennt / die Grichen aber daraus Σίϰϰα Οὐενέϱια gemacht. 120
Diese Venus oder Sicca Veneria hat in der Carthaginensischen Stadt Sicca auch einen Tempel gehabt / darinnen diese
Weiber mit ihrer Geilheit gewuchert. Valer. Max. l. 2. c. 6.

v. 101. Delephat die du von Saltz und See gezeiget.) Wie
die Grichen wegen dieser Zeigung die Venus Ἀφϱοδίτην 125
hiessen / also hieß sie bey den Chaldeern und Aßyriern
Δελεφὰτ von דלפם welches einen Wasser-Tropfen oder
auch gar innbrünstige Umbarmung bedeutet. Selden. Synt.
2. c. 4. p. 284.

v. 102. Doch älter solst als Ammon sein.) Dieses meldet 130
Scholiastes ad 3. Argonautic. Apollonii. Gleichwol aber wird
der Venus in Römischen Geschichten / zu Zeiten der Könige
noch nicht erwehnet.

v. 105. 106. Beschencke sie mit so viel Fruchtbarkeit / als
deine Gunst dem Schopffen-Vieh verleiht.) Alle Naturkün- 135
diger meinen: daß auf der Erde und in der Lufft kein Thier
lebe / welches so fruchtbar sey / als ein iedwedes im Meere.
Daher der Zeige-Göttin das Meer gar billich zu ihrem Uhrsprunge zugeeignet wird. Plutarch. Symposiac. lib. 5.

v. 107. 108. Salambo streue das schärfste Saltz der Freu- 140

Die dritte Abhandlung 159

den.) Venus wird entweder vom gesaltzenen Meere / oder
von Beweinung des Adonis / bey den Babyloniern Salambo
oder Salambas genennet. Denn Σαλαίζειν ist wehklagen.
Selden. d. l. p. 285.

v. 111. 112. Den Priapus sie aber nicht erschrecken / be- 145
fihl: daß beyden er die Zeit mit lachen kůrtzt.) Priapus
ward zum Schrecken und Wachen in die Gårte gesåtzt. Daher Horatius:

– Deus inde ego, Furum Aviumque
maxima Formido. 150

Daher wird auch der 2. Reg. 15. & 2. Paralip. c. 15. ange-
zogene schreckende Abgott מפלצה auf den Priapus ausge-
deutet. Wiewohl einige Rabinen dieses Abgotts Nahmen
daher fůhren: daß er ein wunderliches gelåchter veruhr-
sache. Und Selden. d. c. 5. p. 300. wil aus diesem Hebrei- 155
schen Nahmen / das Wort φάλλος hernehmen.

v. 113. 114. Du Himmels Kőnigin / Lust schaffende Mylitte.) In dieser Gőttin oder Venus Tempel hatten die Mågd-
lein gleicher gestalt ihre Jungfrauschaft feil. War wider das
Verboth Levit. 19. 29. ohne Zweifel gerichtet ist. Dieser 160
wurden / wie aus Jerem. 7. [135] 18. zu sehen / als der
Himmels Kőnigin Kuchen geopfert / welche des Salamon
Jarchi Meinung nach / die Gőttin abgebildet / und כונים geheissen haben sollen. Selden. Synt. 2. c. 7. p. 311. 312. Von
dieser Himmels-Kőnigin Bilde berichtet Herodian. lib. 5. 165
Heliogabalus Simulacrum Uraniae jussit afferri, quod scili-
cet Carthaginensibus omniąue Africae incredibilem in mo-
dum venerabile, positum fuisse creditur, quo tempore anti-
quam Carthaginem dissecto Corið aedificavit. Besiehe hiervon Vossium Theolog. gentil. lib. 2. c. 23. 24. Hendr. 170
Carthag. lib. 2. sect. 1. c. 4. p. 209.

v. 115. Das West Phoenicien.) Nemlich das umb Carthago
gelegene Africa / welches wegen der dahin gezogenen Phoenicier ebenfals Φοινίκη geheissen worden. Polyaen. lib. 5.

v. 117. Astarthe Sonne dieser Erden.) Daß Astarthe der 175
Phoenicier Gőttin eben diß / was der Rőmer Venus, und
Mohnde / der Araber Alilat, der Syrer Mulitha, der Ebreer
Lilith, der Chaldeer Ammes, der Grichen Jo, der Egyptier

147 die Gårte = Plural von Garten.

160   Anmerckungen

Isis gewesen / und daß Salomon ihr Bild aufgerichtet habe /
fůhret aus Kircher. tom. 1. Oed. Aegypt. c. 13. p. 318. seqq. 180
Besiehe von Astarthen / Hendreich. Carthagin. lib. 2. sect.
1. c. 4. p. 204.–206.

v. 118. Die als kein Atlas nicht die Kugel dieser Welt.)
Eratosthenes l. 3. schreibt: Weil man die Venus fůr die Ge-
behrerin aller Dinge gehalten / habe sie Canachus Sicyonius 185
also aus Gold und Helffenbein gemahlt: daß sie die Himmels Kugel auf dem Haupte / in der einen Hand Maah / in
der andern einen GranatApfel getragen.

v. 133. seqq. Wil die eine Taub sich erst entzihn der
Glutt.) Von allerhand solchen bősen Zeichen bey den Op- 190
fern handelt Rosin. l. 3. c. 11.

v. 173. Tsor unser Vaterland.) צור hieß das Eyland Tyrus / und auch die hernach darauf gebaute Haupt Stadt der
Phoenicier. Tsor aber heißt so viel als ein Felß. Dahero
von ihr Nonnus Dionysiac. lib. 40. singt: 195

– – ἀκινήτοις δὲ θεμέθλοις
Αὐτομάτη ζωσθεῖσα συνάπτεται ἄζυγι πέτρῃ.

Und ferner:

Πήξατε δ' ἀμφοτέραις ἐπικείμενον ἄστυ Κολώναις.

v. 174. Vom grossen Chna gezeigt.) Auß der Heiligen 200
Schrifft ist bekand: daß Chanaan und Phoenicien einerley
Land sey / und daß [136] die Chananiter von Chanaan dem
Sohne Chams entsprossen. Von diesem Chanaan meldet
auch Eupolemus libr. de Judaeor. Assyriâ: Τοῦτον δὲ τὸν
χαναὰν γενῆσαι τὸν πατέρα τῶν Φοινίκων. Nemlich Satur- 205
nus (also wird Noah genennet) hette den Chanaan den Vater der Phoenicier gezeugt. Dieser Chanaan aber ward ver-
kůrtzt XNĀ geheissen / beym Philone Biblio: XNĀ τοῦ
πρώτου μετονομασθέντος Φοίνικος. Bochart. Geographiae
part. 1. lib. 4. c. 34. p. 340. Hornius in Arc. Noae p. 56. 210
Masanissa aber rechnet sich hier mit unter die Carthaginenser / weil Numidien ein Theil des kleinern Africa war / darinnen Carthago lag. Daher auch Tertullian. de Pallio die
Carthaginenser Aliquo Numidas nennet. Es hieß dieses Theil
Africae aber eigentlich Zeagis. Besihe Salmas. ad Solin. p. 215
318.

Die dritte Abhandlung 161

v. 176. seqq. Hat unser Mast gefahrn / und unsre Hand gebaut.) Es ist fast kein Land oder Winckel in der Welt / wohin nicht die Phoenicier / nach dem sie sonderlich vom Josua weg / oder in die Enge getrieben worden / hinge- 220 schifft / sich niedergelassen / und Städte gebaut haben. Worvon Bochart. Geographiae part. 2. lib. 1. cap. 2. per tot. Hornius Arc. Noae. p. 59. Nirgends aber haben die Phoenicier sich weiter außgebreitet / als in Africa / dahin nicht Dido, sondern lange vorher der Tyrische Hercules / 225 den die Phoenicier Μέλκαρτος, Μέλκαρθον, die Cappadocier und Elienser Desanaus, geheisen / Selden. de Diis Syr. Synt. 1. c. 6. p. 183. 187. zum ersten Volck übergesätzt / mit welchem Afer des Madian Sohn Abrahams und der Kethura Nachkomme wider den König Antaeus ein Heer ge- 230 führet / und selbiges Land nach seinem Nahmen Africa genennet haben sol. Dieser Melicardus hat vermuthlich Carthago gebaut / und bey Tingis die zwey Säulen auffgerichtet / darein Phoenicisch geschrieben gewest: Nos sumus profugi à facie Josuae Latronis Filii Nun. Hornius d. l. p. 59. 235 60. Ja Cadmus sol allein in Africa hundert Städte gebaut haben / wie aus dem Nonno zu sehen: Τόσσος Λαὸς ἔην ἑκατόμπολις. Bochart. p. 2. l. 1. c. 24. p. 510.

v. 177. Wir gaben die Gesätz und Bau-Kunst aller Welt.) Daß die Phoenicier die Bau-Rechen-Kunst / die Schiffarth 240 nach dem Gestirne / die Schrifft / die Krieges-Wissenschafft in dem tiefsten Alter-[137]thume geübt / und andere gelehret / führet Bochart. Geograph. part. 2. l. 1. c. 8. p. 410. aus. Derer denn viel mit dem von Sidon in Grichenland ziehenden Cadmus in Baeotien / und ferner nach Athen / wo 245 die Phoenicier in grossem Ansehn gewest / und mit den Phalereern umb des Neptuni Priesterthum gestritten. Bochart. d. p. 2. l. 1. c. 21. p. 497. mit übergebracht. Massen er denn daselbst die Gissung des Ertztes gelehrt / Hygin. c. 274. sechzehn Grichische Buchstaben erfunden. Herodot. lib. 5. 250 wie auch die Spiesse der Kriegsleuthe / welche von Phoeniciern Drachen-Zähne genennet worden. Bochart. d. p. 2. l. 1. c. 19. Dahero Plin. l. 5. c. 12. von Phoeniciern sagt: Gens Phoenicum in gloriâ magnâ Litterarum Inventionis & Siderum, navaliumque & bellicarum rerum. 255

v. 185. Die Säulen Hercules.) Carthaginenser sollen zum ersten / und zwar kurtz nach der Zerstörung der Stadt

162   Anmerckungen

Troja durch die Meer-Enge bey Calpe und Abila ins grosse
Welt-Meer gefahren sein. Bochart. d. l. c. 24. p. 511. welch
grosses Meer der Chaldeische Dollmetscher Eccles. 1. 7. 260
einen Ring / der die Erde umbgibt / Herodot. lib. 4.
Ὠκέανον τε ῥέοντα γϱάφουσι πέϱιξ, τήν τε γῆν ἐοῦσαν
Κυϰλοτεϱέα ὡς ἀπὸ τόϱνου nennet. Von welcher umbspie-
lung denn auch Ἀμφιτϱίτη den Nahmen hat.

    v. 187. Bis in das Rohte Meer umb Africa zu schiffen.) 265
Von Phoeniciern rühmt Strabo lib. 16. daß sie es in Schiffen
allen andern Völckern vorgethan / und Tibull. l. 1. Eleg. 7.

        Utúque maris vastum prospectet turribus aequor
        Prima ratem ventis credere docta Tyrus.

Daß aber die vom Necone ausgeschickten Phoenicier aus 270
dem rohten Meere umb Africa gesegelt / und sich West-
werts wendende die Sonne auf der rechten Hand gehabt
haben / berichtet Herodotus in Melpomene. Welches ihm unglaublich für kommt / weil ihm unbewust gewest: daß Africa so weit gegen Sud über den Mittel Strich des Erdbodems 275
sich zuspitze.

    v. 188. 189. Des Hanno Schiffe lieffen in eine neue Welt.)
Nemlich in die ausserhalb den Säulen Hercules gegen West
gelegene grosse Atlantische Insel / von welcher aber kein
Carthaginenser bey Verlust des Lebens was offenbahren 280
dorffte. Aristotel. lib. Mirabil. Diese Insel wird ins Gemein
für ein Theil von America gehalten; [138] welches aber
Bochart. part. 2. l. 1. c. 38. nicht nachgeben wil; weil die
Phoenicier nicht nach dem Magnet oder Compaß zu schiffen
gewust. Allwo er den das wiedrige meinenden Follerum wi- 285
derleget. Welchem beystimmt Lipenius Tr. de Navigat. Salomon. cap. 5. sect. 3. p. 394. seqq. Besiehe Hornium de Ori-
ginib. Americanis. M. Spon im ersten Theile seines Reisebu-
ches p. 196. erzehlt: Es habe Vatz ein gereiseter Schotte ihn
zu Constantinopel versichert / daß er in einem sehr alten 290
Sternseher-Buche daselbst gefunden: Es sey die Magnet Na-
del sehr alt / ob sie gleich nicht zur Schifferey / sondern zur
Stern Kunst gebraucht worden.

    v. 193. Unser Land aus dem Rom allen Weitzen kriegt.)
Prudent. in Symmach. lib. 2.   295

Die dritte Abhandlung 163

> Respice, num Lybici desistat ruris Arator,
> Frumentis onerare rates, & ad ostia Tybris
> Mittere triticeos in pastum plebis Acervos.

Wie hitzig gleich Africa war / so ward es doch seiner Fruchtbarkeit halber von Carthaginensern γῆ εὔσταχυς, oder σταχυώδης ein Eeren reiches Land / von Pindaro Isthm. 4. v. 91. Πυροφόρος Λιβύη, das Weitzen tragende Libyen genennt. Dahero es auch die Römer selbst auf ihren Müntzen und Gemählden mit einer Weitzen Eere in der Hand abbildeten. Besiehe Bochart. part. 2. lib. 1. c. 25. Siquidem hoc alterum Romanorum Hordium cum Aegypto fuit, ex quâ annuâ ducenties centena millia Modiorum frumenti Romam comportata. Besiehe Hendreich. Carthag. l. 1. sect. 1. c. 2. p. 41. seqq.

v. 196. Voll Pfeile / die die Lufft wie Wolcken überdecken.) Die Mohren hatten vier Ellen lange Bogen / aber gantz kurtze mit einem scharffen Steine zugespitzte Pfeile. Herodot. lib. 7. Strabo lib. 17. sie schossen aber in solcher Menge ab / ὥστε εἰς νέφους φαντασίαν τὴν πυκνότητα παραστῆναι, daß ihre Vielheit einen Schein der Wolcken abgab / wie Heliodor. in Aethiop. erzehlet.

v. 269. Die euch Hystaspides fürlängst hat abgeschafft.) Nemlich Darius, worvon Justin. lib. 19. c. 1. 10. Legati à Dario Persarum Rege Carthaginem venerunt, afferentes Edictum, quo Poeni humanas hostias immolare, & caninâ vesci prohibebantur; quibus cupidè paruere. Alleine dieses und andere Ver-[139]botte haben die Carthaginenser bald wider auf die Seite gesetzt / und also die Menschen Opferung biß zu ihrer Zerstörung behalten. Curt. lib. 4. c. 3. n. 23.

v. 275. 276. Die Menschen schlachtet ab / für derer langes Leben / Gott wil gebethen sein.) Also redet Justin. lib. 18. c. 6. n. 12. 13. von Carthaginensern: Cum inter caetera mala etiam peste laborarent, cruentâ Sacrorum Religione, & scelere pro remedio usi sunt. Quippe homines ut victimas immolabant, & Impuberes (quae aetas etiam hostium misericordiam provocat) Aris admovebant, Pacem Deorum Sanguine eorum exposcentes, pro quorum Vitâ Dii rogari maximè solent. Gleichwohl aber sind mit diesem grausamen Aberglauben nicht nur die Heyden befleckt gewest / sondern es erzehlt Cedrenus im Theodosio Andramytteno, daß zur Zeit seiner Herrschaft die von Saracenen belägerten Pergamener auf Anreitzung eines Zauberers ein schwanger Weib aufgeschnitten / die Frucht in einem Kessel gekocht / alle zum Streite fertigen aber ihre rechte Ermel darein getaucht hetten.

v. 278. Brácht ihr auch das Verboth das Gelo euch gesteckt.) Als Gelo die Carthaginenser bey dem Flusse Himera úberwunden / war unter andern Fridens Gesätzen auch diß: daß sie dem Saturno mehr keine Kinder opfern solten. Plutarch. in Apopht. c. 20. p. m. 175.

v. 301. 302. Die Atreus Taffel nicht.) Wie Atreus seinem Bruder Thyestes seine drey aufgeopferte Kinder zu essen fúrgesetzet / ihr Blutt ihm in den Wein gemischet / also: daß die Sonne darúber zurúcke gewichen / hat ausfúhrlich Seneca in Thyesto.

v. 312. Man muß stracks an den Pfal den Teufels Priester schlagen.) Infantes penes Africam Saturno immolabantur palam, usque ad Proconsulatum Tyberii, qui eosdem Sacerdotes in iisdem arboribus templi sui obumbrantibus, scelerum votivis Crucibus exposuit. &c. Tertullian. in Apologet. c. 8. Josephus. Antiqu. Judaic. lib. 18. c. 4. Gleicher Gestalt hat Tiberius wie Plin. l. 30. c. 1. oder Claudius, wie Sveton. in Claud. c. 25. berichtet / denen Druyden die Menschen Opferung abgestellt; Welches ebenermassen Jacob Grynaeus ad lib. 4. c. 8. Euseb. Praepar. Evangel. dem Iphicrates und Dumaetes zuschreibt.

v. 317. Ihr edles Creutze kúßt.) Bey den Rómern wurden nur Knechte oder der Pófel gekreutzigt. Lipsius de Cruce lib. 1. c. 12. 13. [140] Sed Afri non in viles modo sed illustrissimas Personas Crucem adhibebant. c. 11. Ja Hendreich. Carthag. l. 2. sect. 1. c. 5. p. 240. meinet: daß zu Carthago das Creutze nur ein Todt der Edlen gewesen were.

v. 346. 347. Ich sah auf seiner Brust ein unbetrúglich Zeichen.) Nemlich ein Gebuhrts-Maal. Dergleichen hat Kåyser August auf der Brust und dem Bauche gehabt / nemlich Flecken nach Art und Ordnung des Gestirnnten Beeres. Sueton. in August. c. 80. Alle Selevcidae hatten auf der Húffte einen Ancker. Justin. lib. 15. c. 4. 9. Besiehe von diesen Gebuhrts-Maalen / welche Aristot. Art. poetic. σημεῖα σύμφυτα nennt / Piccart dec. 1. c. 7.

Die vierdte Abhandlung 165

v. 364. Ein weingetrånckter Drache.) Aristot. lib. 8. Hist.
c. 4. lehret: daß alle Schlangen und Nattern nach Weine sehr
lůstern sind / sich daran voll trincken / und dadurch gefangen werden. Daß aber der Schlangen und Drachen Gifft 380
vom Weine geschårfft werde / lehret aus dem Chaldeer
Jonathan ad Deuteron. 32. 33. Bochart. tom. 2. Hieroz. l. 3.
c. 14. p. 438. allwo er auch aus dem Aeliano und Eustathiô
erzehlt: daß die Drachen / welche von Natur nicht giftig
sind / tôdtliche und Gallenzeugende Kråuter essen / wenn 385
sie iemanden beschådigen wollen.

v. 368. Warhaffte Liebe wird beym Unglůck erkennet.)
Mit diesen Wortten: Nubendo se non prosperae tantum, sed
omnis fortunae inisse Societatem, verweigerte Texena von
ihrem Ehherrn Agathocle Kônige in Sicilien / neben ihren 390
zwey Sôhnen in ihr Vaterland zu fliehen / als sein Enckel
die Krone zu sich gerissen; beym Justino lib. 23. c. 2. 8.

Die vierdte Abhandlung.

v. 6. Wir haben Utica und Thunis eingenommen.) Diese
Siege beschreibt Livius dec. 3. lib. 10. p. 380. seqq.

v. 6. 7. Utica Carthagens rechter Zaum / wordurch die neue
Stadt schon halb belågert ist.) Utica oder ʼΙτίϰη עתיקא heist 5
die alte Stadt / wie Carthago oder Carthada קרתא חרתא die
neue Stadt. Bochart. part. 2. l. 2. c. 5. p. 797. Und lib. 1.
c. 4. p. 517. Weil Sec. Justin. l. 18. zum ersten von den
Phoeniciern in Africa / und / wie Aristoteles libr. Mirabil.
zweyhundert sieben und achzig [141] Jahr fůr Carthago ge- 10
baut worden. Sie lag in einem Seebusem zwischen des Mercurii und Hippi Vorgebůrgen / und nach dem Appiano, nur
sechzig Stadien von Carthago / und hatte weite Seehafen.
Vellej. Paterc. lib. 1. c. 2. meldet: Utica sey zur Zeit Codri',
und kurtz nach Erbauung der Stadt Gades gebaut worden. 15
Justin. l. 18. c. 4. Uticenses appellentibus Lybiam Tyriis per
Legatos Dona ut Consanguineis miserunt, horatiéque sunt, ut
ibi urbem conderent ubi sedes sortiti essent.

v. 15. 16. Fiel ihm's verlohrne Reich als rechtem Erben
zu.) Livius. d. l. p. 381. Cum Laelius & Masanissa quinto 20

166   *Anmerckungen*

decimo ferme die in Numidiam pervenissent, Masaesyli Regnum paternum Masinissae laeti ut ad Regem diu desidera-
tum concessêre.

v. 20. Wagt er uns beyden sich zu liefern eine Schlacht.)
Livius. d. l. p. 382.   25

v. 28. seqq. Ja als ihr Kônig sich.) Daß durch Verunglůk-
kung des Pferdes Kônig Syphax an einem Flusse vom Masanissa selbst sey gefangen worden / erzehlt Appian. de Bello
Punic. c. 20. pag. 14.

v. 48. Als du durch Friedenbruch.) Syphax hatte sich mit   30
dem Scipio verbunden / wenn die Rômer wůrden in Africa
übersåtzen wolte er zu ihnen stossen und wieder Carthago
kriegen. Appian. d. l. c. 16. p. 6. Vom Syphax singet Silius
lib. 17.

> Immemoris dextraeque datae, junctíque per aras   35
> Foederis & mensas testes, atque hospita jura
> Fasque fidemque simul, pravo mutatus amore
>   – ruperat.

v. 89. Fůr dieser Circe kan sich kein Ulysses hůtten.)
Syphax meldet beym Appian. d. l. p. 15. gegen dem Scipio: 40
Sophonisbe were måchtig einen ieden zu bereden / was sie
wolte. Daher hette sie ihn aus einem Freind der Rômer in
einen Freinde ihres geliebten Vaterlandes verwandelt.

v. 91. 92. Sie ist ein Scorpion / der in den Winter sich
todt und erfroren stellt.) Macrob. l. 1. Saturnal. c. 21. Scor-   45
pius hyeme torpescit, & transactâ hâc, aculeum rursus erigit
vi suâ, nullum naturâ damnum ex hyberno tempore per-
pessa.

v. 104. Ist's hole Stachel-Rôhr der Scorpionen doch viel
sichtbarer.) Aelianus nennet dieses Stachel-Rôhr der Scor-   50
pionen / κολπῶδη διπλόην, καὶ (ἐν αὐτῇ) ὀπὴν εἶναι, δι᾽ ἧς
ἐξεισιν τὸ φάρμακον, οὐδὲ ταύτην ὄψει θεωρητὶν. [142]
nemlich eine vertiefte Zweyfåchtigkeit / oder ein Loch /
wordurch das Gifft heraus gehet / welches aber wegen seiner Zårte gar nicht gesehen werden kan. Ob nun wol Galen. 55
lib. 6. de loc. affect. c. 5. verneinet: daß die Scorpionen das
Gifft durch einen holen Stachel im Stechen einflôssen; sondern er es dieses Wurmes Geistigkeit zuschreibt; so ist doch
die erstere Meinung begrůndeter / und bestetigen sie Scholia
in Nicandrum, Tertullianus, Hieronymus. Plin. l. 11. c. 37. 60

Die vierdte Abhandlung 167

fürnemlich ist gar merckwürdig / was Basilius in Hexaë-
merôn Homil. 9. hiervon sagt / nemlich: Er verwundere sich
so sehr nicht über der Grösse eines Elephanten / ἢ τὸ λεπτό-
τατον τοῦ Σκορπίου κέντρον, πῶς ἐκοίλανεν ὥσπερ αὐλὸν
ὁ τεχνίτης, ὥς τε δι' αὐτοῦ τὸν ἰὸν τοῖς τρωθεῖσιν ἐνίεσθαι; 65
als über den dinnesten Stachel des Scorpions /. wie ihn der
Künstler als ein Rôhr ausgehôlet / daß dardurch das Gifft
in die Gestochenen eingeflôßt würde.

v. 128. 129. Ein Weib der Stadt / die sie zu Gôttern
macht.) Daß Carthago ihre Uhrheberin die Kônigin Dido / 70
ihre Schwester Anna / zu Gôttinnen gemacht / ist aus Silio
Ital. lib. 8. & 1. Ovid. lib. 3. Fastor. Virgil. 1. & 4. Aen.
wie auch aus vielen Geschicht-Schreibern zu sehen.

v. 131. 132. Der Scorpionen Gifft würckt / wenn der Sonnen Rad im Lôwen.) Daß / wenn der Sirius aufgeht / 75
der Scorpionen Gifft viel heftiger / als sonst / sey / führet
aus dem Avicenna Bochart. tom. 2. Hieroz. lib. 4. c. 29.
p. 640. an / und berichtet aus Leone Africano: daß die Einwohner alle Sommer wegen der Scorpionen aus der Stadt
Gescara ziehen / und bis auf den Winter-Mohnath auf dem 80
Lande wohnen müssen.

v. 133. 134. Vom Hanno stammet sein Ehweib / den darumb Carchedan hat verdammet.) Plin. lib. 8. c. 16. Primus
hominum Leonem manu tractare ausus, & ostendere mansue-
factum, Hanno, ut à clarissimis Paenorum traditum. Ja er 85
hat / wie Plutarch. de Praecept. gerend. R. P. berichtet / einen
Lôwen im Feld-Zuge zu Tragung seines Gerâthes gebraucht.
Wordurch er aber sich zu Carthago so verdâchtig gemacht;
daß er aus der Stadt verwiesen worden. Sonst gehôret zu
dieser Vergleichung des Scorpions mit Sophonisben / was 90
Ambros. in Hexaemer. l. 6. c. 6. sagt: Leo quidem Rex
Ferarum, qui comantes Cervi-[143]ce Toros excutit, exiguo
Scorpionis aculeo exagitatur, & Veneno serpentis occiditur.
Sed quis non miretur tam brevi Scorpionem aculeo, ut in-
corporeum putes, ingentium Corporum excire mortem. 95

v. 141. Wie Libyen die Sonne.) Unter der Sonne be-
theten die Heyden alle Gôtter / unter dem Mohnden alle
Gôttinnen an. Horn. Hist. Philos. l. 1. c. 8. Kircher. Obel.
Pamphil. l. 2. c. 20. p. 157.

v. 182. Wenn es ihm gleich aus Gold ein Riesenbild lâßt 100
gissen.) Daß erste güldene Bild sol in Persien in den Anaitis

Tempel gesåtzt / in des Antonii Zuge wider die Parthen
aber von einem Rômischen Soldaten genommen / und hernach Keyser August zu Bononien von dessen Schien-Beine
gespeiset worden sein. Plin. l. 33. c. 4. Coel. Rhodigin. lib. 105
18. c. 29. Von vielen andern im Delphischen Tempel meldet
Justin. l. 24. c. 7. n. 10. Brennus ad acuendos suorum Ani-
mos, praedae ubertatem omnibus ostendebat, statuasque cum
Quadrigis, quarum ingens Copia procul visebatur, solido
auro fusas esse: plusque in pondere, quam in specie habere 110
Praedae affirmabat. Daß die gûldenen Bilder aber sonderlich zu Carthago gemein gewest / erhellet ex Diodor. Siculo
l. 20. allwo er erzehlet: daß sie nach der vom Agathocles er-
littenen Niederlage viel gûldene Bilder nach Tyrus zu Ver-
sôhnung des Hercules geschickt. In Grichenland ist Gorgias 115
der erste gewest / dem eine gûldene Seule aufgerichtet worden. Val. Maxim. l. 8. c. 15. in Extern. n. 2. Daher ihn Plato
den schônen und gûldenen Gorgias hônisch genennt. Victorius. lib. 5. c. 9. Zu Rom aber sind gûldene Bilder sehr
seltzam gewest; ja das erste silberne sol erst dem Augusto 120
gegossen worden sein. V. Plin. l. 33. c. 2. Ja Suetonius in
August. c. 52. meldet von ihm: Argenteas Statuas olim sibi
positas conflavit omnes, exque iis aureas Cortinas Apollini
Palatino dedicavit. Und vom Nerone Tacitus. l. 13. Ann.
c. 10. Sibi statuas argento vel auro solidas adversus offe- 125
rentes prohibuit. Et l. 2. Ann. 33. decretum: ne Vasa aurea
solida ministrandis cibis fierent. Hingegen ließ Domitianus
hernach in Capitolio ihm keine andere als gûldene und silberne / und zwar eines gewissen Gewichtes aufsåtzen. Sueton. in Domit. c. 13. Xiphil. in Domitian. Worauf Plin. in 130
Panegyr. Trajani zielet: Tuam statuam in Vestibulo Jovis
Opt. Max. unam alteramve, & hanc aream cernimus: at
paulo ante, aditûs omnes, omnes [144] gradus, totaque area,
hinc auro, hinc argento relucebat. Und von Claudio II. erzehlet Trebell. Pollio. c. 3. Illi (quod nulli antea) Populus 135
Rom. sumtu suo in Capitolio ante Jovis Opt. Max. Templum
statuam auream decem pedum collocavit. Zu welchem Orthe
Casaubonus anmerckt: daß der Gôtter Bilder dreymal so
hoch / als ein Mensch lang were / der Helden zweymal / der
Kônige und Keyser aber anderthalbmal so hoch gegossen 140
worden.

Die vierdte Abhandlung 169

v. 220. Oft kehrt ein düster Heyn sich in ein hell Altar.)
Plin. l. 12. c. 1. Sylvae quondam fuerunt Numinum Templa;
priscoque ritu, simplicia ruri etiam nunc Deo praecellentem
arborem dicare, nec magis auro fulgentia atque Ebore simu- 145
lacra, quam Lucos & Nemora consecrant, & in ipsis silen-
tia ipsa adoramus. Besiehe hiervon Cluver. in German.
antiqu. lib. 1. cap. 34. Kircher. Oedip. tom. 1. Synt. 4. c. 12.

v. 224. Der Rose bleibt ihr werth / entseelt sie einen
gleich.) Mons. de Balsac. redet im 5. Entretien. c. 2. p. 131. 150
hiervon: La Rose est mon Inclination, comme c'estoit l'aver-
sion de feu Monsieur le Chevalier de Guise, qui n'en pouvoit voir sans s'esvanouir.

v. 244. Der Venus Gottesdienst wird selbst hierdurch bestellt.) Von diesem schändlichen Gottesdienste zu Sicca in 155
Africa handelt Selden. de Diis Syr. Syntag. 2. c. 7. von
Nassamonen und Augylen in Libya berichtet Polydor. Virgil. de Invent. rer. l. 1. c. 4. Apud hos Populos moris erat,
cum quis primùm duxisset Uxorem, ut sponsa prima nocte
cum singulis convivis coiret, Veneris gratiâ, post perpetuo 160
Castitatem servaret. Coelius Rhodig. l. 18. c. 30. Aber: Gui-
danum in Africâ Uxores Fimbriarum copiá perstrepebant,
pretium id concubitûs erat, quo pluribus quaeque videbatur
exculta, eò plausibilior ejus forma censebatur, ceu quam
adamarint innumeri. Adyrmachidae (Poenorum Populi) 165
soliti erant Virgines nupturas Regi exhibere, qui, quam vellet, prius vitiaret. Von Phoeniciern erzehlet Athanas. Orat.
contr. Idola: Olim certae Phoenissae mulieres ante Idola
prostituebantur, dedicantes Numinibus suum quaestum, persuasae Meretricatu ea propitiari, ac prosperitatem rerum 170
inde nasci. Augustinus von Römern: Quasdam in Capitolio
foeminas sedere solitas, quae se à Jove amari pu-[145]tabant,
nec Iunonis quidem iracundissimae aspectu terrebantur.
Eben dis bezeuget Strabo von der Perser / Meder und Ar-
menier Götzen: Haec est Venus in Oriente culta Armenio- 175
rum Idolum; Illustrissimi ejus Nationis Filias suas Virgines
ei dedicant, ac lex est, ut longo tempore apud Deum constupratae, deinde nuptui dentur, nemine talis mulieris con-
jugium dedignante. Insonderheit aber ist von diesem un-
züchtigen Heyligthume merckwürdig / was Hegesipp. l. 2. 180
c. 4. Joseph. l. 18. Antiq. c. 4. erzehlet: Scribunt de Paulinâ,
non minus probitate morum, quam Natalium claritate il-

170   Anmerckungen

lustri, adhaec opulenter formosâ, ut quae esset in ipso aeta-
tis flore; cujus cum pudicitiam Decius Mundus equestris
Ordinis Juvenis, nec prece, nec pretio ducentarum drach- 185
marum millium pro unicâ nocte oblata flectere potuisset;
fraude compositâ cum sacerdotibus Isidis, cujus cultui vehe-
menter addicta erat Paulina, fingunt Legatum missum ab
Anubide, qui ipsius formâ captus, jubeat, ut ad se veniat:
illa libenti animo suscepto nuncio, & marito quóque ad- 190
monitô, quod paratum sibi esset Anubidis cubile, in templum
educta, & tenebris conciliantibus in latentem ibi Mundum
incidens, totam noctem insecuta est Juveni, Deo se gratifi-
cari existimans. Abscheulich aber ist / was Mandelslo von
den Ost-Indianischen Abgöttern berichtet: Quod Matronae 195
nuptiarum Die Virginum pudenda fictitiorum Deastrorum
Virilibus adigendo ipsis hoc ipso Virginitatem devovere
glorientur. Und nichts besser / was Schildius ad Sueton. August. c. 94. p. 297. n. 1. anmerckt: Nil tota Aegypto mon-
strosius erat Infamiâ Mendesiorum: qui Hircum pro Nu- 200
mine colentes excellentissimâ formâ mulieres illius libidini
substernere soliti: atque ut prurigae boni, cessantem lege
naturae bestiam, contra naturam instigare.

    v. 268. Als wir ein Freundschaffts-Pfand einander zuge-
stellt.) Hanno Poenus apud Plautum in Poenulo.   205

        Deum hospitalem atque Tesseram mecum fero.

Zu diesem Orthe vermerckt Taubmannus, und Budaeus in ff.
Apud Antiquos Hospitia erant privata: quae magna erat
necessitudo. Fuit autem antiqui moris, Tesseram dari hospi-
tibus dimidiatam, quam quicunque attulisset ad hospitem 210
continuò agnosci posset, & hospitio excipi, tanquam amicus
& [146] vetus hospes. Hoc autem jus ad Posteros transibat,
propterea tesseram diligenter asservabant. Qui autem jus
Hospitii violabat, is Tesseram hospitalem fregisse dicebatur.

    v. 299. Hat des Allucius fast göttlich-schöne Braut.) Wie 215
diese in Spanien Gefangene sie Scipio unberühret dem Bräu-
tigam wieder eingeliefert / beschreibt Livius dec. 3. l. 6. p.
248. Und Florus l. 2. c. 6. n. 40. Ad profligandam Provin-
ciam maximè profecisse singularem Ducis Sanctitatem;
quippe qui captivos pueros puellasque praecipuae pulchritu- 220
dinis, Barbaris restituerit, ne in conspectu quidem suum

Die vierdte Abhandlung 171

passus adduci, ne quid de Virginitatis integritate delibasse saltem oculis videretur.

v. 305. 306. 307. Von dem als einer Schlange auch Alexandern.) Von des grossen Alexanders Empfängnůs erzehlet 225 Plutarch. in Vit. Alex. p. 665. allerhand seltzame Sachen / nemlich: daß der Olympias in der Nacht fůr der Hochzeit geträumet: daß ihr Leib vom Jupiter mit Blitz gerůhret wůrde; kurtz darnach aber dem Philippo: daß er ihren Leib mit einen Petschier / worauf ein Lewe / versiegelte. Daß 230 bey ihrem Bette man eine aufgerichtete Schlange gesehen / auch: daß hierůber Philippus das eine Auge eingebisset / als er den Jupiter in Schlangengestalt durch einen Ritz bey der Olympias erblicket hâtte; wiewol er diesen Betrug selbst nicht wol umbstehen kan / berichtende: daß sie in ihren 235 Zimmer gekirrte Schlangen versteckt gehabt habe. Besihe Justin. l. 12. p. 121. Joseph. Ben Gorion. l. 1. c. 4. aber tichtet: daß Nectanebus Kŏnig in Egypten / als er fůr Artaxerxe Ocho in Macedonien geflohen / habe er die Olympias bezaubert / und unter der Gestalt des Jupiters Ammon sie 240 geschwångert / worvon Alexander were gebohren worden. Noch lâcherlicher ist was Dionys. Halicarnass. l. 4. Antiq. Rom. p. m. 207. erzehlet: daß Kŏnig Servii Tullii Mutter von einem Gespenste supra flammas virilis membri speciem prae se ferente beschlaffen / geschwångert / und er darvon 245 gebohren sein solle. Und von Keysers Augusti Ankunfft meldet Sueton. August. c. 94. In Asclepiadis Mendetis θεολογουμένων libris lego, Atiam, cum ad solemne Apollinis sacrum mediâ nocte venisset, positâ in templo lecticâ, cum caeterae Matronae dormirent, obdormisse: Draconem re- 250 pente irrepsisse ad eam, pauloque post egressum: illamáque expergefactam quas, â [147] concubitu Mariti purificasse se: & statim in corpore ejus exstitisse maculam velut depicti Draconis: nec potuisse unquam eximi: adeò ut mox publicis balineis perpetuò abstinuerit: Augustum natum mense de- 255 cimo & ob hoc Apollinis Filium existimatum. Und von Seleuco berichtet Justin. lib. 15. p. 141. 142. Seleuci mater Laodice, cum nupta esset Antiocho, claro inter Philippi Duces viro, visa est sibi per quietem ex concubitus Apollinis concepisse, gravidamáque factam munus concubitû Annulum 260 à Deo accepisse, in cujus gemmâ anchora sculpta esset. Jussáque id donum filio, quem peperisset, dare. Admirabilem

172   *Anmerckungen*

fecit hunc visum & Annulus, qui posterâ die ejusdem sculpturae in lecto inventus est, & figura anchorae, quae in femore Seleuci nata, cum ipso parvulo fuit. Originis ejus argumentum etiam posteris mansit. Siquidem filii nepotesque ejus Anchoram in femore, veluti notam generis naturalem habuere. Obiges von dem Lôwen Siegel berichtet auch: Suppletor Curtii l. 1. p. m. 14. und Curtius lib. 3. daß Alexander / nach dem ihm des Jovis Ammonis Prister geheuchelt: Er were sein Sohn / sich des Jupiters Sohn nicht nur heissen lassen / sondern auch befohlen. Aus ebenmäßiger Einbildung haben die Rômer diesem Scipio geheuchelt: daß er von einem Gotte gezeuget were / weil in seiner Mutter Schlaf-Gemache auch mehrmals eine Schlange gesehen worden. Livius dec. 3. l. 6. Deßwegen auch Scipio sich angestellet / als wenn er nichts / was ihm die Gôtter nicht offenbahrten / fûrnehme. Appian. de bell. Hisp. p. 265. & 267.

265

270

275

    v. 313. Es dien' ihm Hannibal zum Beyspiel.) Justin. lib. 32. c. 4. Ex quibus constat Annibalem, nec tum cum Romano tonantem Bello Italia contremuit, nec cum reversus Carthaginem summum Imperium tenuit, aut cubantem caenasse, aut plus quam Sextario Vini indulsisse, Pudicitiamque eum tantam inter tot Captivas habuisse, ut in Africa natum quis negaret.

280

285

    v. 319. Die Raths-Herrn fordern heim die mit bestûrzter Hand.) Livius dec. 3. lib. 10. c. 16. 36. berichtet: daß / nach dem Syphax gefangen worden / Carthago dreissig ihrer Rathes-Eltesten den Scipio umb Frieden zu bitten abgeschickt; welche ihr Schiff mit Oelzweigen besteckt hatten. Von dieser nach Tunis gekommenen [148] Bothschafft / erzehlt Polyb. lib. 15. c. 1. daß sie mit verfallenem Gemüthe auf die Erde niedergesuncken / der Sitzenden Fûsse gekûsset / und die Erde angebetet hetten. Von einer nachfolgenden aber / als Carthago mit dem Masanissa zerfallen / Livius lib. 40. c. 24. lachrymantes, procubuerunt, stratíque humi, non sibi magis misericordiam, quam Regi Invidiam concitaverunt.

290

295

    v. 323. Dein zehnder Feldzug gibt dir auch den zehnden Ring.) Aristoteles berichtet von Carthaginensern: daß ihre FeldHerren nach der Anzahl ihrer Feld-Zûge auch so viel Ringe getragen. Tacit. c. 31. de Mor. Germ. erzehlt hingegen von Catten: Fortissimus quisque ferreum, insuper An-

300

Die vierdte Abhandlung 173

nulum (ignominiosum id genti) velut vinculum gestat, donec
se caede hostis absolvat.   305

v. 349. Ich scheue mich fast euch wie den Saturn zu nennen.) Also verbothen die Ephesier bey hoher Straffe den
Herostratus / der durch Anzündung des Dianischen Tempels
einen ewigen Nahmen erwerben wolte / zu nennen. Aber ihr
Verboth ist fruchtloß gewest. Strabo lib. 14. Von den Car- 310
thaginensern aber schreibt Augustin. daß sie den Saturn nie
genennt / Senem potius, quam Saturnum dicentes, tam timi-
dâ superstitione, ut etiam penè vicô suo nomen mutaverint,
vicum senis potius, quam vicum Saturni appellantes.
Jedoch ist dis mehr aus aberglåubischer Andacht als aus Ab- 315
scheu geschehen / wie die Juden τὸ τετραγράμματον יהוה
(welches sie auch schem hammephoras nennen) fûr ein
ἀνεκφώνητον oder fûr ein unaussprechlich Wort halten /
und also darfûr Adonai, die Phoenicier ᾽Ιευῶ, die Sama-
riter ᾽Ιαβαὶ, die Heyden Jupiter aussprechen. Gatakerus 320
Dissertat. de Nomine Tetragrammato.

v. 351. Daß unser Zweytracht euch aufopffer Gold und
Blutt.) Jugurtha beym Salustio: Paulo ante Carthaginenses,
Regem Persen, post uti quisque opulentissimus videbatur,
ita Romanis hostem fore. Et lib. 4. hist. Namque Romanis 325
cum Nationibus, Populis, Regibus cunctis, una & ea vetus
Causa bellandi est Cupido profunda Imperii & Divitiarum.
Hieher gehôret auch der schône Orth aus des Petronii Satyrâ.

> Orbem jam totum victor Romanus habebat,
> Qua mare, qua Tellus, qua Sidus currit utrumque, 330
> Nec satiatus erat: gravidis Freta pulsâ Carinis,
> Jam peragrabantur, Si quis Sinus abditus ultra,
> [149] Si qua foret Tellus, quae fulvum mitteret aurum
> Hostis erat: fatisque in tristia bella paratis
> Quaerebantur Opes: non vulgò nota placebant 335
> Gaudia, non usu plebejo trita Voluptas.

v. 354. Traut ihr die Herrschafft euch der Welt nicht zu
erkåmpffen?) Polyb. l. 1. c. 32. meldet von Rom und Carthago: Erat de summo Imperio inter duos hosce Populos
aemulatio. Gellius l. 10. c. 27. In litteris veteribus memoria 340
extat, quod par fuit vigor & acritudo amplitudoque Populi
Romani & Paeni, neque immeritò aestimatum: nam cum

aliis quidem Populis de uniuscujusque Reip. cum Poenis autem de omnium Terrarum Imperio decertatum. V. Polyb. l. 15. c. 9. Vellej. Paterc. l. 1. c. 12. Flor. l. 2. c. 2.

v. 359. 360. Sie reißt nebst mir ihm aus die Flügel.) Silius l. 1. de Bell. Pun. redet von dem Gelücke der Stadt Rom also:

> Quaesitumque diù, quâ tandem poneret arce
> Terrarum Fortuna Caput. – –

Und ausführlicher Plutarch. de Fortun. Roman. Fortuna Persis Assyriisque desertis, cum leviter pervolasset Macedoniam, celeriterque abjecisset Alexandrum, Aegyptumque deinde & Syriam Peragrando Regna ditulisset, & saepe conversa Carthaginenses tulisset: postquam transmisso Tyberi ad Palatium appropinquavit, Alas deposuit, Talaria exuit, & in fideli & versatili illo Globo misso factô, ita Romam intravit, ut mansura: ac talis jam adest ad Judicium.

v. 362. Carchedons Juno kan nicht mehr auf Löwen reiten.) Daß Juno die eigentliche Schutz Göttin der Stadt Carthago gewest / ist aus Macrob. lib. 6. Metam. Virg. l. 1. Aen. Insonderheit aber lehret Joseph Scaliger: Junonem pictam esse apud Carthaginenses Leoni insidentem, Dextrâ Fulmen, Sinistrâ Sceptrum gerentem. Freinsheim. in Not. ad Curt. l. 4. c. 1. n. 22. hat ein schön Epigramma, darinnen vieler Oerther Schutz Götter erzehlt werden.

v. 364. Carthago wird fürs Kind Alcidens nicht erkannt.) Cic. lib. 2. de Natur. Deor. meldet: daß Carthago eine Tochter des Hercules gewesen sey. Wiewol Carthago nur ein verfälschtes Wort von dem Syrischen Karchuda ist. Salmas. de Lingv. Hellenist. p. 358.

[150] v. 411. Da er zu Croton schimpfft der Juno gülden Bild.) Cicero lib. 1. de Divinat. schreibt: Annibalem, cum Columnam auream, quae erat in Fano Junonis Laciniae aufferre vellet, dubitaretque, utrum ea solida esset, an extrinsecus inaurata, perterebrasse; cumque solidam invenisset, statuisse eam tollere. Secundum quietem visam ei Junonem praedicere, ne id faceret, minitariíque, si id fecisset, se curaturam, ut eum quoque Oculum, quô bene videret, amitteret. Idque ab homine acuto non esse neglectum. Itaque ex auro, quod exterebratum esset, buculam curasse faciendam, & eam in summo Columnae collocasse.

Die vierdte Abhandlung   175

v. 461. seqq. Uns zuerwûrgen Strick' aus Seid' und Purper windet.) Vom Heliogabalus erzehlt Lampridius in ejus
Vitâ. c. 33. p. 876. denckwûrdig: Paraverat funes blatta &
serico & cocco intortus, quibus, si necesse esset, Laqueo 385
vitam fineret. Paraverat & Gladios aureos, quibus se occi-
deret, si aliqua vis urgeret. Paraverat & in Cerauneis & Hya-
cinthis & in Smaragdis Venena, quibus se interimeret. Fece-
rat & altissimam turrim, substratis aureis gemmatis´que ante
Tabulis, ex qua se praecipitaret, dicens, etiam mortem suam 390
pretiosam esse debere & ad speciem Luxuriae, ut diceretur
nemo sic periisse. Sed nihil ista valuerunt. Nam & occisus
est per Scurras, & per plateas tractus est sordidissimè, per
Cloacas ductus, & in Tiberim summissus est.

v. 484. 485. Der Anverwandten Tod durch Bothen nur 395
bekand.) Guevarra Horol. PP. lib. 3. c. 40. Lex erat apud
priscos Carthaginenses, ut si Filii mors Patri, aut Patris Filio,
aut Uxori Mariti, aut Marito Uxoris, aut cujuscun´que mors
dolenda indicanda alicui foret, ejus uterentur ministeriô,
qui in Carcere jam Capitis condemnatus erat, ac si Nuncius 400
statim esset occidendus, ne in Conspectum illius amplius
veniret.

v. 487. Des grossen Suffes.) Die Suffetes, welche vom Hebreischen שופטים; nemlich den Obersten Richtern den Nahmen haben / waren nicht nur zu Carthago / sondern auch in 405
andern Africanischen Stådten die hôchste Obrigkeit. Selden
de Diis Syr. Proleg. c. 2. p. 16. 17. Bochart. in Chanaan. l. 1.
c. 24. p. 516. 517. diese wurden zu Carthago auch Kônige
genennt. Arist. l. 2. Pol. c. 11. Corn. Nepos in Vita Hannibal. Herod. l. 7. Diodor. l. 14. [151] wie auch Dictatores. 410
Justin. l. 19. c. 1. n. 7. Gellius. l. 10. c. 52. Ihre Gewalt aber
wehrete nur ein Jahr. Liv. l. 30.

v. 489. Zur Mutter-Stadt Chaedreanech.) Also nennet die
Stadt Carthago Plautus in Poenulo. Act. 5. Scen. 2. Es
kommet aber dis Wort von dem Hebreischen חדרי ענק wel- 415
ches heißt der Sitz des Anak. Sintemal sich die Phoenicier
oder Chananiten בני ענק Kinder des Anak (ungeachtet die
wenigsten von ihm herstammeten) nennten. Massen denn die
Phoenicier daher Pheanac, oder von den Griechen verdrehet
φοίνικες genennt wurden. Bochart. in Chanaan. lib. 1. c. 1. 420
p. 363.

v. 490. Daß kein Gewûrme lebt in der Phoenizer Grabe.)

176   Anmerckungen

Weil sie sie einbalsamirten. Plaut. in Poenuli Prologo. Daher Tertullian. de Resurrect. Carn. c. 42. von ihren eröff-
neten Gråbern erwehnet: quingentorum ferè annorum Ossa 425
adhuc succida & Capillos olentes Populus exhorruit.

v. 491. Daß man Amilcars Haupt bethet an.) Diodor.
Sicul. lib. 20. Agathocles accepto Amilcaris Poenorum Ducis, qui in Sicilia occubuerat, Capite, Carthaginensibus
ostendit, quae res iis acerbissimum Dolorem attulit, qui ritu 430
Barbarorum, Caput Regium adorarunt.

v. 509. Wo wird nach so viel Mûh und Streit.) Dieses Ge-
tichte; wie Hercules auf einem Scheide-Wege von der Tu-
gend und Wollust ihnen zu folgen gereitzet worden / hat
Prodicus Sophista erfunden. Besiehe hiervon Xenophon. l. 2. 435
Memorabil. Cicer. l. 1. de Offic. Sil. Ital. l. 15. de Bell.
Punic.

Die fûnfte Abhandlung.

v. 10. 11. Hier stehn die von den Sternen beseelten Teraphim.) Dieser תרפים wird zum ersten Genes. 31. 9. da sie
den Laban gestohlen worden / gedacht. Kircher. Oedip. tom.
1. Synt. 4. c. 3. p. 259. 260. meint: Es sey dis von Uhr- 5
sprung ein Egyptisch Wort / nemlich Σεράπις, welches die
Chaldeer / die ך oder ס fûr ש aussprechen / und das zimlich
gleiche ס in ם verwandelt / in Theraphim verkehret. Worzu er denn zimlich scheinbar aus dem Abenephi anfûhrt:
Erant Aegyptiis simulachra quaedam Pueri specie quae 10
vocabantur Serapis. Haec adorabant de futuris [152] &
absconditis ea interrogantes. Omnibus in locis celebrioribus
Urbium ea collocabant adolentes ante ea, secum quóque ea
contrâ Eventus malorum portare solebant. Atque haec
Idola similia sunt Theraphim, quae Israëlitae colebant, & 15
quae Laban adorasse Scriptura memorat. &c. Warum also
die Theraphim, (welche zwar auch Judic. 17. 5. Reg. 19. fûr
gemeine Bilder und Nachgemåchte gebraucht / und sonst
צלמניא oder Μορφώμετα genennt werden. Kirch. d. l. p. 254.
255. Selden. de Diis Syr. Synt. 1. c. 2. p. 98.) eigentlich nichts 20
anders als Wahrsager-Bilder und zugleich Dii Averrunci,

18 Nachgemåchte = Nachahmung, lat. imitatio.

Die fünfte Abhandlung 177

oder 'Αλεξητήριοι und στοιχεῖα. Selden. d. l. p. 103. welche in der Coptischen Bibel die Grösten unter Labans Göttern dem Jamblicho aber ἀγάλματα θείας μετουσίας heissen.

v. 11. Dis ist des Thammutz Bild.) Daß dieser Abgott eben
dis / was Adon, nemlich die Sonne gewest / ist aus Selden.
d. l. Synt. 2. c. 11. zu sehen.

v. 12. 13. Diß der Hecate / von derer Regung kwillt daß
die und jene Seel' ein ander lieben müssen.) Hecate oder der
Mohnde ward für die Uhreberin gezauberter Liebe gehalten. Daher beym Seneca Phoedra in Hippolyto:

> Hecate triformis, en ades coeptis favens,
> Animum rigentem tristis Hippolyti doma:
> Amare discat, mutuos Ignes ferat.

v. 15. Nach dem man dreht dis Rad.) Dis zielet auf des
Propertii Rhombum Magicum, des Theocriti ῥόμβον χάλ-
κεον; welcher die Liebe zu wircken dienen sol / und ἐξ
'Αφροδίτης δινεῖσθαι, oder nach der Venus Ordnung herumb gedreht werden / heisset. Selden. Synt. 1. c. 2. p. 114.
bis 116.

v. 16. 17. 18. 19. Hier ist ein Erstlings Haupt / das eines
Priesters Hand ihm von dem Halse rieß.) Kircher. d. l. p.
260. daß zwar die Theraphim und die Serapis in dem
Feuer des Mithra Ertzt / Steine / Holtz und dergleichen
Zeuge / aber niemals ohne Menschen-Blutte haben bereitet
werden können. Die Zubereitung aber beschreibt das Thar-
gum Hierosolymitan. und Elias Thesbites dergestalt: Mactabant hominem primogenitum, cujus Caput torquendo prae-
scindebant, Caput v. abscissum Sale & Aromatibus condie-
bant, scribebantque super laminam auream nomen Spiritûs
immundi, quâ suppositâ Capiti, ponebant illud in parie-
[153]te, incendentes coram eo Candelas & adorantes coram
eo. Et cum istius modi locutus est Laban. Selden. d. l. p. 98.
Kircher. p. 257.

v. 18. Als ieder Irrstern sich zum neuen Lauffe regte.)
Nemlich / cum omnes simul ab ipso Sectionis vernae mo-
mento sive Exordio Zodiaci progrediuntur Planetae; vel
cum omnes in loco primae Geniturae existunt, sc.: cum qui-
libet decimam quintam partem Domûs suae obtinet, Luna

sc.: Cancri, Sol Leonis, Mercurius Virginis, Venus Librae, Mars Scorpionis, Jupiter Sagittarii, Saturnus Capricorni. Selden. d. l. p. 108. 109.

v. 22. Dis Bild aus Gold und Silber gissen / worein so Sonn' als Mohnd die Kråfften flössen ein.) Daß die Zabii oder Chaldeer der Sonne güldene / dem Mohnden silberne Bilder gegossen / führet aus More Nebochim Selden. d. l. p. 103. 104. Posuerunt in solis Lunaéque Palatiis Imagines, & dixerunt, quod splendor potentiorum stellarum diffundebatur super illas, & loquebantur cum hominibus, & annunciabant eis utilia. Und noch ausführlicher Abenezra und Abulensis beym Kircher. p. 256. Erant quaedam Capita ex Metallo certo tempore & sub certis siderum Aspectibus & Conjunctionibus Planetarum facta, ut inde Virtus à Coelo derivaretur in illud Caput, fieretque potens respondendi consulentibus & interrogantibus ipsum: idque fiebat partim per Astrologiam, & partim per Necromantiam. Fecit hujusmodi Caput Albertus Magnus, quod Discipulus ejus S. Thomas confregit.

v. 25. Das kein Wahrsager ist fåhig uns zu sagen.) Hermes beym Selden. p. 107. 108. Ita Humanitas semper memor humanae naturae & Originis suae in illa Divinitatis imitatione perseverat, ut sicut Pater & Dominus sui similes Deos fecit aeternos, ita Humanitas Deos suos ex sui Vultûs similitudine figuraret. Statuas sc. animatas sensu & spiritu plenas, futurorum praescias, ea quae forte omnis Vates ignoret.

v. 26. Allein es låßt sich nur gewisse Tage fragen.) Mor Isaac Maronita beym Kircher. p. 257. 258. Idolis Victimas & Sacrificia offerebant, incendentes ante ea Aromata. Diabolus v. certis temporibus loquens ex singulis eorum petentibus responsa dabat, futura praedicens & abscondita revelans. Ea etiam, quae in remotis fiebant, mortem quóque & Secreta Cordium [154] prodebant. Gleichergestalt hat der Wahrsager-Geist zu Delphis nur etliche gewisse Tage geantwortet. Also: daß Apollo sechs Monath hier / und sechs andere bey den Lyciern wahrgesagt; meistentheils in ersten / siebenden / und neundten Tagen jeden Monaths / Früh / Abends und bey zunehmenden Mohnden. Thysius Not. ad l. 1. c. 6. Valer. Max. p. 59. a.

v. 27. Wenn Hada in den Krebs / Adad in Löwen tritt.) Jene ist der Mohnden / diese die Sonne. Selden. Synt. 1. c. 6. p. 176. 177. Der Krebs und Löwe aber ihr Hauß.

Die fünfte Abhandlung 179

v. 29. 55. Als Ob / ein grosser Geist / der Didons Grab
beseelt.) אוב ist Levit. 20. 6. Deuteron. 18. 2. ein Wahrsager-
Geist / der aus den Todten redet / wie 1. Sam. 28. aus dem
Samuel. Dieser aber redete entweder aus der Erde / oder 105
aus dem Munde des Wahrsagers / oder des Todten / zuwei-
len auch gar aus dem Geburths-Gliede. Daher die Wahrsage-
rin 1. Sam. 28. ἐγγαστρίμυθος genennet wird. Selden. Synt.
1. c. 2. p. 120.

v. 31. 34. Wie das zu Caccabe der Dido Tempel hegt.) 110
Der Dido Tempel und Grab beschreibt Silius Ital. lib. 1. de
bell. Pun.

> Urbe fuit mediâ sacrum Genitricis Elissae
> Manibus, & patriâ Tyriis formidine cultum
> Quod Taxi circum, & piceae squalentibus Umbris 115
> Abdiderant, coeliíque arcebant lumine Templum.
> Hoc sese, ut perhibent, lucris mortalibus olim
> Exuerat Regina loco. Stant marmore maestae
> Effigies, Belusíque parens, omnisíque Nepotum
> à Belo series, stat gloria gentis Agenor; 120
> & qui longa dedit terris cognomina, Phoenix
> Ipsa sedet tandem aeternum conjuncta Sichaeo:
> Stant Arae Caeliíque Deis, Hereboíque potenti.

Aus dem andern Verse muthmasset Hendreich. Carthag. p.
196. daß der Dido auch Menschen-Blutt geopffert worden sey. 125

v. 33. Du must die Schuh ausziehn.) Also redet Virgil. l. 4.
Aen. von der opfernden Dido:

> Unum exuta pedem Vinclis.

In Sacris Expiatoriis enim Calceamenta solutis Vinculis &
ansis pedibus detrahebantur. Dempster. Paralipom. ad l. 5. 130
c. 36. Rosin. p. 947. welches die Heyden Zweifelsfrey aus
der heiligen Schrifft geborget / weil Gott Exod. 3. 5. Josuae.
5. 15. die heiligen Oerter mit Schuhen zubetreten verbo-
ten.

[155] v. 35. Nun sâtze diese Haub' aus weisser Woll' aufs 135
Haar.) Virgil. de Didone.

> Praeterea fuit in tectis de marmore Templum
> Conjugis antiqui, miro quod honore colebat,
> Velleribus niveis & festâ fronde revinctum.

180 *Anmerckungen*

Worbey Servius anmerckt: Moris fuerat, ut nubentes puel- 140
lae, simul ac venissent ad limen Mariti, postes ornarent
laneis vittis. Daß die Priester und die Opfernden aber weisse
Hauben getragen ist bekand.

v. 36. Nim hin den Myrten Zweig.) Wenn einer ihm die
Balaath-Ob oder die Todten wolte wahrsagen lassen / mußte 145
er einen Myrten-Zweich in der Hand halten und rauchern.
Selden. d. l. p. 121.

v. 37. 38. Mit Aepfeln sein verehret die Derceto zu seen
auf Cypern hat gelehret.) Daß die ersten Granat-Aepfel Venus
auf Cypern gepflantzet / lehret Cael. Rhodigin. l. 23. c. 3. 150

v. 45. 46. 47. Dido zeuget sich mit Purper angezogen.)
Virgil. l. 4. Aen. v. 137. bildet sie also fůr:

> Sidoniam picto Chlamydem circumdata limbo:
> Cui pharetra ex auro: crines nodantur in aurum,
> Aurea purpuream subnectit fibula vestem. 155

v. 50. Zu Delphis [regt] der Erd' ihr Geist die Priesterinnen.)
Cicer. 1. de Divinat. Oraculi Delphici vim praedicendi Spiri-
tui Terrae tribuit. Diodor. Sic. l. 6. & 10. Justin. l. 24. c. 6.
beschreibet dieses Oraculum umbstândlich / und meldet: in
medii Montis planitie profundum Terrae foramen, quod in 160
Oraculo patet: ex quo frigidus Spiritus, vi quâdam velut
vento in sublime expulsus, mentes Vatum in Vecordiam
vertit, impletasque Deo Responsa Consulentibus dare cogit.

v. 51. 52. Dodones Eich-Altar sagt durch zwey Tauben.)
Daß zu Dodona in Epirus Jupiter anfangs durch Eichen / 165
hernach durch Tauben / endlich durch Priesterinnen Peristea
und Triton wahrgesagt / lehret Natal. Comes. Mythol. l. 6.
c. 12. p. 603. Ja daß dieses / wie auch Hammons Oraculum
in Lybien zwey von Thebe aus Egypten geflogene Tauben
aufzurichten mit Menschen-Stimme befohlen haben / fůhret 170
Kircher. Oedip. tom. 1. Synt. 3. c. 2. p. 206. aus. Es rühret
aber dis Getichte von der Tauben Wahrsagung eigentlich
daher: daß die Thessalier Tauben und Wahrsagerinnen
Πελειάδας genennt. Wie die Tauben in Sicilien [156] bey
Eryx fůr der Venus Bothen gehalten / von Babiloniern eine 175
Taube / wodurch sie vielleicht auf die Semiramis gezielet /
Gôttlich verehret / ist aus Selden. Synt. 2. c. 3. p. 274.–276.
zu sehen.

Die fünfte Abhandlung 181

v. 53. Der Esculapius aus Ertzt und einem Drachen.) Lucianus berichtet: daß Aesculapius bey der Stadt Pella in Macedonien durch einen Drachen gewahrsagt habe. Daß ihm ein Drache als ein Zeichen der Wachsamkeit zugeeignet worden / ist aus Festi Pompeii lib. 9. und wie er in Gestalt eines Drachen von Epidaurus nach Rom kommen / aus Valer. Maxim. lib. 1. c. 8. n. 2. zu sehen.

v. 54. Hammons hörnicht Kopf winckt zu gewehrten Sachen.) Des Hammons Gestalt beschreibt Freinsheim in Comment. ad l. 4. c. 7. n. 21. 23. Curtii: daß er nur mit wincken wahrgesagt / lehret Kircher. Oedip. tom. 1. Synt. 3. c. 2. p. 206. wiewol dis auch andere Wahrsager-Bilder gethan. Diodor. Sic. l. 17. c. 50. Eustach. in Dionys. v. 212. Strabo lib. 17.

v. 60. Diese welche Moth bewegt.) Daß Pluto wegen habender Herrschafft über den Tod / Sec. Hebr. c. 2. v. 14. Axiokersos אחז־לרץ, oder auch מות Μοὺϑ, oder der Tod selbst gemeint worden / lehret Selden. Synt. 1. c. 5. p. 164. Bochart. in Chanaan. l. 1. c. 12. p. 427.

v. 62. Als Baals Sonnen-Kind.) Daß Dido des Belus / Bals / Bels / oder Baals Tochter gewest / welcher in Cypern geherscht / und sonst auch Methres genennt worden / wie auch Μάτγηνος oder מתגאון ein vortreflicher Mann / lehret Bochart. in Chanaan. l. 1. cap. 3. pag. 370. Euseb. in Graec. Chron. nennet ihn Καρχηδῶνα τὸν Τύριον. Besiehe Justin. l. 18. c. 4. allwo Bernegger. anmerckt: daß Agenor ihr Vater / Belus ihr Groß-Vater gewest sey. Bel, Bal, Baal aber heisset Herrgott. Selden. Synt. 2. c. 1. p. 194. seqq. Belus aber war bei den Assyriern der Sonne und des Saturnus Nahme. Vossius. l. 2. Theol. gent. cap. 4. Es ist aber der Dido Vater ein viel jüngerer Belus, als Belas Assyrius, welcher Babylon gebauet / und sonst Nimrod heißt. Bochart. in Phaleg. l. 4. c. 14. p. 263.

v. 64. 65. So bald ein Strahl nur fållt auf Memnons steinern Bild.) Von dieser Memnons Seule sind alle Bücher voll; welche aber am besten Pausanias beschreibet: Miror in Megarensium montibus lapidem reperiri, qui lapide percussus, non secus ac Ly-[157]ra insonat. Sed multo me majori admiratione affecit Aegyptiorum Colossus, qui Thebis Aegyptiis est postquam Nilum trajeceris; vidi enim ad hoc usque tempus statuam sedentem juxta eum locum, quem Syringas

182   Anmerckungen

appellant; eam pleriéque Memnonem dicunt, quem ex 220
Aethiopiâ profectum in Aegyptum pervenisse arbitrantur.
Thebaei Memnonem negant, sed quendam popularem suum
esse ajunt, cujus ea Statua sit. Audivi etiam, qui hanc Sesostri
Statuam tribuant, quam Cambyses mutilaverit. Reliquum
Corpus sedet, & quotidie insonat oriente Sole, quem sonitum 225
dixeris similem diruptae chordae in Lyra vel Cytharâ. Und
nebst ihm Philostratus in Leonibus. Memnon in Aethiopiâ
deformatus est in lapidem nigrum, sedentis in habitu, solari-
bus radiis ubi Statua contingitur, veluti plectrum incidens
Sol in Memnonis os, elicit inde vocem. Besiehe Strabon. lib. 230
13. Plin. lib. 10. c. 26. & l. 26. c. 7. Philostrat. lib. 6. c. 3.
Tacit. 2. Ann. 61.
    v. 67. Des Apis Seule kehrt der Sonne sein Gesicht.) Daß
dergleichen Bild in Egypten gewest / auch dergleichen
durch die Bau-Kunst / und andre Magnetische Mittel ge- 235
macht werden könne / ist aus Kircher. tom. 2. part. 2. class.
8. cap. 3. l. 1. 2. pragm. 6. p. 331. zu sehen.
    v. 68. 69. Die Sonne geht auch nicht ie auf: daß man nicht
sie Serapens Bild sieht küssen.) Beroaldus in Apulejum:
Apud Alexandriam templum fuit Serapidis opere fornicario 240
constructum & mirâ arte visendum: in quo simulachrum
Dei ita erat vastum, ut dextrâ unum parietem, alterum
laevâ perstringeret: quod ex omnibus metallorum ligno-
rumûque generibus compositum ferebatur. Erat etiam dolo
& arte composita fenestella, ab ortu Solis ita aptata, ut 245
radius Solis per eam directus, os & labra Serapidis illu-
straret, ita ut inspectante populo, osculo salutatus à Sole
videretur. Die Arth dergleichen nach zumachen gibt Kircher. all. loc. pragm. 5. p. 329. 330. an die Hand.
    v. 70. 71. 72. Und Ströme süsser Milch aus hundert Brü- 250
sten flüssen.) Warumb sie die Isis mit so viel Brüsten abgebildet / lehret Macrobius: Continuatis Uberibus corpus Deae
omne densatur, quia vel Terrae, vel rerum naturae alimento
nutritur universitas. Daß aber in Egypten auf dem Altare
solch ihr Bildnůs / [158] so bald man die Lichter angezün- 255
det / aus allen Brüsten häuffig Milch gespritzet habe / und
wie dis nachzumachen sey / beschreibt Kircher. cit. loc. §. 2.
prag. 1. p. 332. 333.
    v. 73. Daß Osiris Wein aus dem Altare spritzet.) Ara
Aspide adornata, in quâ igne posito Isis & Osiris vinum & 260

Die fünfte Abhandlung   183

lac fundebant, Aspis vero seu Agathodaemon sibilando applaudebat. Kircher. cit. loc. pragm. 2. p. 333. 334.

v. 79. seqq. Strahlt auch drumb das Elyser Feld.) Virg. l. 6. Aen. v. 640.

> Largior hic Campos aether & lumine vestit   265
> Purpureo: solemque suum, sua sidera norunt.

v. 81. 82. Elissa hat mit ihrem Leben ihr männlich Hertz nicht aufgegeben.) אלאטה heist eine göttliche Heldin / oder eine Heldin Virago. Worvon der Irrthum beym Eusebio entstanden: daß sie Dido auch Origo geheissen. Gleichergestalt   270 irret Servius, welcher Dido für Virago auslegt / und Elissa ihren ersten Nahmen ihr nur als neuen Zunahmen zueignet / den sie erst bekommen hätte / als sie sich ins Feuer gestürtzt. Bochart. in Chanaan. lib. 1. c. 24. pag. 515.

v. 83. Der Dido Schatten irrt.) Dido hat diesen Zunah-   275 men von ihren Zuge aus Phoenicien in Africa bekommen. Sintemal דיד eine Herumbschweiffung / und also Dido so viel als πλανῆτις, eine Herumbirrende heißt. Etliche meinen / dieser Nahme komme דודא oder der Liebe. Von welcher auch der Phoenicische Hercules beym Eusebio in Chro-   280 nic. lib. 1. p. 26. Diodas genennet wird. Bochart. in Chanaan. l. 1. c. 24. p. 515. 516. Selden. Synt. 1. c. 6. p. 188. Von diesem Zunahmen Diodas meldet Hendreich. Carthagin. l. 1. sect. 1. c. 1. p. 20. Phoenices Herculi indidisse, quia invocabatur à Procis, & ex illius numine felix successus in   285 amoribus pendere putabatur.

v. 85. Sie bleibet itzt noch Sonnen-Priesterin &c:) Justin. l. 18. c. 4. meldet: Daß der Dido Gemahl des Hercules Priester / diese würde aber zu Tyrus die erste nach dem Könige gewest sein. Ein solcher Priester war zu Carthago Cartalo,   290 der nach Tyrus dem Hercules die Zehnden gebracht hatte / und hernach von seinem eigenen Vater Maleus gekreutzigt ward. Justin. l. 18. c. 7. Von dem Hercules aber lehret Macrobius. l. 1. Saturnal. c. 20. p. 236. Nec Hercules à Substantia Solis alienus est, quippe Hercules est ea Solis po-   295 [159] testas, quae humano generi virtutem ad similitudinem praestat Deorum. Caeterùm Deus Hercules religiosè quidem & apud Tyron colitur: verum sacratissima & augustissimâ Aegyptii eum religione venerantur, ultráque memoriam,

quae apud illos retrò longissima est, ut carentem initiò co- 300
lunt. Et reverà Herculem Solem esse, vel ex nomine claret.
Heracles enim quid aliud est nisi heras, id est aëris cleos?
quae porrò alia aëris gloria est, nisi Solis illuminatio, cujus
recessu profunditate occulitur Tenebrarum? Praetereà sacrorum administrationes apud Aegyptios multiplici actu multi- 305
plicem Dei asserunt potestatem significantes Herculem hunc
esse τὸν ἐν πᾶσι καὶ Διὰ πάντων ἥλιον.

v. 89. Ihres Ehherrns Geist / den des Brudern Mord-Beil
fällte.) Wie der Dido Bruder Pygmaleon, oder vielmehr
פוגמעלין Pugmalion, das ist die Ruhe vom höchsten Gott / 310
sec. Bochart. in Chanaan. l. 1. c. 3. p. 370. ihren Eh-Mann /
welcher Sichaeus, Sicharba, Acerba, Acerva hin und wieder
genennt wird / seiner Schätze halber ermordet habe / beschreibt Justin. lib. 18. c. 6.

v. 91. 92. 93. Weil sie ihr das Oel des Lebens.) Als Hiar- 315
bas König in Mauritanien die Dido mit Gewalt heyrathen
wolte / und auf den Verweigerungs-Fall Krieg ankündigte;
die Carthaginenser auch selbst zur Heyrath geneigt waren /
baute sie ihr mitten in der Stadt einen Holtzstoß auf /
schlachtete unter dem Scheine ihres Gemahles Geist zu ver- 320
söhnen viel Opfer ab / und durchstach sich auf dem Holtz-
Stosse mit Vermeldung: Nun gienge sie zu ihrem Ehmanne.
Worauf sie Carthago als eine Göttin verehret. Justin. lib.
18. c. 6. Aber Virgil. l. 4. Aen. tichtet: daß sie sich aus Sehn-
sucht gegen ihrem geliebten Aeneas getödtet habe. Da doch 325
Servius berichtet: Aeneas were 340. Jahr für Erbauung der
Stadt Rom (welche doch nur 40. Jahr jünger als Carthago gewest sein sol) in Italien kommen. Alleine Bochart führet in
einem Briefe / oder vielmehr in einem gelehrten Tractat aus:
daß Aeneas nicht einmal aus Asien / weniger in Italien oder 330
Africa kommen sey. Der Dido Verbrennung aber vergleicht
Florus l. 2. c. 15. n. 7. den Todt der Asdrubalischen Gemahlin.

v. 97. Die Ochsen und den Pflug zur Saate Furchen machen.) Die Zerstörung dieser mächtigen Stadt beschreibt 335
Vellej. Patercul. lib. 1. cap. 12. 13. Flor. l. 2. c. 15. in fin. daß
aber ein Pflug über ihre [160] Brandt-Städte gefahren
(Aratrum passam esse) Modestinus in l. 21. A. quib. mod.
ususfr. amitt. gleichwol hat Julius Caesar durch Andeitung
eines Traumes Carthago wieder zu erbauen ihm fürgesetzt / 340

Die fünfte Abhandlung 185

Keyser Augustus auch solches volstrecket. Appian. d. l. c. 61. p. 85. Dio lib. 43.

v. 98. Wo vor mein Ochsenfell so weit geprånget hat.) Dido Lybiam appulsa, cum ab Jarba pelleretur, petiit callidè, ut ad urbem communiendam venderet tantum terrae, quantum possit corium bovis amplecti. Quod cum ille promisisset, corium in tenuissimas corrigias sectum tetendit, occupavitque stadia viginti duo. Herodian. l. 5. Justin. l. 18. p. 158. Appian. l. 1. de bell. Pann. in princ. Virg. 1. Aen. v. 371. Nascimbenius muthmaßt: dieser Platz sey umb Ochsen oder ihre Leder ertauscht worden. H. Junius c. rei nummariae; Dido habe von Ochsen-Leder Geld (welches D. Hieronymus Scorteos heißt /) andere sie habe auf Geld Ochsen gepregt / in dem Pecunia auch à pecude den Nahmen bekommen håtte. Cael. Rhodigin. l. 10. c. 2.

v. 103. 104. Die hôher sich als vierzig Ellen strecken.) Die Stadt Mauer zu Carthago ist zwey und zwantzig Ellen dicke / und / wie Appian. lib. de bell. Punic. wil / dreißig / nach dem Diodor. Sicul. und Orosio l. 4. c. 22. vierzig Ellen hoch gewest; wovon Maro. 4. Aen.

> – pendent Opera interrupta, minaeque
> Murorum ingentes, aequataque machina Coelo.

Also / daß Scipio sie mit zwey Stoß-Bôcken / an derer iedem dreytausend Månner gezogen / erschellen mûssen. Diese Mauer war ûber dis gewôlbt: daß zu unterste dreyhundert Elefanten / darûber viertausend Pferde stallen / und ihr Futter aufhalten / zu oberste aber viertausend Reiter und zwanzig tausend Fuß-Knechte wohnen konten. Strabo lib. 27.

v. 107. Wird man in ihm zermalmen jeden Stein.) Orosius lib. 4. c. 23. sagt von der Stadt Carthago Einåscherung: Omnibus muralibus Lapidibus in pulverem etiam comminutis, aratrum passa est. Die Uhrsache ist ex Vellej. Paterc. l. 1. c. 12. zu nehmen: neque se Roma, jam terrarum orbe superato, Securam speravit fore, si Nomen usquam stantis maneret Carthaginis adeò Odium certaminibus ortum ultra metum durat, & ne in victis quidem deponitur, neque ante invisum esse desinit, quam esse desint.

---

343 geprånget – vielleicht: gegråntzet (vgl. V 98).

186   Anmerckungen

[161] v. 119. Den Muth des Asdrubal sehn seines Weibes
weichen.) Florus. lib. 2. c. 15. n. 16. 17. Deploratis novis- 380
simè rebus quadraginta se millia Virorum dediderunt.
Quanto fortius Foemina & Uxor Ducis? quae comprehensis
duobus Liberis à culmine se Domûs in medium misit Incen-
dium. Wie des Asdrubal Gemahlin sich dem Scipio gegen
über auf die Mauer gestellt / und auf ihres Eh-Manns Zag- 385
haftigkeit geflucht. Beschreibt Appian. de Bell. Punic. c. 59.
p. 82.
    v. 129. Und zu Carthagens Brand' itzt Holtz und Schwe-
fel trågt.) Daß Masanissa eine grosse Uhrsache des zerstörten Carthago gewest / ist ex Fragmentis Polybii p. m. 1522. 390
zu sehen: Μασσανάσθην δὲ Καρχεδόνι αἴτιον τῆς Ἀνα-
στάσεως: γένεσθαι πάμαν αὐτὴν ἀσθενῆ Ῥωμαίοις ὑπολίσ-
ποντα.
    v. 131. 132. Masanissa den die Stadt Carchedon auferzo-
gen hat.) Dieses berichtet Appian. de Bell. Punic.   395
    v. 137. Ich sehe's Joch schon seinen Enckel zihn.) Nemlich
Jugurtha Masanissens Sohnes-Sohn / welcher von Römern
überwunden / und in Ketten nach Rom geschleppet worden.
Salust. de bell. Jugurth. c. 114. Florus l. 3. c. 1.
    v. 140. seqq. Die Sicherheit wird Rom nach diesem Kriege 400
in Schlaff und Faulheit wiegen ein.) Wie Florus lib. 4. vom
stehenden Carthago mit dem Scipio wider den Cato gar
recht geurtheilt: Poenorum hostium imminentem metum disciplinam veterem continuisse; also ist von dem zerstörten
wahr: Potentiae Romanorum prior Scipio viam aperuerat, 405
Luxuriae posterior aperuit, quippe remoto Carthaginis metu,
sublatâque Imperii aemulâ, non gradu sed praecipiti cursu
à virtute descitum, ad vitia transcursum; vetus Disciplina
deserta, nova inducta; in Somnum à Vigiliis, ab armis ad
Voluptates, à Negociis in Otium conversa Civitas. Vellej. 410
Paterc. lib. 2. in princip. Eben diß meinet Livius in Praefat.
Salust. in Catilin. & Jugurth. Augustin. de Civit. Dei l. 2.
c. 18. & l. 3. cap. 19. & 21. Und insonderheit drücket diß
Juvenal. Satyr. 11. wol aus:

        Praestabat castas humilis Fortuna Latinas   415
        Quondam, nec vitiis contingi parva sinebat
        Tecta labor, somníque breves, & vellere Tusco
[162]   Vexatae duraeque manus, ac proximus urbi

Die fünfte Abhandlung 187

Hannibal, & stantes Collina in turre Mariti.
Nunc patimur longae pacis mala: saevior armis   420
Luxuriae incubuit, victumúque ulciscitur Orbem;
Nullum Crimen abest, facinusúque Libidinis ex quo
Paupertas Romana perit, hinc fluxit ad istos
Et Sybaris colles, hinc & Rhodos & Miletos;
Atúque coronatum & petulans madidumque Tarentum. 425
Prima peregrinos obscoena Pecunia mores
Intulit, & turpi fregerunt saecula luxu
Divitiae molles, quid enim Venus ebria curat?

Die Weiber blieben keusch / als Rom noch dürftig war /
Die Hütten kamen nicht durch Laster in Gefahr   430
Bey Arbeit / wenig Schlaff / als stetes Wolle spinnen
Die Hånde hårtete / wie die Colliner Zinnen
Von Månnern Tag und Nacht bewachet musten sein /
Weil Hannibal war dar. Itzt spielt sich Unheil ein
Bey allzulanger Ruh. Die Schwelgerey bekrieget   435
Uns årger / als kein Feind / aus Rache / daß besieget
Von uns die Erde ward. Rom wird von Brunst gekwålt /
Kein Laster geht ihm ab / seit dem ihm Armuth fehlt.
Was's üppige Tarent / das sich mit Balsam schmieret /
Was Rhodos / Sybaris / Milet für Wollust rühret /   440
Der frembden Sitten Koth ward in die Stadt gebracht
Durch ihr besudelt Geld. Des schnöden Reichthums Macht
Hat durch Verschwendungen verterbet Sitt- und Zeiten.
Denn Brunst und Trunckenheit spinnt tausend Uppigkeiten.

v. 145. Der Gothen Sündfluth und der Schwarm der 445
Wenden.) Die Wenden / als sie unter dem König Wismar
von den Gothen geschlagen worden / haben sich in Ungern
gesetzt / hernach hat sie Carocus und Gondigisilus mit dem
Anhange der Alanen und Schwaben in Franckreich / und so
fort in Spanien geführt. Diese sind hernach von Bonifacio 450
dem Landvogte in Africa welchen Aëtius der Placida
der Meuterey beschuldigte / zu Hülffe beruffen / und von
Genserico im Jahr 426. dahin geführet / von ihnen Carthago und Numidien erobert / ihr Reich aber im Jahr 534.
unter dem Könige Gilimer durch Belisarium wieder zerstöret 455
worden. Hornius in Arc. Noae. p. 173. 188. Jonston. Polyhist.
Theo-[163]dos. jun. p. 612. Endlich hat Keysers Justiniani

Feld-Hauptmann Salamon die Wenden gar aus Africa verjagt. Jonston. d. l. p. 665. Daß aber Sisebutus der West-Gothen Kŏnig in Spanien / ungeachtet seine Vorfahren Alaricus und VValia durch Sturm und Ungewitter auf der See theils darvon zurück getrieben / theils ersäuft wurden / umbs Jahr 614. in Africam übergesetzet / und Mauritaniam Tingitanam erobert / erzehlet Saavedra Coron. Gotic. p. m. 319. 320.

v. 148. 149. Als Carthago dessen Grauß.) Diß / und wie fast kein Reich in der Welt so viel Verånderung / als dis Theil in Africa / gelitten / die Rŏmer von Wenden und Goten / alle von den Arabern / vom Abenchita seinen Sŏhnen / hernach vom Abu Haf, Beni Habdul Guadi vertrieben / sein Sohnes Sohn Abraham zu des Tunetanischen Reichs Kŏnige gekrŏnet / und Mulcy genennet worden; beschreibt Thuan. l. 7. p. m. 147. seqq. Horn. Arc. Noae. p. 367. 368.

v. 152. Mutzens Fahnen werden leuchten wo Iber und Bŏtis rinnt.) Als Don Rodrigo der West-Goten Kŏnig in Spanien im Jahr 712. des im Gotischen Africa statt sein herschenden Grafen Julians Tochter / oder (wie etliche wollen) Ehweib Florinda zu Pancorvo genothzŭchtiget hatte / verband er sich mit den Sŏhnen des vorigen Kŏniges VVitiza, welchem Rodrigo die Augen ausstechen / und im Gefångnŭsse sterben lassen / und begehrte von des Emir Elmumenina Ulit seinem Africanischen Land-Vogte Muza Abenzair wieder ihn nur Hŭlffe. Dieser Muza, nach dem er durch (Anfangs zugegebene 400. Fuß-Knechte / 100. Reuter) an der Spanischen Kiste einen reichen Raub gethan hatte / schickte dem Julian unter dem Tarif Abenzarca 12000. Mann zu / eroberte Calpe / Gibraltar / Tartesso / schlug und erschlug des Kŏnigs Bruder und Feld-Hauptmann Don Sancho, nam Sevilla ein. Endlich schlug er auch das von dem Kŏnige Ihm entgegen gefŭhrte Heer durch Verråtherey; in dem des VVitiza Sŏhne / und Don Oppas Ertz-Bischoff zu Sevilla (welche sich zu des Rodrigo Feld-Obristen bestellen lassen) bey erhitzter Schlacht zum Julian überfielen. Der Kŏnig selbst / als er über den Fluß Guadalete überschwimmen wolte / ersoff. Hierauf gieng Ecija, Cordua, Malaga, Granada, Murcia, Toledo über / und Muza Abenzair kam selbst mit 12000. Mann in Spanien /

Die fünfte Abhandlung 189

und nam Medina Sidonia, Carmona (wie-[164]wol durch 500
Betrug des Julian) Bejade Portugal; sein Sohn Abdalasis
ein Jüngling von unbeschreiblicher Hertzhaftigkeit / aber
Denia, Alicante, Huerta, und Valentia ein. Inzwischen als
Muza und Tarif mit einander wegen des Ruhms ihrer Siege
und Eroberung der Stadt Saragossa zweytråchtig wurden /
und beyde ihre Sachen für dem Ulit auszuführen nach Af- 505
rica zurück kehrten / ward Abdalasis zum Land-Vogt in
Spanien vom Naber bestellt / welcher des Rodrigo Knig-
liche Wittib Egilona heyrathete / und auf ihr Einrathen als
König zu Sevilla den Thron bestieg. Saavedra Coron. Gotic.
p. m. 460. 503. 510

v. 156. Wenn der Philipp ihm vermåhlt Ferdinands Erlauchtes Blutt.) Wie durch des Ferdinandi Catholici Heyrath
mit der Isabella aus Castilien / und seine Tochter die Spa-
nische Monarchie gegründet / und durch Verheyrathung seiner Tochter Johannae mit Philippo auf das Ertzhaus Oeste- 515
reich versetzet worden / ist bekand: Lorenzo Gracian. in
Fernando fasset von ihm p. m. 64. zimlich viel mit diesen
Worten zusammen: El verdadero Hercules fue el Catholico
Fernando, con mas hazannas que dias, ganava a Regno un
anno, y adquirió por herencia el de Aragon, por dote de Ca- 520
stilla, por valor el de Granada, por felicidad la India, por
industria a Napoles, por Religion a Navarra, y por su gran
capacidad a todos.

v. 165. 166. Diese müssen Africa von der Tyranney und
Ketten / die ihm Omar leget an.) Omar der dritte Arabische 525
Chalifa nach dem Muhammed hat zu erste den Fuß in Africam gesetzet / Tripolis in Barbarien (also ist Numidien
von der Wüsten Elbarbar oder ihrer unahrtigen Sprache genennt worden) erbauet / dem Muhammed zu Jerusalem
einen Tempel gebauet / und sich zum ersten Emir Elmu- 530
menina, das ist / den Fürsten der Rechtglåubigen genennet.
Hornius Arcâ Noae. p. 343. 344. Sansovin nel l'Historia de'
Turchi. p. 220.

v. 167. 168. Es wird der fünfte Carl durch seine Sieges
Fahnen die Tunis / Tripoli / Biserta / Aphradiß.) Die Kriege 535
und Siege Caroli V. im Königreich Tunis beschreibt Thuan.
lib. 7. Bugia und das Königreich Oran hat des Ferdinandi
Catholici Feld-Herr Petrus Navarrus unter dem Könige

190 *Anmerckungen*

Abdurrhamel, und hernach auch Tripoli erobert. Horn. Arc.
Noae. p. 369. 370. 540
[165] v. 171. 172. Amidas muß den Fuß des andern Philips
küssen.) Wie König Philippus II. im 1573. Jahre durch den
Johannem Austriacum Tunis eingenommen / Biserta erobert /
den König Amidas mit seinen Söhnen nach Neapolis gefangen geführt / den Mehemet dem Königreich Tunis fürge- 545
setzt / Goleta gebauet / beschreibet Thuan. l. 55. Strada.
Bell. Belg. dec. 1. lib. 10. p. 519. welches alles aber das Jahr
hernach wieder verlohren gegangen. Thuan. lib. 58.
    v. 185. Wie Europens Keyser-Vogel Donnerkeil' und
Flammen blitzt.) Daß der Adler bis in Himmel flüge / unter 550
den Sternen sein Nest mache / und daher ἠψεπέτης und
Jovis armiger genennt worden / ist nicht nur ex Apulej. l. 1.
Floridor. Horo. l. 2. c. 53. sondern aus Abdiâ. v. 4. Proverb.
23. 5. Jerem. 49. 16. Job. 39. 30. bekand; Weil den Adler
auch Pindar. Olymp. 13. οἰωνῶν βασιλῆα und Pythic. 1. 555
ἀρχὸν οἰωνῶν, Smyrnaeus l. 3. v. 353. προσφερέστατον nennet / und Aristophanes in Equitib. Act. 3. von ihm also redet: Αἰετὸς ὡς γίνει, καὶ πάσης γῆς βασιλευσης; Ja die
Thebaner in Egypten ihn Göttlich verehret / Diodor. Sicul.
lib. 1. Τὸν δ' ἀετὸν θηβαῖοι τιμῶσι, Διὰ τὸ βασιλικὸν εἶναι 560
δοκεῖν τοῦτο τὸ ζῶον, καὶ τοῦ Διὸς ἄξιον. Und die Araber
ihm einen Tempel gebauet / wie ex Talmudicis Bochart. tom.
2. Hieroz. l. 2. c. 1. p. 163. ausführet; ist sich nicht zu wun-
dern; daß auch die Römer den Adler genennet

– – – – ministrum fulminis alitem, 565
    cuî Rex Deorum Regnum in aves vagas permisit.
                                    Horat. l. 4. Od. 4.

Und daß selbten C. Marcius alleine zum Zeichen der Legio-
nen / welche vorher Wölffe / Pferde / und dergleichen Thiere
gebraucht / lehret Plin. l. 10. c. 4. Wiewol schon Tarquinius 570
Priscus oben auf seinem Zepter einen Adler geführet. Rosin.
Antiqu. Rom. l. 7. c. 3. p. 1091. Daher auch durch die Adler
die Römischen Heere selbst verstanden worden. Dempster.
Paralipom. ad Rosin. l. 10. c. ult. p. 1719. Die Keyser auch
die Adler mit Perlen auf ihre Schuch stücken liessen. Curo- 575
palates s. Georg. Codin. libr. de Offic. Aul. Constantinopol.

568 selbten = selbigen (vgl. Anmerckungen V, Zeile 772).

Die fünfte Abhandlung 191

p. 55. Nicephor. Gregor. lib. 4. welches niemand sonst thun dorfte. Corippus. l. 2. Num. 4. Auch [166] ward bey der Keyser Apotheosi ein Adler aus dem Holtzstosse gelassen / welcher ihre Seele in Himmel tragen solte. Dio lib. 56. Arte- 580 midor. lib. 2. c. 20. Dempster. ad Ros. l. 3. c. 18. in fin. Auch ist bey den Römern in den Siegeln das Signum Reip. ein Adler gewest. Schild. ad Sueton. August. c. 94. p. 300. n. 4. Besihe von den Adlern Lipsium de Milit. Roman. lib. 4. Dialog. 5. und Dempster. in Paralip. in Rosini. l. 10. c. 585 ult. p. 1718. 1719.

v. 186. Wenn der Africaner Schutzthier.) Daß durch den Crocodil Egypten abgebildet worden / und deswegen Key- ser Augustus nach dessen Eroberung Geld mit einem Palm- Baume und einem Crocodile pregen lassen lehret Kircher. 590 Obelisc. Pamphil. lib. 4. Hierogrammatism. 9. p. m. 307. die Uhrsache ist / weil in Egypten und sonderlich zu Arsinoe (welche Stadt auch deswegen Crocodilopolis geheissen) ein in einer See ernehrter und von den Priestern gezähmter Crocodil als heilig / so wie von den Herocleoten dessen 595 Feinde die Ichnevmones verehret worden. Ex Strabone Kir- cher. Oedip. Aegypt. tom. 1. Syntagm. 4. c. 17. p. 354. be- richtet: daß / als sie diese Verehrung unterlassen / Egypten von den Crocodilen über Gewohnheit belästigt worden. Weil nun aber dieses Thier auch in andern Africanischen 600 Ländern zu finden; Plin. l. 5. c. 1. wird es gantz Africae zugeeignet. So wie Asien das Camel / Europen das Pferd. Noch gemeiner aber wird Africa durch einen Drachen vor- gebildet. Worauf Flor. l. c. 2. 20. zielet: quod quasi in Vin- dictam Africae nata mirae magnitudinis serpens posita apud 605 Bragadam Romanorum castra vexaret. Hieher aber gehöret sonderlich: daß der Adler die Drachen / welches doch sonst unerschrockene Thiere sind / mit dem blossen Geräusche der Flügel verjage; wie ex Aelian. l. 2. c. 26. Phil. c. 1. Bochart. tom. 2. Hierozoic. lib. 2. c. 2. p. 170. berichtet. 610

v. 223. 224. Schont doch der Römer nicht / der iedes Grab zerbricht.) Violatio Sepulchrorum Crimen publicum est, & ad Legem Juliam de vi publica pertinet. l. 8. A. de vi publ. & Constantinus Imp. Mulctam viginti Librarum Auri in Judices, qui hoc Crimen non vindicarunt, constituit. l. 3. C. 615 de Sepulc. viol. Daher die Atheniensischen Gesandten beym Livio lib. 31. wieder den König Philip in Macedonien der versehrten Gråber halber heftig reden und ihn beschuldigen: quod omnia simul divina humanaque Jura pollueret. Dessen ungeachtet kunten die Cartha-[167]ginenser von den Rô- 620 mern die Verschonung ihrer Gråber nicht erbitten / mit der Erklårung: Se perire velle, modo ut Deorum Templis Monumentisque parcatur. denn die Rômer antworteten: concessuros se, ut parentandi Caussa veniant ad Sepulchra, reliqua se diruturos. 625

v. 226. 227. Die Flammen muß ieder Mensch verehrn / der Gott ein Opffer bringt.) Von den Persen meldet Strabo: daß sie bey allen Opffern das Feuer als τὸν θεὸν πρῶτον, wie die Rômer den Janus angeruffen. Selden de Diis Syr. Synt. 2. c. 8. p. 320. Besiehe Cael. Rhodigin. Lect. antiqu. l. 15. 630 c. 15.

v. 230. 231. Die Glutt vertrit auf Erden der Sonne Gûtt' und Ampt.) Symbolum Divinitatis erat Chaldaeorum Ignis, Solis Caelorum Regis ἀπορρὼξ, Vicarius s: Signum. Cum enim ob coelestium Corporum distantiam Sacra eis ad votum 635 fieri haud ita commodè potuerunt, Symbola hujusmodi congrua in eorum honorem consecrare pium esse judicabant. Selden in Proleg. c. 3. p. 49. 50.

v. 232. Kein Thier als nur der Mensch braucht Feuer.) Scientissimum est: Hominem, quia immortale & coeleste 640 Animal sit, Igne solum uti, qui nobis in Immortalitatis Signum datus est, quia Ignis ex Coelo est: cujus natura, quoniam mobilis est & sursum nititur, vitae continet rationem. Caetera verò Animalia, cum tota sint mortalia, tantummodò aquâ utuntur; quod est Elementum corporale 645 atque terrenum: cujus natura, quoniam item mobilis est, se deorsum vergit, figuram mortis ostendit. &c. Caelius Rhodig. d. l. 15. c. 15. p. 800.

v. 232. 233. Es kwillt sein Wesen vom Gestirn.) Ex Igne tot collucentium Stellarum Oculi. Plin. l. 2. c. 5. daher ist 650 getichtet; daß Prometheus seine Fackel an der Sonne angezûndet / und das Feuer auf die Erde bracht habe. Besiehe Coelium de Mineral. l. 3. c. 7. sect. 20. p. 393.

v. 233. Es reinigt was beflecket.) Linum vivum in Ignem conjectum non extingvitur, sed splendescit. Plin. l. 19. c. 1. 655

v. 235. Der Anfang / in den sich auch alles åschert ein.) Der Perse Euphrates beym Dioscorides Antholog. 3. c. 4. verboth seinen Leib zu verbrennen / und befahl ihn zube-

Die fünfte Abhandlung 193

graben / darmit er das Feuer mit seiner Leiche nicht befleckte. Denn / sagte er / Πῦρ δὲ μιῆναι, ἡμῖν τοῦ χαλεποῦ πικρότερον θανάτου. Sed Heracli-[168]tus, qui Ignem prodidit rerum principium, in eundem Corpora resolvi debere, pronunciavit. At qui Aquae principem locum dedit Thales, Cadaverum Obruitionem comprobat, quo humore valeant resolvi. Coel. Rhodigin. l. 17. c. 21. p. 935.

v. 236. Welch ein gelücklich Grab wird uns die Glutt nun sein.) Die Carthaginenser verbrennten nicht ihre Leichen / sondern vergruben sie. Wiewol / daß sie auch gar zeitlich τὴν νεκροκαυστίαν, oder die Todten-Verbrennung gebraucht / aus dem / daß Sec. Virg. l. 4. Aen. sich verbrennt haben sol / wie auch aus Justino lib. 19. c. 1. n. 10. (allwo aber sec. Kirchmannum & Berneccerum, ibid. der Orth umbgekehrt zu lesen ist) allwo Darius den Carthaginensern die Verbrennung der Todten gebeuth / die Beerdigung aber abstellet. Besiehe hiervon ausführlich Hendreich. Carthag. lib. 2. sect. 1. cap. 9. p. 277. seqq.

v. 246. Eh aus ihnen man läßt frembde Götzen machen.) Die Abgöttischen Heyden waren in ihrem Götzendienste sehr Zweyträchtig. Woher gehöret der schöne Orth Athanasii Orat. contr. Julian. Omne dissidium bellumque continuum inter Aegyptios aestuans, originem à diversitate animalium, quae adorabant, duxisse arbitror. Crocodilus enim, qui ab aliis ut Deus colebatur, ab aliis velut summum malum, ac execrandum animal odio erat & abominationi. Leopolitani Leonem adorabant, quem Collimitani uti crudelem Belluam ad perdendum inquirebant; in diversis enim partibus, diversas bestias cultas ostendit Diodorus. Bos quidem in Memphi; Mnenis Heliopoli; Hircus in Mendete; ad lacum Meridem Crocodilus, Leo in Nomo Leontopolitano. Hierumb nennt Tacit. Hist. 1. c. 11. Egypten Superstitione discordem. Deswegen sie auch einander stachlicht durchgezogen; wie fürnehmlich Anaximander de Rhodiano:

Bovem colis; Deis ego macto bovem,
Tu maximam anguillam Deum putas, ego
Obsonium credidi suavissimum.
Carnes suillas tu caves, at gaudeo
His maximè; canem colis, quem verbero.

194 *Anmerckungen*

Und war es zu Rom halsbrůchich frembden Gottesdienst ein-
fůhren. Posthumius apud Livium l. 39. Quoties hoc patrum
avorumque aetate negotium est Magistratibus datum, ut 700
sacra [169] externa fieri vetarent? sacrificulos vatesque
foro, circo, urbe prohiberent? vaticinos libros conquirerent,
comburerentque: Omnem Disciplinam sacrificandi, praeterquam more Romano abolerent? Add. Dionys. Halicar. l. 2.
p. m. 91. Sueton. Augusto. c. 93. Peregrinarum Ceremonia- 705
rum, sicuti veteres ac praeceptas reverentissimè coluit, ita
caeteras contemtui habuit. Et: At contra non modo in pera-
grandâ Aegypto paullum deflectere ad visendum Apin
supersedit; sed & Cajum nepotem, quod Judaeam praeter-
vehens, apud Hierosolymam non supplicasset, collaudavit. 710
Hingegen wurden Superstitionis externae Rei, wie Pomponia
Graecina angeklagt / und bestrafft. Tacit. 13. Ann. c. 32. &
lib. 2. Ann. c. 85. Actum & de Sacris Aegyptiis Judaicisque
pellendis: factumque patrum consultum, ut quatuor millia
libertini generis eâ superstitione infecta, quis idonea aetas, in 715
Insulam Sardiniam veherentur, coercendis illic latrociniis,
& si ob gravitatem coeli interissent, vile damnum: caeteri
cederent Italia, nisi certam ante diem profanos ritûs exuis-
sent.

v. 247. Rom das an einen Stein glaubt.) Dis kan verstan- 720
den werden vom Jove Lapide, bey welchem die Herolden
schwuren. Diesen Eyd beschreibt Polybius lib. 3. c. 25. Auch
zielet es auf den die Mutter der Gôtter abbildenden Stein /
der vom Himmel gefallen sein sol / und von Pessinunt nach
Rom geholet worden. Welches Arnobius lib. 7. contra gentes 725
p. 737. 738. artlich durchzeucht: Allatum ex Phrygiâ nihil
quidem aliud scribitur missum rege ab Attalo, nisi Lapis
quidam non magnus, ferri manu hominis sine ulla impres-
sione qui posset: coloris furvi atque atri, angulis prominenti-
bus inaequalis: & quem omnes hodiè ipso illo videmus in 730
signo oris loco positum, indolatum, & asperum, & simulacro
faciem minùs expressam simulatione praebentem. Quid ergo
dicemus? Hannibalem illum Poenum, sub quo dubia res
Romana contremuit, Lapis ex Italia depulit, Lapis fregit,
Lapis fugacem ac timidum suíque esse dissimilem fecit? &c. 735
Et quis hominum credat terrâ sumtum lapidem sensu agita-
bilem nullo, fuliginei coloris atque atri corporis, Deûm fuisse

Die fünfte Abhandlung 195

matrem? aut quis rursus accipiat Numinis alicujus habitasse
in silicis fragmentis molem subjectam, venisque in ejus ab-
strusam? Et unde parta [170] victoria est, si Pessinuntio La- 740
pidi nullum inerat Numen? Alleine dieser Thorheit sind
nicht nur die Römer schuldig. Siquidem erat vetustissimus
Graecorum mos, Saxa sive quadrata, sive rudia, saltem
aliam quam Saxi speciem prae se non ferentia, pro simulachris ponere, neque aliter quam simulachris divinum hono- 745
rem exhibere. Pausanias in Achaicis. Selden in Prolegom.
c. 3. p. 49. Zu Edessa ward auch der Sonnenstein / welcher
vom Himmel gefallen sein solte / im steinichten Arabien ein
Stein / der den Gott Mars andeutete / in Thracien einer /
darinnen des Hercules Fußstappen sein solte / zu Rom für 750
der Capuanischen Pforte ein Stein / welcher / weil er Regen
bringen solte / Manalis hieß / von Sycioniern ein zugespitz-
ter Stein an statt Jupiters / von Paphiern ein einem Nabel
ähnlicher Stein an statt der Venus / in Persien ein aus dem
Flusse Araxes genommener Stein / welcher von Anrührung 755
des Opffer-Messers gebluttet haben solte / Göttlich verehret.
Gleichergestalt sol bey Goa der Stein Manganaco, und in
Geamaca drey andere Steine / deren einer Regen bringen /
der ander die Geburth-Schmertzen stillen / der dritte denen
Erdfrüchten helffen sol / angebetet werden. Ulyss. Aldro- 760
vand. in Musaeo Metallico. lib. 4. p. m. 539. seqq.

v. 248. seqq. Das Gadens Heiligthum des Oelbaums hat
beraubt.) Philostratus in Vit. Apollon. lib. 5. c. 1. erzehlet:
daß in des Hercules Tempel zu Gades des Pygmalions Oel-
baum befindlich gewest sey / welcher rechte Schmaragden 765
auf sich gehabt / die den Oliven gantz gleich gewest. Diesem
ist zu vergleichen der güldene Weinstock / der sich zu Jerusalem im Tempel befunden haben sol. Tacit. l. 5. Histor. 5.
Flor. l. 3. c. 5. Diesen auf fünfhundert Talent gewürdigten
Weinstock sol Aristobulus dem grossen Pompejo geschenckt / 770
Zonar. & Joseph. Antiq. Jud. 14. Pompejus aber in seinem
Asiatischen Siegs-Gepränge selbten umb einen güldenen Berg
in Gestalt eines Gartens geflochten zu Rom eingeführt / und
den Capitolinischen Jupiter gewiedmet haben. Plin. l. 37.
cap. 2. Besiehe Lipsium 2. Elect. 5. Casaubon. Exerc. 16. 775
108. Cunaeum de Rep. Hebraeor. l. 2. c. ult. Dergleichen
güldenen Weinstock mit abhengenden Edelgesteinen haben
die Könige in Persien in ihren Schlafgemache gehabt. Ca-

merar. hor. subcis. f. 1. c. 20. Der grosse Tartersche Cham
aber einen solchen Fichten-Baum. Majol. c. 18. p. 616.

[171] v. 250. Alcidens Bein' auslachte.) Daß des Tyrischen
Hercules Gebeine in seinem Tempel zu Gades verwahret
gewest / lehret Pomponius l. 3. c. 6.

v. 252. Und einer Wölfin ein.) Arnob. lib. 4. p. 596.
Quod abjectis Infantibus pepercit Lupa non mitis, Luperca,
inquit, Dea est Autore Varrone. Ex rerum ergo proventu,
non ex vi naturae Dea ista est prodita? & postquam feros,
morsûs immanis prohibuit bellua, & ipsa esse hoc caepit,
&c.

v. 253. 254. Die Hure Flora wird den Monden hier verdringen.) Arnob. lib. 8. p. 770. 771. Et ut ipse Romulus Im-
perator & Rector Populum suum facinore praecelleret, Par-
ricidium fecit. Haec prima sunt Auspicia religiosa Civitatis,
&c. Romanorum vernaculos Deos novimus. Romulus, Picus,
Tyberinus & Consus & Pilumnus, ac Picunnus. Cloacinam
Tatius & invenit, & coluit: Pavorem Hostilius atque Pal-
lorem; mox à, nesciò quô Febris dedicatâ: haec alumna Urbis istius superstitio, Morbi & Valetudines. Sanè & Acca
Laurentia & Flora, meretrices propudiosae, inter morbos
Romanorum & Deos computandae, &c.

v. 376. 377. 378. Ward doch Amilcar auch vergöttert.)
Amilcar / von dem Herodotus lib. 7. meldet: daß er seiner
fürtreflichen Tugend halber zu Carthago König worden /
lieferte in Sicilien dem Gelo eine Schlacht / er aber blieb im
Lager / und warf von aufgehender Sonne biß zum Ende des
Tages unaufhörlich einen gantzen Körper nach dem andern
ins Opffer-Feuer; als er aber zu letzt die Seinigen fliehen
sah / stürtzte er sich selbst darein; machte sich also durch
Verbrennung unsichtbar. Daher er hernach als ein Gott verehret ward. Hendreich. Carthag. lib. 2. sect. 1. c. 4. p. 231.
233.

v. 380. Melcarthos / weil ich dir kein Erstling schlachten
kan.) Der Tyrische Hercules ward also genennet. Euseb.
lib. 1. Praepar. Τῷ, δὲ Δημαροῦντι γίνεται Μέλκαρθος ὁ
καὶ ἠφακλης. Es heist so viel als ein König der Stadt. Daher
auch die Stadt / welche er bey Calpe gebaut / Melcartheja,
oder מלך־קרתיא genennt ward. Bochart. in Chanaan. lib. 1.
c. 34. p. 682. Die Carthaginenser aber schickten nicht allein
alle Jahr Gesandten nach Tyrus zu des Hercules Feste. Cur-

Die fünfte Abhandlung   197

tius l. 4. c. 2. n. 3. 11. Faber. Semestr. 3. 2. sondern sie 820
schickten auch die Erstlinge und den zehn-[172]den von
ihren Früchten / und der Beute jährlich dem Hercules nach
Tyrus. Diodor. Sic. l. 20. c. 14. Justin. l. 18. c. 7. n. 7. worzu
absonderliche Schiffe ausgelesen wurden. Polyb. in Excerpt.
Legat. CXIV. p. m. 1310.   825

v. 383. 384. Zeuch deinen Helden-Arm nicht von Carthago ab.) Polybius lib. 15. c. 3. p. 964. erzehlt von diesem
Tycheus: Er sey mit dem Syphax vertreulich umbgegangen /
habe unter allen Africanern die geschicksten Pferde zum
Kriege gehabt / und nach dem ihm Hannibal für Augen 830
gestellt: daß seine Herrschafft nur / wenn Carthago siegte /
bestehen könte / wenn aber Rom / solche wegen der Her-
schens-Begierde Masanissens / in Gefahr stünde / mit zwey-
tausend Pferden zum Hannibal gestossen.

v. 409. Hier nimm dir den Ring mit unserm Siegel.) Dis 835
war bey den Sterbenden ein Zeichen besonderer Liebe / ja
des übergebenen Regiments. Also gab Alexander M. Perdiccae seinen Ring. Curt. l. 10. p. 416. spirantíque Tiberio
Caligula detrahebat annulum: & quoniam suspicionem reti-
nentis dabat, pulvinum jussit injici: atque etiam fauces manu 840
suâ oppressit. Sueton. Calig. c. 12. Q. Catulus post dedi-
catum Capitolium somniavit: Jovem in sinum Augusti signum Reip. quod manu gestaret, reposuisse. Sueton. Aug.
c. 94.

v. 424. Warumb ein löchricht Ohr des Adels Merckmal 845
sey.) Bey denen Syrern und Africanern waren die durch-
löcherten Ohren Kennzeichen des Adels. Sext. Empiricus lib.
3. in Pyrrh. Hypot. Inaures gestare à Viris apud Graecos
turpe habetur: apud nonnullos autem ex Barbaris (ut apud
Syros) Nobilitatis est Indicium, usque adeò, ut etiam non- 850
nulli augentes hoc nobilitatis Indicium, nares Puerorum
perforent, & ex illis Annulos argenteos aut aureos appen-
dant. Daher berichtet Xiphilin. in Macrino. p. 361. von ihm:
habuit praeter caetera aurem perforatam, ut est Maurorum
Consuetudo. Wiewol von ihm gleich vorher steht: γονεῶν 855
ἀδοξοτάτων ἦν er habe ungeehrte oder geringe Eltern gehabt. Und ob sich zwar Macrinus beym Herodiano rühmet:
Se ex equestri Ordine ad Imperium ascendisse. So nennt
ihn doch Julius Capitolin. in Macrin. c. 2. humili loco natum, atque animi & oris inverecundum. Und c. 4. berichtet 860

198   Anmerckungen

er ex Aurelio Victore: Macrinum libertinum hominem, Pro-
stibulum, servilibus Officiis occupatum in Domo Impera-
toriâ, venali fide, vitâ sordida sub commodô fuisse, &c.
[173] v. 431. So zeuchne man zu Rom jedweden Knecht.)
Bey den Rômern waren die durchlôcherten Ohren ein 865
Merckmal der Dienstbarkeit / wie das Ringe-tragen der Edlen. Welches beydes Milpho beym Plauto zu verstehen gibt.

Viden' homines sarcinatos consequi?
Atque ut opinor Digitos in manibus non habent.
AGO. quid jam? MIL.quia incedunt cum annulatis Auribus. 870
Lucilius: Nequam est, aurum aures ejus vehementius ambit.

     v. 497. Uns selbst durch tapfern Kampf großmüttig op-
fern auf.) Ein gleichmässig Exempel hat Flor. l. 4. c. 2. n.
69. Juba cum se recepisset in regiam magnificè epulatus,
posterô die cum Petrejo fugae comite, super mensas & pocula 875
interficiendum se ei praebuit. Ille & Regi suffecit & sibi:
cum interim semesi in medio cibi, & parentalia fercula
regiô simul Romanoque sanguine madebant. Senec. de Pro-
vid. 2. 15. alterum alterius manu caesum ait. Auf andere
Arth zwang Hannibal die bey Canna gefangene Rômer: 880
daß sie einander selbst ermorden musten. Appian. de bell.
Annibal. p. 330.
     v. 533. Mein liebster Schatz wie Periandern bleiben.)
Qui uxorem adeò dilexisse fertur, ut etiam cum mortua con-
cubuerit. Suidas. Diogen. Laertius in ejus vitâ.   885
     v. 550. Versôhne durch dein Blutt und deinen blassen
Schatten ihr zorniges Gespenst'.) Also tôdtete sich Aristo-
demos der Messenier Held bey dem Grabe seiner von ihm
ermordeten Tochter. Pausan. in Messen. p. 241. Pyrrhus die
Polyxena auf dem Grabe seines Vaters. Senec. Troad. v. 890
1151. des Marii Bruder ward bey dem Grabe Catuli vom
Sylla durch alle Glieder hingerichtet. Flor. l. 3. c. 21. n. 26.
L. Caesar ward getôdtet beym Holtzstosse Vari. Valer.
Max. q. 2. 2. Ein Freygelassener kaufte des ermordeten
Keysers Galbae Kopf / und warf selbten auf die Grabstätte 895
seines gewesenen vom Galba vorhin hingerichteten Patroni
Patrobii. Sueton. Galb. c. 20. Tac. 1. Hist. 49. Denn sie hiel-

867 Plautus, Poenulus v. 979–981.

Die fünfte Abhandlung   199

ten darfür: daß der Ermordeten erzürnten Geister dardurch
versöhnet würden. Dahero Flor. l. 4. c. 6. n. 3. meldet: Cae-
sarem inultus pater & manibus ejus graves Cassius & Brutus
agebant. & l. 2. c. 5. in fin. Strictae in Principum colla secu-
res, Legatorum Manibus litavêre.

v. 595. Die todte Königin ins Grab zu setzen bey.) Daß
Masanissa Sophonisben prächtig begraben habe / bezeugt
Appian. bell. Pu-[174]nic. pag. 15. wie hernach auch Augustus Cleopatren gethan. Sueton. August. c. 17. wiewol er
gleichwol ihr Bildnůs im Siegs-Gepränge geführet. Propertius.

        Brachia spectavi fixis admorsa Colubris.

v. 604. 605. Du / Laelius / wirst schon mit den Gefange-
nen.) Daß Syphax nach Rom geschickt worden / und / als
ein Theil wegen seiner den Römern in Spannien geleisteter
Dienste ihn zu begnadigen / ein ander Theil ihn wegen sei-
nes Friedenbruchs zu bestraffen riethen / er daselbst aus
Traurigkeit gestorben sey / selbten aber Scipio als einen
Rathgeber wie Cyrus Croesum gebraucht habe / erzehlt
Appian. d. l. p. 15.

v. 613. Die Scipionen solln der Juno Stadt zerstören.)
Flor. l. 2. c. 15. fatale Africa Scipionum nomen videbatur.
Appian. de bell. Pun. c. 50. p. m. 66. welches auch lange
hernach geglaubt worden als die Römer wieder den Antio-
chum, bey dem sich Hannibal (nec Alexandro quidem Ma-
gno postponendus) aufhielt / kriegen solten. Adversus Hannibalem enim Ducem quis melior quam Africani frater
crearetur, cum vincere Poenos opus Scipionum sit? Justin.
lib. 30. c. 4. & l. 31. c. 7. und zu Zeiten der ersten Keysers.
Sueton. Caesar. c. 59. felix & invictum in ea provincia fata-
liter Scipionum nomen ferebatur. Hieher gehöret der schöne
Orth des Spanischen Politici Lorenzo Graciam en el Politico
Fernando: Ayuda mucho ò estorva para conseguir la cele-
bridad esto de las familias: Secreta Filosofia, manifiesto
efecto de la soberana providencia, mas favorable a unas,
que no a otras. Parece, que se heredan assi, como las propie-
tates naturales, assi las morales, los privilegios ò ac haques
de naturaleza y fortuna. Casas ay que llevan con sigo here-
ditaria la felicidad, y otras la disdicha. La de Austria a sido
si empre felicissima, prevaleciendo eternamente contra todas

las maquinas de sus Emulos. La de Valoys al contrario en Francia ha sido desgratiada, no perdonando esta Infelicidad aun a las privilegiadas hembras. Otras Prosapias ay belicosissimas por naturaleza y por aficion, como lo es la de Borbon, Seminario de valerosos, Caudillos. &c:

v. 616. Nimm Kron und Zepter hin.) Diese und andre dem Masanissa von den Rômern gethanen Geschâncke erzehlt Appian. d. l. [175] p. 18. & pag. 63. fast also beschenckten die Rômer den Himilconem Phamaean in dritten Carthaginensischen Kriege / als er zu ihnen übergieng. Appian. d. l. p. 66.

v. 632. 633. Ihr seit aus Silber / Ertzt / Stahl / Thone meine Glieder.) Also sind die vier grossen Reiche der Welt / Daniel. c. 1. v. 31.–40. und absonderlich das Assyrische Dan. 4. v. 8. seqq. endlich wieder alle vier unter vier Thiere Gestalt Dan. c. 7. abgebildet. Welches letztere Gesichte dieses Propheten aber auf eine gantz neue Arth Don Diego Saavedra Faxardo in seiner Spanischen Gothen-Krone pag. 508. umbstândlich von dem WestGothischen Reiche in Spanien ausleget.

v. 635. 636. Mein Babylon ist's güldne Haupt der Welt.) Babylon wird Esaia. 13. 19. das schônste unter den Kônigreichen / Esaia. 14. 4. das Güldene / Jerem. 50. 23. ein Hammer der gantzen Welt / Dan. 4. 27. die Grosse genennet. Seine Mauern waren funfzig / ihre 250. Thürme aber sechzig Ellen hoch. Bochart. in Phaleg. l. 4. c. 13. Der mitten im Tempel des Belus aber stehende Thurm sol / nach dem Hieronymo, viertausend Schritte / nach dem Ado 5174. Schritte / nach der Juden Meinung aber viel Meilen hoch gewesen sein: Besiehe Bochart. d. l. lib. 1. c. 13.

v. 637. Ich bin der Baum der fernern Schatten fâllt als Asien.) Also traumte des Cyri Mutter / ab eâ Vitem enatam, cujus palmite omnis terra obumbraretur. Justin. l. 1. c. 4.

v. 648. Wenn übern Hellespont mein Xerxes Brücken schlâget.) Justin. l. 2. c. 10. in fin. veluti naturae ipsius Dominus & montes in planum deducebat, & convexa vallium aequabat, & quaedam maria pontibus sternebat.

v. 656. Verstâubt Persepolis bis auf kaum vierzig Sâulen.) Wie der berauschte Alexander M. aus Anstifften der Thais das Schloß zu Persepolis selbst angezündet / beschreibt Cur-

tius l. 5. p. 175. Von dieser grossen Hauptstadt sind heute
zu Tage nur noch wenige steinerne Kennzeichen übrig / wel- 980
che die Persier Cehil Minar, das ist / vierzig Säulen heissen /
und entweder von Cyri Palast / oder den Königlichen Be-
gråbnůssen / oder einem Tempel eine Uberbleibung sind /
welche Petro de la Valle nella part. 2. di Persia p. 405. 423.
und Mandelslo in seiner Indianischen Reyse / als welche sie 985
genau besehen / ausführlich beschreiben.

[176] v. 662. Für dem Europa sich und Africa schon bůk-
ket.) Diese in gegenwertigen Trauerspiele berührten Siege
des Scipio haben den wahren Grund zu der Römischen Monarchie gelegt. Dahero vom Scipio Vellej. Patercul. l. 2. c. 4. 990
p. m. 72. meldet: ejusque corpus velato capite elatum est,
cujus operâ super totum terrarum orbem Roma extulerat
caput. Und Flor. l. 2. c. 6. in fin. Sed tamen Annibal cessit;
praemiumque victoriae Africa fuit, & secutus Africam statim terrarum orbis. & l. 2. c. 7. Post Carthaginem vinci 995
neminem puduit. Secutae sunt statim Africae gentes, Mace-
donia, Graecia, Syria, caeteraque omnia, quodam quasi
aestu & torrente fortunae.

v. 664. Weil Hannibal in Krieg der Syrer Haupt verstricket.) Flor. l. 2. c. 8. 5. n. 5. seine zu Antiocho nachdrück- 1000
lich gehaltene Rede hat Cornel. Nepos. circ. princ.

v. 688. Nimm Oesterreich den Siegskrantz hin dein Stamm
wird ewig bey uns blůhn.) Saavedra Coron. Gotic. p. 507.
nennet dis Reich una Monarquia tan grande, que nunca la
pierde de vista el Sol; und p. 512. un Solio, el qual durarà 1005
hasta los ultimos dias del Mundo. Aelius Anton. Nebrissens.
de Ferdin. Aragon. Reg. in Exortat. ad Lector. Alterius orbis magnâ parte exploratâ parum abest, ut Hispaniae atque
Africae Finis occiduus cum orbis terrarum fronte Orientali
adjungatur. Und Thomas Campanell. de Monarch. Hisp. 1010
c. 4. Hispania circuit per Brasiliam, fretum Magellanicum,
Philippinas, Japponem, Chinam, Archipelagus Lazari, Cale-
cuttam, Goam, Bengalam, Ormum; Caput bonae spei, Civi-
tatem Africae, Insulas fortunatas: in eâdem Hispania mundus cum Sole circumagitur; qui horâ quavis aliquam partem 1015
illius Regni illuminat.

FINIS.

ZUR TEXTGESTALT

Der Text der vorliegenden Ausgabe beruht auf dem Erstdruck des Trauerspiels aus dem Jahre 1680 (A):

Daniel Caspers | von | Lohenstein | Sophonisbe / | Trauerspiel. | (Strich) | Breßlau / | Auf Unkosten JEsaiae Fellgibels / | Buchhåndlers aldar. | 1680.

(Exemplar der Württembergischen Landesbibliothek Stuttgart, Sign.: d. D. 8° 7906)

Format: 8°. Bogensignaturen: a–b (unpag.), A–L (pag.)

[a1/a8]	Titelkupfer (Faksimile s. S. 2/3)
[a2ʳ]	Titelblatt (Faksimile s. S. 5)
[a2ᵛ]	leer
a3ʳ–b3ʳ	Widmungsvorrede
b3ᵛ–b4ᵛ	Innhalt	Der ersten Abhandlung.
b4ᵛ–b5ᵛ	Der andern Abhandlung.
b5ᵛ–b6ᵛ	Der dritten Abhandlung.
b6ᵛ–b7ʳ	Der vierdten Abhandlung.
b7ʳ–b8ʳ	Der fünften Abhandlung.
b8ᵛ	Personen	des Trauerspiels.
1– 19	Die erste Abhandlung.
20– 38	Die andre Abhandlung.
39– 57	Die dritte Abhandlung.
58– 77	Die vierdte Abhandlung.
78–100	Die fünfte Abhandlung.
101–117	Anmerckungen	zu	Der Ersten Abhandlung.
117–130	Die andre Abhandlung.
131–140	Die dritte Abhandlung.
140–151	Die vierdte Abhandlung.
151–176	Die fünfte Abhandlung.

In Zweifelsfällen wurde die Ausgabe B (1689) verglichen. Unberücksichtigt blieben die Ausgaben C (1708), D (1724) und E (1733)[1]. Mitverglichen wurde ferner der Text in der historisch-kritischen Ausgabe von Klaus Günther Just.

---

1. D wurde aus Restbeständen von C hergestellt; E ist Titelauflage von C. Vgl. K. G. Just, Bibliographische Einleitung zur »Sophonisbe« im Band *Afrikanische Trauer-Spiele*, S. 237–242.

Zur Textgestalt

Die Wiedergabe des Textes erfolgt unter Wahrung von Lautstand, Orthographie und Interpunktion des Originals. Das Verzeichnis der Textänderungen (s. S. 205) enthält alle vom Herausgeber am Text vorgenommenen Änderungen. Auf einige schwerwiegende Eingriffe wird in den Fußnoten hingewiesen. Stillschweigend ergänzt wurden nur einige Punkte bei den Abkürzungen der Sprechernamen. Auf Differenzen zwischen dem Wortlaut des Textes und den zitierten Textstellen in den »Anmerckungen« wurde nicht ausdrücklich aufmerksam gemacht.

Der Neudruck unterscheidet – im Gegensatz zum Original – zwischen I und J. Folgende Abbreviaturen wurden aufgelöst: m̄ > mm, n̄ > nn, ē > en, uñ > und, neq́; > neque. Das häufig verwendete ɀ ist immer durch r wiedergegeben, ɀc durch etc. Die Ligaturen Æ, æ, œ des Originals wurden durch Ae (bzw. AE im Versalsatz), ae, oe wiedergegeben. Unterschiede in der Schrifttype des Originaltextes, z. B. Wechsel verschiedener Schriftgrade, Initialauszeichnung, Wiedergabe von Eigennamen, Text- und Wortteilen in Antiqua statt Fraktur, konnten nicht beibehalten werden. In den griechischen Textzitaten innerhalb der »Anmerckungen« wurde die heute typographisch ungeläufige Form des kleinen Theta (analoge Form zum Großbuchstaben) durch das heute geläufige ϑ ersetzt.

Bogensignaturen bzw. Seitenzählung des Originals wurden in [ ] angegeben. Die Widmungsvorrede erhielt Verszählung und Kolumnentitel. Die Marginalien der Inhaltsangaben (S. 14–18) wurden in ( ) in den Text einbezogen. Zeilenzählung erhielten die Inhaltsangaben, das Personenverzeichnis und die »Anmerckungen«. Der Kolumnentitel im Text des Originals (links und rechts: SOPHONISBE) wurde durch Aktangaben ersetzt. Die »Anmerckungen« wurden mit Kolumnentiteln versehen. Trotz des Antiquasatzes wurde in der Interpunktion die Virgel (/) beibehalten. Ein Komma erscheint nur dort, wo auch der Originaltext ein Komma setzt (nach Wörtern in Antiqua und im lateinischen und griechischen Text).

VERZEICHNIS DER TEXTÄNDERUNGEN

Widmungsvorrede

Hoch > Hoch- – 70 fůrzu nehmen > fůrzunehmen – 125 aus dem > aus den – 156 Geistz > Geist – 186 Verlåudmung > Verlåumbdung – 267 Aechylus > Aeschylus

Innhalt

4 Numidien Cyrtha in > Numidien/ Cyrtha/ in – 18 Marginalie (4) versehentlich erst zwei Zeilen zu spät > (4) Hierüber – 41 (2) > (1) – 48 zum > zun – 49 f. Masanissen > Masanissens

Personen des Trauerspiels

16 Ver traute > Vertraute – 28 TYCHOEUS > TYCHAEUS – 32 Masanisische > Masanissische – 48 Verhångnůsses der > Verhångnůsses/ der

Die erste Abhandlung

33 selst > selbst – 70 Tramisen > Trasimen – 95 Glůcks > Glůckes – 141 zu/ > zu! – 158 Desalees > Desalces – 162 Desalees > Desalces – 185 Syphax-Burg > Syphax Burg – n. 360 Torquatus. > Torquatus, – 407 auch den > auff den – 415 Lenden > Lenden. – 460 Ist' > Ist – 479 Mann > Man – 548 einen > eine – 582 meide's > neide's

Die andre Abhandlung

40 und das > nun das – 44 begegnen/ > begegnen! – n. 48 Masinischer > Masinissischer – 134 im > in – 137 Opser > Opfer – 201 nnd > und – 224 dem > den – 266 Ausbund/ > Ausbund – 294 umbfaßt > umbfåßt. – 327 ist' > ist – 347 Sophonisbe. > Sophonisbe/ – n. 436 Jupiters. > Jupiters; – Pluto. > Pluto; – Hercules. > Hercules; – 509 mir. > mir:

Die dritte Abhandlung

3 seltenwol > selten wol – 6 stieg/ > stieg – 15 zum > zun – 41 denck > denckt – n. 56 Hierba, der > Hierba. Der – 78 Saft und > Saft von – 242 Rom/ > Rom – 249 gefalln > gefalln. – n. 288 Lælius Mamercus. > Laelius. Mamercus. – 308 Solln/ > Solln – 314 Bogudis > Bogudes – 345 tråu-

met > träumt – 415 Verszählung ergänzt – 458 Beer? > Beer: – 471 Augen > Augen/ – 487 für? > für; – 517 ihm > ihn

Die vierdte Abhandlung

60 Freindschaft-Dunst > Freindschaft Dunst – 71 zum > zun – 89 hütten; > hütten. – 146 süsses > süssen – n. 155 Lælius > Laelius. – 156 nach > nach: – 165 gewehrn' hier > gewehrn; hier – 166 gewehrt; > gewehrt – 193 Zum > Zun – 208 Sophonisbe > Sophonisbe! – 208 ist' > ist – 240 Glück-Stern > Glücks-Stern – 264 dehn > den – 271 blld' > bild' – 305 weißt's > weist's – 335 für > für! – 434 Crocodills > Crocodils – 453 D i s c a l c. > D i s a l c. – 455 Gemütt'. > Gemütt'/ – 500 mühn > mühn. – 508 immer! > immer – 515 noch. > noch? – 520 Kern/ > Kern – 569 Außatz-Fleck > Aussatz-Fleck

Die fünfte Abhandlung

10 Sternen/ > Sternen – 29 ob > Ob – 33 P y t h i a. > E l a g a b. – 41 P y t h i a. > E l a g a b. – 45 P y t h i a. > E l a g. – 50 P y t h i a. > E l a g. – 60 P y t h i a. > E l a g a b. – 75 P y t h i a. > E l a g a b. – 80 geweihet/ > geweihet. – 116 Elissens-Stamme > Elissens Stamme – 138 Palmen Glück > Palmen/ Glück – 242 P y t h. Laßt > E l a g. Laßt – 281 absendet > abgesendet – 353 Saturn/ > Saturn – 359 Rachch' > Rach' – 381 Thychæus > Tychaeus – 550 mein > dein – 599 grosse > grossen – 603 Thron. > Thron/ – n. 618 Verhångnüsses der > Verhångnüsses/ der – 668 zum > zun

Anmerkungen: Die Erste Abhandlung

62 wie > Wie – 72 von > Von – 121 Cretensern/ > Cretensern – 156 f. Lactanct. > Lactant. – 168 Synr. > Synt. – 176 Daß > daß – 185 Idola. > Idolat. – 193 f. Philochoro. > Philochoro, – 197 Weib- > weib- – 233 auch/ > auch – 248 Geoghraphiæ > Geographiae – 249 Suida, > Suida – 255 hies, > hies – 258 βήλθης > Βήλθης – 264 'Αστροαρχην > 'Αστραρχην – 269 Daß > daß – 328 Heindrich. > Hendreich. – 339 Jeptha > Jephtha – 379 f. Hystapes > Hystaspis – 385 Jonsthon. > Johnston. – 403 dz > das – 426 Euseb > Euseb. – 426 προῶ > προπ. – 438 seiten > Seiten

Verzeichnis der Textänderungen 207

– 471 daß > Daß – 485 este > erste – 485 f. 35. unschwer
> 35. das andere unschwer – 489 außdenckte > außdrückte
– 505 Lacis > Lucis – 534 den > dem – 544 Der > der –
570 Deas > Deus – 591 Guido > Gnido – 594 Guidus >
Gnidus – 612 nuntio Mater > nuntio. Mater – 617 umbarmt > Umbarmt – 620 tuam Caper > tuam, Caper – 628
voleo > voler

Anmerkungen: Die andre Abhandlung

8 Syphax Vermina hat > Syphax, Vermina, hat – 10 Italieu
> Italien – 32 quaquaternorum > quaternorum – 50 distrin-
git > destringit – 56 neue > neu – 64 Daß > daß – 72 Diogene, > Diogene – 78 Cappella > Capella – 86 verbund >
verbund- – 107 Pison > Pison. – 116 Heindrich. > Hendreich. – 117 Von > von – 123 nemlich > Nemlich – 128 407.
408. > 403.404. – 134 zum > zun – 134 zum > zun – 135
Appan. > Appian. – 140 Dionysium > Dionysium: – 164
Eustathus > Eustathius – 168 Niederwůrffc > niederwůrffe
– 182 die > Die – 184 Danar > Danae – 187 Anm. zu 461
in A erst nach Anm. zu 479 – 200 den Zevs > dem Zevs –
204 Glantze: > Glantze – 210 tegit. > tegit; - 217 Seqq. >
seqq. – 217 nicht.) Auch > nicht &c.) Auch – 220 Jirithoo
> Pirithoo – 226 490. > 485. – 238 Silenus > Silemnus –
239 Padua > Patras – 245 sol. Schreiben > sol/ schreiben –
256 Angletterre die > Angleterre l. d'An. 1667. die – 257
stenon > Stenon – 262 e'teignit > esteignit – 263 f. Zallu-
moient > s'allumoient – 268 veshu > vescu – 270 pendænt
> pendant – 271 pouooit > pouvoit – 271 qu'non > qu'on
– 272 Lette > Cette – 273 comentement > comencement –
273 cou verte > couverte – 273 é paisse > épaisse – 275 moi
> mois – 276 Italiæ > Italie – 277 e hanger > changer –
289 Argonaut Lucret. > Argonaut. Lucret. – 289 zum >
Zum – 294 ra rouina > la rouina – 299 betaglie > bataglie
– 299 Hercale > Hercole – 301 f. discera > discesa – 303
semele > Semele – 308 trm. > tom. – 321 daselbst sich mit
> daselbst mit – 347 auch > euch – 360 mich > mich; – 362
Lauf > Lauf; – 364 auf > auf; – 368 Wůsteney > Wůsteney. – 369 dich > dich; – 370 auch/ > auch – 381 Sicher >
Sicherheit – 388 Waffnen > waffnen – 412 Ringen > Ringen; – 425 Erycinen > Erycinen; – 427 bedienen > bedienen. – 443 Låub > Laub – 467 Altar. > Altar – 476 Mor-

gendland > Morgenland – 478 Ahnen. > Ahnen – 480 sind/
> sind – 489 Haar. > Haar – 493 sind > sind. – 494 Gna-
den-Wind. > Gnaden-Wind – 496 allein? > allein – 502
gefunden werden/ > gefunden/ – 504 habe > haben – 506
520.533. > 516.539. – 507 Fluß > Flůß – 510 χρυσόν. Welches > χρυσόν, welches – 519 regnat. > regnat,

Anmerkungen: Die dritte Abhandlung

6 zum > zun – 18 Annibalæ > Annibàli – 19 Brůder >
Bruder – 21 Dido. > Dido – 46 odersieben > oder sieben –
83 Sechzigtausend > sechzigtausend – 87 c. 7071. > c. 70.71.
– 89 haben > habe – 103 den Anantiß > der Anaitiß – 114
χονία > σχοινία – 143 Σαλάξειν > Σαλαίξειν – 151 3 Reg.
> 2. Reg. – 154 ein und > ein – 155 c. 6. > c. 5. – 160 Le-
vit > Levit. – 163 abgegildet > abgebildet – 164 von >
Von – 165 Himmel Kǒnigin > Himmels-Kǒnigin – 170
Heindr. > Hendr. – 172 West Phænicien > West Phoenicien – 173 f. Phænicier > Phoenicier – 176 Phænicier >
Phoenicier – 177 Mulitha der > Mulitha, der – 179 Salamon > Salomon – 181 Heindrichi > Hendreich. – 181 Sect.
> sect. – 190 von > Von – 192 Hieß > hieß – 194 Phæ-
nicier > Phoenicier – 205 nemlich > Nemlich – 206 genennt.) > genennet) – 215 Africa, > Africa – 228 ůberge-
sǎtzt. > ůbergesǎtzt/ – 250 Sechzehn > sechzehn – 261 umbgibt. > umbgibt/ – 267 Eleg. 8. > Eleg. 7. – 270 Phænicier
> Phoenicier – 278 nemlich > Nemlich – 284 Phænicier >
Phoenicier – 285 denn > den – 287 Sect. 3 > sect. 3. – 297
Tybris. > Tybris – 305 1. c. c. 25. > 1. c. 25. – 308 Heindrich. > Hendreich. – 313 Horodot. > Herodot. – 332 ad
movebant > admovebant – 354 Proconsolatum > Proconsulatum – 366 Heindrich. > Hendreich. – 375 pœtic. >
poetic. – 392 gerissen. > gerissen;

Anmerkungen: Die vierdte Abhandlung

7 Stadt Bochart. > Stadt. Bochart. – 13 vom > von – 15
werden > worden – 26 28 Seqq. > 28. seqq. – 33 vom >
Vom – 35 dextroque > dextraeque – 39 Circa > Circe – 73
Wie > wie – 86 einem > einen – 92 Perarum > Ferarum –
94 f. in corporeum > incorporeum – 99 h. 157. > p. 157. –
101 Anactis > Anaitis – 103 man einem > von einem – 106
in > im – 118 f. genennt Victorius. > genennt. Victorius. –

Verzeichnis der Textänderungen 209

124 l. 3. > l. 13. – 150 Entretienc. > Entretien. c. – 151
Inolination > Inclination – 151 e'estoit > c'estoit – 156 Selden > Selden. – 162 prestrepebant > perstrepebant – 166
exhibebere > exhibere – 167 Vom > Von – 171 vom > von
– 177 f. constuprata > constupratae – 185 f. trachmarum >
drachmarum – 187 conpositâ > compositâ – 196 nuptiarum
Virginum > nuptiarum Die Virginum – 203 infligare > instigare – 213 propte- terea > propterea – 218 c. 2. > c. 6. –
230 eine > ein – 260 concubitûs > concubitû – 338 vom >
von – 339 sum mo > summo – 340 æmulatis Gellius. >
aemulatio. Gellius – 359 f. Earthago > Carthago – 371 Cro-
bon > Croton – 382 Seqq. > seqq. – 383 Lampridius. >
Lampridius – 384 Denckwûrdig > denckwûrdig – 403 Suffe-
bes > Suffetes – 413 Chandreanech > Chaedreanech – 415
– בני ענק > חדרי – חדרי – 416 sich/ > sich – 417 ענק בני > חדרי
420 wurden Bochart. > wurden. Bochart. – 423 Pænuli >
Poenuli – 423 f. daher > Daher

Anmerkungen: Die fûnfte Abhandlung

23 Eoptischen > Coptischen – 36 f. das Ptopertii > des Propertii – 56 Irrsterrn > Irrstern – 62 Scorpionios > Scorpionis – 78 magnus > Magnus – 93 Adelphis > Delphis – 102
ob > Ob – 103 Deutron. > Deuteron. – 105 entwededer >
entweder – 113 Elisæ > Elissae – 124 Heindrich. > Hendreich. – 130 perdibus > pedibus – 130 Paralipem. > Paralipom. – 132 Joluæ > Josuae – 156 Delphis der > Delphis
[regt] der – 158 Dictor. sic. > Diodor. Sic. – 187 Preinsheim
> Freinsheim – 191 d. 17. > l. 17. – 201 מתגואן מתגאון –
209 jungerer > jûngerer – 220 qlerique > plerique – 223
sesostri > Sesostri – 235 undandre > und andre – 249 prag.
m. p. > pragm. 5. p. – 262 v. 333. > p. 333. – 263 77. >
79. – 265 Compos > Campos – 266 Purpures > Purpureo –
269 eine Heldin. > eine Heldin – 283 Heindrich. > Hendreich. – 327 junger > jûnger – 328 sol:) > sol) – 343 99. >
98. – 344 jarba > Jarba – 347 dorium > corium – 370 Sein
> Stein – 370 Orasius > Orosius – 373 l. 2. > l. 1. – 381
quadriginta > quadraginta – 395 Berichtet > berichtet –
469 dem > den – 476 Bôbis > Bôtis – 480 verbrand > verband – 490 Sevilian > Sevilla – 490 ein Endlich > ein.
Endlich – 494 lassen/ > lassen) – 504 Sarggosa > Saragossa
– 514 durch=Verheyrathung > durch Verheyrathung – 516

werden > worden – 518 zusamen fast. > zusammen: – 518
pue de > fue el – 526 Mu hammed > Muhammed – 557
Ast. > Act. – 566 permisit, > permisit. – 573 Demster >
Dempster – 579 Apothecosi > Apotheosi – 580 welche >
welcher – 581 Demster ad > Dempster. ad – 595 heilig so/
> heilig/ so – 604 Worauß > Worauf – 611 Schaut >
Schont – 616 daher > Daher – 638 c 3 p > c. 3. p. – 642
dæatus > datus – 653 Sect. > sect. – 654 234. > 233. – 672
Kirchmanum > Kirchmannum – 675 Heindrici > Hendreich. – 676 Sect. > sect. – 689 f. Leontopolitano hierumb
> Leontopolitano. Hierumb – 711 worden > wurden – 724
Pessimunt > Pessinunt – 752 vom Sycianiæirn > von Sycioniern – 761 seq. > seqq. – 766 dem > den – 790 154. >
254. – 810 Heinrichi > Hendreich. – 821 Erstlingen > Erstlinge – 837 f. Perdiceæ > Perdiccae – 870 Atq̃; quid >
AGO. quid – 874 96. > 69. – 880 Cama > Canna – 882 p
330 > p. 330. – 883 Peri andern > Periandern – 887 f. Ati-
stomes > Aristodemos – 890 Senc. > Senec. – 895 selbtes >
selbten – 910 Cælius > Laelius – 930 f. celebri dad > cele-
bridad – 937 prevoleciendo > prevaleciendo – 941 aficion.
> aficion, – 942 valerosos. > valerosos, – 949 Silber Ertzt
Stahl Tohne > Silber/ Ertzt/ Stahl/ Thone – 955 Faxando >
Faxardo – 960 Esai. 14. > Esaia. 14. – 963 der > Der – 982
dem > den – 988 berührte > berührten – 995 7. p. > 7. –
1000 f. nachdrückliche > nachdrücklich

LOHENSTEINS QUELLEN

Die folgende Zusammenstellung möchte einen Einblick geben in die Vielfalt der Quellen, die Lohenstein in den »Anmerckungen« zur »Sophonisbe« zitiert, ohne den Anspruch zu erheben, die jeweils von Lohenstein tatsächlich benutzte Ausgabe namhaft gemacht zu haben. In einzelnen Fällen – auch dort, wo wir keinen ausdrücklichen Hinweis des Dichters haben – zitiert Lohenstein wohl nicht aus den Originalen, sondern sekundär aus anderen Quellen. Vielfach muß er Gesamtausgaben der zitierten Autoren benutzt haben, weil von ihm genannte entlegene Titel zu seiner Zeit offenbar nicht in Einzelausgaben greifbar waren. Wir haben uns bemüht, soweit als möglich Einzeltitel anzugeben und möglichst nicht auf Ausgaben zurückzugreifen, die nach 1680, dem Erscheinungstermin der »Sophonisbe«, herausgekommen sind, was jedoch wegen der schwierigen Voraussetzungen nicht in vollem Umfang gelingen konnte. Wer die bibliographischen Verhältnisse für den Bereich des 16. und 17. Jahrhunderts kennt, wird auch Verständnis dafür haben, wenn die Genauigkeit des Titels gelegentlich hinter den wünschenswerten Forderungen zurückbleiben sollte. Absolute Sicherheit wäre erst bei der Benutzung der Originale zu erreichen gewesen, was ausgedehnte Bibliotheksreisen erfordert hätte, die weit über die Möglichkeiten des Herausgebers hinausgegangen wären. Für Hinweise auf Irrtümer und Lücken ist der Herausgeber jederzeit dankbar.

Die Häufigkeit, mit der ein Autor von Lohenstein zitiert wird, geht aus den Belegstellen für alle Trauerspiele bei K. G. Just, Römische Trauerspiele, S. 300–316, hervor. Die Übersicht bei Just wurde vom Herausgeber bei der Sammlung der Belegstellen zur »Sophonisbe« dankbar mitverglichen. Um den Umfang unserer Zusammenstellung nicht übermäßig auszudehnen, sind die Titel gekürzt wiedergegeben. Ligaturen wurden aufgelöst. Für die von Lohenstein in griechischer und hebräischer Sprache zitierten Quellen ist im allgemeinen die lateinische, im Ausnahmefall die englische Version des Titels angegeben. Die Belegstellen beziehen sich auf die Akt- und Versangaben in den »Anmerckungen«.

212   *Lohensteins Quellen*

Abenephi, arab. Arzt und Historiker
   zit. n. Kirchers lat. Übersetzung »De mysteriis Aegyptio-
   rum«: V 10.
Abenezra (12. Jh.), Bibelkommentator
   [?]: V 22.
Abulensis s. Tostatus
Ado, Erzbischof in Wien (?)
   Chronicon. Vetus Romanum Martyrologium ... et Adonis
   Martyrologium recensitum opera ... o. O. 1677.: V 635.
Aelianus, Claudius (2. Jh.)
   Claudii Aeliani de animalium natura libri XVII ... Ge-
   nevae 1611.: II 433, III 364, IV 104, V 186.
Aldrovandus, Ulysses (1522–1605)
   Vlyssis Aldrouandi ... Musaeum Metallicum in libros
   IIII. distributum. Bononiae 1648.: V 247.
Ambrosius (333–397), Bischof von Mailand
   Operum Sancti Ambrosii ... tomus primus (– quintus).
   Tomus sextus adjunctus ... 6 tom. Romae 1580, 79–87.:
   IV 133.
Ammianus s. Marcellinus
Anaximander (de Rhodiano)
   [(?) De rebus naturalibus.] : V 246.
Apollonius Rhodius (3. Jh. v. Chr.)
   Apollonij rhodij Argonautica ... Venetii 1521.: II 505,
   III 102.
Appianus (2. Jh.)
   Appiani ... Romanorum historiarum lib. XII (u. a. De
   bellis Punicis. De bellis Hispanicis. De bellis Illyricis).
   Lugduni 1588.: I 20, 47, 122, 191, 200, 219, 297, 346, 503,
   II 35, 227, 236, 275, 403, III 14, 36, IV 6, 28, 48, 89, 305,
   V 97, 98, 103, 119, 131, 497, 595, 604, 613, 616.
Apulejus (2. Jh.)
   L. Apuleij Floridorum libri quatuor ... Parisiis 1518.:
   V 185.
Aristophanes (um 450 bis um 385 v. Chr.)
   Aristophanis Equites. Oxoniae 1593.: V 185.
Aristoteles (384–322 v. Chr.)
   Aristotelis ... operum omnium pars prima (– septima) ...
   8 tom. Venetiis 1584.: II 496, III 188, 346, 364, IV 6,
   323, 487.

Lohensteins Quellen 213

Arnobius (um 300)
  Arnobii Disputationum aduersus gentes libri septem ...
  Duaci 1634.: I 383, 523, II 457, 498, V 247, 252, 253.
Arrianus, Flavius (2. Jh.)
  Arriani De expeditione ... Alexandri ... libri octo ...
  Basileae 1539.: I 396.
Artemidorus (2. Jh.)
  Artemidorus de somniorum interpretatione libri quin-
  que ... Venetiis 1518.: V 185.
Athanasius (296–372), Bischof von Alexandrien
  Sancti Athanasii ... omnia quae extant opera ... Parisiis
  1608.: I 375, IV 244, V 246.
Augustinus, Aurelius (354–430)
  S. Aurelii Augustini ... De civitate Dei libri XXII ...
  Francofurti et Hamburgi 1661.: I 217, IV 244, 349, V 140.
Aurelius Victor, Sextus (4. Jh.)
  De vita et moribus Imperatorum Romanorum excerpta ex
  libris Sexti Aurelii Victoris ... o. O. 1640.: V 424.
Avicenna (980–1037)
  zit. n. Bochart: IV 131 (Avicenna ... compendium de
  Anima ... Venetiis 1546).
Balzac, Jean Louis Guez de (1595–1654)
  Les entretiens de feu Monsieur de Balzac. Amsterdam
  1663.: IV 224.
Basilius (um 330 bis 379), Bischof von Cäsarea
  D. Basilii ... orationes in Hexaëmeron ... Parisiis 1552.:
  IV 104.
Benjamin († 1173), Rabbi aus Navarra
  [?]: I, 398
Bernegger, Matthias (1582–1640), Justinus-Kommentar s.
  Justinus
  V 62, 236.
Beroaldus, Philippus (1453–1505), Apulejus-Kommentar
  L. Apuleii ... Opera, quae extant, omnia. Cum Philippi
  Beroaldi in Asinum aureum eruditissimus commenta-
  riis ... Lugduni 1614.: V 68.
Bochart, Samuel (1599–1667)
  Geographiae sacrae pars prior ... (... pars altera ...) ...
  Cadomi 1646.: I 217, 381, 382, 429, 480, II 199, 405,
  III 18, 30, 34, 36, 38, 174, 176, 177, 185, 188, 193, IV 6,
  487, 489, V 60, 62, 81, 83, 89, 380, 635; Hierozoicon, sive

bipertitum opus de animalibus Sacrae Scripturae ... 2
tom. Londini 1663.: II 433, 496, III 364, IV 131, V 185, 186;
V. C. Samuelis Bocharti De quaestione, Num Aeneas unquam fuerit in Italia dissertatio ... Hamburgi 1672.: V 91.

Budaeus, Guilielmus (1467–1540), Plautus-Kommentar s.
Plautus
M. Accii Plauti ... Comoediae XX ... annotavit ...
G. Budaeus ... Coloniae 1530.: IV 268.

Caesius, Bernardus (1581–1630)
Mineralogia siue Naturalis philosophiae thesauri ... Lugduni 1636.: V 232.

Camerarius, Philippus (1537–1624)
Operae horarum subsecivarum sive meditationes auctio-
res ... Centuria prima (– tertia) ... 3 tom. Francofurti
1644.: V 248.

Campanella, Thomas (1568–1639)
Th. Campanellae De monarchia Hispanica discursus.
Amstelodami 1640.: V 688.

Capella, Martianus Mineus Felix (5. Jh.)
Martiani Minei Felicis Capellae ... Satyricon, in quo De
nuptiis Philologiae et Mercurii libri duo ... Leyden 1599.:
II 209.

Casaubonus, Isaacus (1559–1614)
Isaaci Casauboni De rebus sacris et ecclesiasticis exerci-
tationes XVI ... Londini 1614.: V 248; Trebellius Pollio-
Kommentar in: Historiae Augustae scriptores sex ...
Isaacus Casaubonus ex vett. libris recensuit ... Parisiis
1603.: IV 182.

Cedrenus, Georg (11. Jh.)
Georgii Cedreni Compendium historiarum ... Parisiis
1647.: I 366, III 275.

Cicero, Marcus Tullius (106–43 v. Chr.)
M. T. Ciceronis Actionum in C. Verrem libri septem ...
Parisiis 1544.: I 382, 405, 406, 424; M. Tulli Ciceronis
Tusculanarum quaestionum ... libri quinque ... Coloniae
1584.: II 275; M. Tul. Ciceronis de Natura deorum ...
Parisiis 1550.: IV 364; M. T. Ciceronis de Diuinatione
libri duo ... Parisiis 1542.: IV 411.

Claudianus, Claudius (um 375 bis 404)
Cl. Claudiani opera quae exstant ... Amstelodami 1665.:
I 57, II 99, 479.

Lohensteins Quellen 215

Clemens Alexandrinus (um 200)
   T. Flauii Clementis Alexandrini ... opera omnia ... Parisiis 1590.: I 495.
Cluverius, Philippus (1580–1623)
   Philippi Cluverii Germaniae antiquae libri tres. Lugduni Batavorum 1616.: IV 220; Philippi Cluverii Sicilia antiqua ... Lugduni Batavorum 1619.: II 511.
Codinus, Georgius, gen. Curoplates (um 1460)
   Georgii Codini Curoplatae De officiis magnae ecclesiae et aulae Constantinopolitanae ... Parisiis 1648.: V 185.
Comes, Natalis († um 1580)
   Natalis Comitis Mythologiae, siue explicationis fabularum, libri decem ... Geneuae 1651.: I 563, II 470, 510, V 51.
Corippus, Flavius Cresconius (6. Jh.)
   Corippi ... de Laudibus Justini, Augusti Minoris, heroico carmine, libri IIII ... Antverpiae 1581.: V 185.
Cornelius Nepos s. Nepos, Cornelius
Cunaeus, Petrus (1586–1638)
   De republica Hebraeorum libri tres ... Lugduni Batavorum 1631.: V 248.
Curoplates s. Codinus
Curtius Rufus, Quintus (um 50 n. Chr.)
   Q. Curtii Rufi De rebus gestis Alexandri Magni historiarum quotquot supersunt libri ... Bregae 1668.: III 269, IV 305, V 380, 409, 656.
Damascius (6. Jh.) Platon-Kommentare
   Damascii philosophi Platonici Quaestiones de primis principiis ...: I 398.
Dempster, Thomas (1579–1625) Rosinus-Kommentator
   J. Rosini Antiquitatum Romanarum corpus absolutissimum; cum notis ... T. Dempsteri ... Lugduni Batavorum 1663.: V 33, 185.
Dio Cassius (um 155 bis 235)
   Dionis Cassii Historiae Romanae libri XLVI ... Hanoviae 1606: V 97, 185.
Dio Chrysostomus Coccejanus (um 100)
   Dionis Chrysostomi Orationes LXXX. Venetiis 1551.: I 383.
Diodorus Siculus (1. Jh. v. Chr.)
   Diodori Siculi Bibliothecae historicae libri XV ... Basi-

216   *Lohensteins Quellen*

leae 1559.: I 383, II 275, III 36, IV 182, 487, 491, V 50,
54, 103, 185, 380.

Diogenes Laertius (3. Jh.)
Laertii Diogenis De vitis dogmatis et apophthegmatis
eorum qui in philosophia claruerunt; libri X ... Londini
1664.: II 199, III 36, V 533.

Dionysius Halicarnassensis (1. Jh. v. Chr.)
Dionysii Halicarnassei Antiquitatum Romanarum libri
XI ... Genevae 1614.: IV 305, V 246.

Dioscorides, Pedanius (1. Jh.)
E. ... P. Dioscoridis ... de Medica materia libri V ...
Coloniae 1529–30.: II 496, V 235.

Eratosthenes (3. Jh. v. Chr.)
[Eratosthenis Geographicorum fragmenta ...] accesserunt
annotationibus Eratosthenem ... Oxonii 1672.: III 118.

Eupolemus (2. Jh. v. Chr.)
[?]: III 174.

Euripides (um 485 bis 407 v. Chr.)
Euripidis ... tragoediae XVIII. Basileae 1558.: I 542.

Eusebius Pamphili († 339), Bibelkommentar und apologet.
Schriften
Eusebii ... opera quae extant omnia ... Parisiis 1581.:
I 383, 393, 396, 398, 429, V 62, 81, 83, 380.

Eustachius s. Eustathius

Eustathius († um 1193), Erzbischof von Thessalonike
Eusthathii ... in Dionysium commentaria. o. O. 1557.:
II 405, V 54.

Eusthatius († 360), Erzbischof von Antiochien
S. P. N. Eusthatii in Hexahemeron Commentarius ...
Lugduni 1629.: II 433, III 364.

Eutropius, Flavius (4. Jh.)
Eutropi Historiae Romanae Breviarum ... Salmurii
1672.: III 34.

Faber (du Faur), Petrus († 1600)
P. Fabri ... Liber semestrium primus ... Liber semestrium
secundus ... Liber semestrium tertius. Coloniae Allobrogum 1616.: V 380.

Festus, Sextus Pompeius (2. Jh.)
Sex. Pompei Festi de Verborum Significatione fragmen-
tum ... Florentiae 1582.: V 53.

Lohensteins Quellen 217

Firmicus Maternus, Julius (4. Jh.)
Julii Firmici Materni de religionum profanarum errore ... o. O. 1645.: I 378.

Florus, Lucius Annaeus (2. Jh.)
L. Annaeus Florus Rerum Romanarum editio novissima. Accurante J. Freinshemio. Argentorati 1669.: I 20, 45, 46, 57, 62, 75, 85, 346, 405, 503, II 25, 275, III 34, IV 299, 354, V 91, 97, 119, 137, 140, 186, 248, 497, 550, 613, 662, 664.

Follerus
zit. b. Bochart (s. o.): III 188.

Freinshe(i)m(ius), Johannes (1608–60) s. auch Florus
Alexander Magnus duobus tomis repraesentatus; quorum hic historiam Q. Curtii Rufi ... complectitut, alter (= J. F.) commentarios in Q. Curtii libros superstites exhibet ... o. O. 1640.: IV 362, V 54.

Frontinus, Sextus Julius (um 30 bis 104)
... Strategematicon ... Libri quatuor ... Lugduni Batav. & Amstelodami 1675.: I 75, 346.

Galenus, Claudius (129–199)
Claudii Galeni de locorum affectorum notitia ... Lugduni 1562.: IV 104.

Gatakerus, Thomas (1574–1654)
T. Gatakeri de Nomine Tetragrammato dissertatio ... [1707]. IV 349.

Gellius, Aulus (2. Jh.)
A. Gellii Noctes Atticae ... Lugduni Batavorum 1666.: IV 354, 487.

Gorion, Joseph ben
[Die Sagen der Juden]: IV 305.

Gracian, Lorenzo (Balthasar) (1601–58)
El Politico Don Fernando el Católico ... Madrid 1646: V 156, 613.

Gregoras, Nicephorus (um 1295 bis 1359)
N. Gregorae Byzantina Historia ... 1648.: V 185.

Grynaeus, Joannes Jacobus (1540–1617)
[Kommentar zu Eusebius]: III 312.

Guarini, Giambattista (1538–1612)
Il Pastor fido, con le Rime del Signor B. G. ... Amstelodami 1663.: II 511.

218   *Lohensteins Quellen*

Guevara, Antonio de († 1545)
Horologii Principum, sive de vita M. Aurelii Imperatoris
libri III ... Torgae 1601.: IV 484.

Hegesippus (2. Jh.)
[?] Hegesippi ... de bello Judaico et urbis Hierosolymi-
tanae excidio libri quinque. Coloniae 1559.: IV 244.

Heliodorus (4. Jh.)
Heliodori Aethiopicorum libri X. Lutetiae Parisiorum
1619.: I 442, III 196.

Hendreich, Christoph (17. Jh.)
Carthago, sive Carthaginensium Respublica ... Francofurti ad Oderam 1664.: I 383, II 275, III 113, 117, 193,
317, V 31, 83, 236, 376.

Herodianus (3. Jh.)
Herodiani historiae de imperio post Marcum ... Antverpiae 1576.: I 382, III 113, V 98, 424.

Herodotus (um 484 bis 425 v. Chr.)
Herodoti ... Historiarum libri IX ... Parisiis 1592.: III
177, 185, 187, 196, IV 487, V 376.

Hesychius
Hesychii Dictionarium cum variis ... notis ... Lugduni
Batavorum et Roterodami 1668.: I 398.

Hieronymus († 420)
De illustribus ecclesiae doctoribus ... libellus ... Helm-
stedt 1611.: IV 104, V 98, 635.

Horatius, Flaccus (65–8 v. Chr.)
Q. Horatii Flacci Odarum, sive carminum libri quattuor.
Argentorati 1517.: III 111, V 185.

Hornius, Georg (1620–70)
Arca Noae, sive Historia Imperiorum et Regnorum a
condito orbe ... Lugduni Batavorum 1666.: I 383, 442,
492, II 498, III 174, 176, V 145, 148, 165, 167; De Origi-
nibus Americanis libri quatuor. Lugduni Batavorum
1652.: III 188; Historiae Philosophicae libri septem. Lugduni Batavorum 1655.: I 378, II 505, IV 141.

Horus (5. Jh.)
[?]: V 185.

Hyginus, Caius Julius (1. Jh. v. Chr.)
Fabularum liber ... Lugduni Batavorum 1670.: III 177.

Lohensteins Quellen 219

Isidorus Hispalensis (um 560 bis 636)
   Chronicon Gothoreum Vandalorum Suevorum et Wisi-
   gothorum libri XII. o. O. 1597.: II 433.
Jamblichus (um 250 bis um 330)
   Jamblichus de mysteriis Aegyptiorum Chaldaeorum Assy-
   riorum . . . Venetiis 1497.: V 10.
Jonstonius (Johnstone), Johann von (1603–76)
   J. Jonstoni historia civilis et ecclesiastica . . . Francofurti
   1672.: I 383, V 145.
Josephus, Flavius (um 37 bis 95)
   Flavii Josephi Antiquitatum Iudaicarum libri XX . . .
   Basileae 1548.: III 312, IV 244, V 248.
Le Journal des Sçavans [von 1665 bis 1828]. Eine spätere
   Ausgabe: Paris 1723, 1681–1828.: II 496.
Julius Capitolinus (um 300)
   (Verfasser von Kaiserviten); vgl.: Historiae Augustae to-
   mus primus (– tomus VI.) . . . (tom. 7. Imperii orientalis
   et occidentalis historia . . .) . . . Lugduni 1593–1609.: I 217,
   V 424.
Junius, Hadrian (1512–75)
   Nomenclator, omnium rerum propria nomina septem di-
   versis linguis explicata . . . Francofurti 1611.: V 98.
Justinus Frontinus (3. Jh.)
   Justinus de historiis Philippicis, et totius mundi origini-
   bus . . . Parisiis 1677.: I 57, 383, 405, 507, III 38, 269,
   275, 346, 368, IV 6, 182, 305, 313, 487, V 50, 62, 85, 89,
   91, 98, 236, 380, 613, 637, 648.
Juvenalis, Decimus Junius (um 60 bis um 130)
   D. J. Juvenalis et A. Persii Flacci Satyrae . . . Lugduni Ba-
   tavorum 1671.: V 140.
Kimchi, David (um 1200)
   [Hebr. Titel] (= The Old Testament, with Aramaic ver-
   sions . . ., and the commentaries of Rashi, Abraham Ibn
   Ezra, David Kimhi and others . . .) 4 tom. Basileae 1618
   bis 1619.: I 383, II 496.
Kircher, Athanasius (1602–80)
   A. Kircheri . . . Obeliscus Pamphilius, hoc est, Interpreta-
   tio nova . . . Romae 1650.: IV 141, V 186; A. Kircheri . . .
   Oedipus Aegyptiacus; hoc est, Universalis Hieroglyphi-
   cae veterum Doctrinae temporum injuriâ abolitae instau-

220   *Lohensteins Quellen*

ratio . . . 3 tom. Romae 1652–54.: I 372, 378, 381, 383,
393, 396, II 209, 505, III 117, IV 220, V 10, 16, 22, 26,
51, 54, 67, 68, 70, 73, 186.
Kirchmann, Johann (1575–1643), Justinus-Kommentar
Justini ex Trogi Pompeii Historiis externis, libri XLIV . . .
Londini 1640.: V 236.
Lactantius, Lucius Caelius, gen. Firmianus (um 300)
L. Coelii Lactantii Firmiani Divinarum Institutionum
libri VII . . . [Lyon] 1587.: I 366, 383.
Lampridius, Aelius (4. Jh.) Verfasser von vier Kaiserviten
in: Historiae Augustae . . . (s. o. Julius Capitolinus).: IV
461 (= Vita des Heliogabalus).
Langius (Lange), Johann (1485–1565)
J. Langii epistolarum medicinalium volumen triparti-
tum . . . Hannoviae 1605.: II 516.
Leo Africanus (um 1500)
J. Leonis Africani, de totius Africae descriptione, libri
IX . . . Lugduni Batavorum 1632.: IV 131.
Lipenius, Martin (1630–92)
Navigatio Salomonis Ophiritica illustrata. Wittebergae
1660.: III 188.
Lipsius, Justus (1547–1606)
Justi Lipsii de militia Romana libri quinque . . . Antver-
piae 1630.: V 185; Justi Lipsii Monita et exempla poli-
tica. Libri duo . . . Lugduni Batavorum 1630.: I 383;
Justi Lipsii De Cruce libri tres . . . Antverpiae 1593.:
III 317; Justi Lipsii Electorum liber I . . . Antverpiae
1580.: V 248.
Livius, Titus (59 v. Chr. bis 17 n. Chr.)
T. Livii . . . Historiae Romanae libri omnes superstites . . .
Francofurti 1634.: I 18, 20, 122, 156, 197, 405, II 115,
236, III 14, 15, 18, 34, IV 6, 15, 20, 299, 305, 319, 487,
V 140, 223, 246.
Loredano, Giovanni Francesco (1607–61)
Scherzi Geniali. Venetia 1632.: II 209.
Lucianus (um 120 bis 180)
Luciani . . . opera . . . omnia. Basileae 1545.: II 99, V 53.
Lucretius Carus, Titus (um 98 bis 55 v. Chr.)
T. Lucretii Cari de rerum natura libri sex . . . Cantabri-
giae 1675.: II 505.

Lohensteins Quellen 221

Lycophron (3. Jh. v. Chr.)
Lycophronis Cassandra iambico carmino translata per
J. Scaligerum. Lutetiae 1584.: I 366, II 62.
Macrobius, Ambrosius Theodosius (um 400)
Aurelii Theodosii Macrobi ... Opera ...; et Saturnaliorum libros ... Lugduni Batavorum 1597.: I 217, 507, II
209, IV 91, 362, V 70, 85.
Maimonides, gen. Rambam (d. i. Moses ben Maimum); s.
Vossius, Dionysius
Rabbi Mosis Majemonidis liber (Môreh nebûkhim) doctor
perplexorum ... Basileae 1629.: I 378, V 22.
Majolus, Simon (16. Jh.)
S. Maioli ... historiarum totius orbis omniumque temporum ... Romae 1585.: V 248.
Mandelslo, Johann Albrecht von (1616–44)
Des HochEdelgebornen Johann Albrechts von Mandelslo
Morgenländische Reyse-Beschreibung; ... herausgegeben
durch A. Olearium ... Schlesswig 1658.: IV 244, V 656.
Marcellinus, Ammianus (4. Jh.)
Ammiani Marcellini rerum gestarum qui de XXXI. supersunt libri XVIII ... Parisiis 1636.: I 372, II 511.
Marino, Giambattista (1569–1625)
Dicerie sacre. (La Pitturia, Diceria prima sopra la Santa
Sindone ...) ... Torino 1614.: I 523, 556, II 505.
Martialis, Marcus Valerius (um 40 bis um 104)
M. V. Martialis Epigrammata ... Lugduni Batavorum
1670.: I 503.
Minutius Felix (um 200)
M. Minucii Felicis Octavius cum integris omnium notis ac
commentariis ... Lugduni Batavorum 1672.: I 366.
Modestinus, Herennius (3. Jh.)
[De excusationibus]: V 97.
Nascimbenius (16. Jh.), Virgil-Kommentar
L. Hortensii ... Ennarationes ... in XII. libros ... Aeneidos. His accessit N. N., in ... sex primos Aeneidos libros ... explanatio ... o. O. 1577.: V 98.
Nebrissensis, Aelius Antonius (1444–1532)
Aelii Antonii Nebrissensis rerum a Fernando et Elisàbe
Hispaniarum felicissimis regibus ... Apud inclytam Granatam 1550.: V 688.

222   *Lohensteins Quellen*

Nepos, Cornelius (um 100 bis 24 v. Chr.)
  Cornelii Nepotis de excellentibus Viris ac Imperatoribus ... Wittebergae 1665.: IV 487, 664.
Nicander (um 200 v. Chr.)
  Nicandri ... Theriaca, in latinum carmen redacta ... o. O. 1571. IV 104.
Nicanor, aus Samos (Samius)
  [De fluviis] : II 511.
Nonnus (um 400)
  Nonni ... Dionysiaca. Nunc primum in lucem edita ... Antverpiae 1569.: I 381, III 173, 176.
Orosius, Paulus (5. Jh.)
  Pauli Orosii adversus Paganos historiarum libri septem ... Moguntiae 1616.: I 57, 383, 503, III 34, V 103, 107.
Ovidius Naso, Publius (43 v. Chr. bis 18 n. Chr.)
  Publii Ovidii Nasonis Metamorphoseon libri XV ... Venetiis 1662.: I 542; P. Ovidii Heroidum epistolae ... Parisiis 1541.: II 485; P. Ovidii Nasonis Fastorum liber primus (– sextus) ... Parisiis 1652.: IV 128.
Pausanias (2. Jh.)
  Pausaniae Veteris Graeciae descriptio ... Florentiae 1551.: I 393, 480, II 486, 511, V 64, 247, 550.
Petronius Arbiter, Titus († 67)
  T. Petronii Arbitri ... Satyricon, ... 3 tom. Amstelaedami 1677.: IV 351.
Philippus (1. Jh. v. Chr.), griech. Dichter
  [?] : II 461.
Philo(n), Herennius (von Byblios) (64–141)
  In: Antiquitatum variarum volumina XVII, a ... Philonis lib. XIIII ... Parisiis 1512.: III 174.
Philostratus (um 300)
  Philostrati historiae de vita Apollonii libri VIII. ... Coloniae 1532.: V 64, 186, 248.
Piccartus, Michael (1574–1620), Aristoteles-Kommentar
  Commentarius in libros politicos Aristotelis ... Jenae 1659.: III 346.
Pindarus (518–438 v. Chr.)
  Pindari Olympia, Pythia, Nemea, Isthmia. Lugduni Batavorum 1590.: III 193, V 185.

Lohensteins Quellen 223

Plato (427–347 v. Chr.)
 Platonis Opera omnia quae exstant ... Lugduni 1590.:
 IV 182.
Plautus (um 250 bis 184 v. Chr.)
 M. Accii Plauti Comoediae superstites XX ... Amstero-
 dami 1640.: IV 268, 489, 490, V 431.
Plinius Secundus, Gaius, der Ältere (23–79)
 C. Plinii Secundi Naturalis Historiae ... Lugduni Bata-
 vorum, Roterodami 1669.: I 405, 503, 539, 556, II 102,
 209, 496, 511, III 177, 312, IV 104, 133, 182, 220, V 64,
 185, 186, 232, 233, 248.
Plinius Secundus, Gaius, der Jüngere (um 62 bis um 113)
 C. Plinii Caecilii Secundi Panegyricus ... Trajecti ad
 Rhenum 1652.: IV 182.
Plutarchus (um 46 bis nach 127)
 Plutarchi Chaeronei ... Opuscula quae quidem extant
 omnia ... Basileae 1530.: (Lohenstein zitiert aus versch.
 Werken): I 20, 378, 383, 503, 547, II 199, 399, III 105,
 278, IV 133, 305, 359.
Polyaenus (2. Jh.)
 Polyaeni Stratagematum libri octo ... [Lyon] 1589.
Polybius (um 200 bis 120 v. Chr.)
 Polybii historiarum libri qui supersunt ... Parisiis 1609.:
 I 45, 191, II 198, III 36, 38, IV 319, 354, V 129, 247, 380,
 383.
Pomponius Mela (1. Jh.)
 Pomponius Mela de situ orbis ... Lugduni Batavorum
 1646.: II 511, V 250.
Porphyrius (um 300)
 Porphyrii de non necandis ad epulandum animantibus
 libri IIII ... Lugduni 1620.: I 383; Porphyrii de Absti-
 nentia ab Esu Animalium libri IV ... Venetiis 1547.:
 I 393.
Prodicus Sophista
 In: Xenophon, Memorabilia (s. u.)
Propertius, Sextus Aurelius (um 50 bis 15 v. Chr.)
 Sex. Aurelii Propertii ... Opera quae exstant ... o. O.
 1611.: V 15, 595.
Prudentius Clemens, Aurelius (4. Jh.)
 Aurelii Prudentii Clementis ... opera ... Antverpiae

1610.: (Lohenstein zitiert aus: Contra symmachum oratorem senatus) III 193.

Quintilianus, Marcus Fabius (um 35 bis 95)
M. Fab. Quintiliani Declamationum liber ... Oxonii 1675.: I 556.

Quintus s. Smyrnaeus

Rambam s. Maimonides

Reineccius, Reinerus (1541–95)
R. Reineccii ... Historia Orientalis ... Helmaestadii ... 1602.: III 38.

Rhodiginus, Ludovicus Coelius Richerius (1450–1520)
L. C. Rhodigini Lectionum Antiquarum libri XXX ... Basileae 1542.: I 372, 495, IV 182, 244, V 37, 98, 226, 232, 235.

Rosinus, Johann (1551–1626)
J. Rosini Antiquitatum Romanarum corpus absolutissimum ... Lugduni Batavorum 1663.: III 133, V 185.

Saavedra Faxardo, Diego (1584–1648)
Corona Gotica, Castellana, y Austriaca ... Madrid 1658 bis 1678.: V 145, 152, 632, 688; Idea Principis Christianopolitici 101 symbolis expressa ... Amstelodami 1659.: I 57, II 516.

Sal(l)ustius, Cajus Crispus (um 86 bis 35 v. Chr.)
Catilina, seu Bellum Catilinarium. – Jugurtha, seu Bellum Jughurtinum. – Historiarum lib. I–V. fragmenta. (In: Historiae Augustae ... – s. Julius Capitolinus –); Bellum Catilinae: V 140; De bello Jugurthino: I 122, 420, IV 351, V 137, 140.

Salmasius, Claudius (1588–1653), u. a. Solinus-Kommentar
C. Salmasii Plinianae exercitationes in C. Julii Solini Polyhistora ... 2 tom. Parisiis 1629.: III 174; Funus et ossilegium linguae Hellenisticae ... Lugduni Batavorum 1643.: IV 364.

Salomon Jarchi († 1105), Bibel-Kommentar
[Hebr. Titel] = The Pentateuch, accompanied by the commentary of Rashī ... Constantinople 1546.: I 383, III 113.

Sansovin, Franciscus (1521–83)
Historia universale dell'Origine, Guerre, et Imperio de Turchi ... Venetia 1654.: V 165.

Lohensteins Quellen 225

Scaliger, Joseph Justus (1540–1609)
J. Scaligeri ... Opus de emendatione temporum ... Lugduni Batavorum 1598.: IV 362.
Schildius, Johann (1596–1667), Sueton-Kommentar
C. Suetonis Tranquillus. Accedit ... commentarius exhibente J. Schildio. Lugduni Batavorum 1647.: IV 244, V 185.
Selden(us), John (1584–1654)
Joannis Seldeni J. C. De Diis Syris syntagmata II ... Lipsiae 1672.: I 217, 366, 378, 381, 382, 383, 393, 398, 405, 429, 495, III 75, 91, 101, 107, 111, 113, 176, IV 244, 487, V 10, 11, 15, 16, 18, 22, 25, 27, 29, 36, 51, 60, 62, 83, 226, 230, 247.
Sem(m)edo, Alvaro (1585–1658)
Relatione della grande Monarchia della China. Romae 1643.: II 209.
Seneca, Lucius Annaeus (4–65)
L. Annaei Senecae Philosophi Opera omnia ... Amstelodami 1659.: Lohenstein zitiert aus: De mundi gubernatione et divina providentia: V 497; Hercules furens: II 450; Thyestes: II 516; Hippolytus: V 12; Troades: I 559, V 550; Medea: II 168, 516; Hercules Oetaeus: II 498.
Servius Honoratus, Maurus (Marius) (um 400), Virgil-Kommentar
Virgilii Maronis Bucolicorum Eclogae X., Georgicorum libri IIII, Aeneidos libri XII., et in ea Mauri Servii Honorati ... commentarii ... Genevae 1636.: V 35, 81, 91.
Sextus Empiricus (um 200)
Sexti Empirici Opera quae extant ... Pyrrhoniarum Hypotyposeon libri III ... Coloniae Allobrogum 1621.: V 424.
Silius Italicus (23–101)
Silii Italici Punicorum Bellorum liber I. (– XVII.) ... In: Chorus poetarum classicorum duplex; sacrorum et profanorum lustratus illustratus ... Lugduni 1616.: I 503, II 405, III 18, IV 48, 128, 359, 509, V 31.
Smyrnaeus, Quintus (4. Jh.)
Quinti Calabri ... Praetermissorum ab Homero libri quatuordecim: quibus Troianum historiam ab Homero derelictam graniter et splendide prosecutus est. Basileae 1569.: V 185.

226 *Lohensteins Quellen*

Solinus, Gaius Julius (2. Jh.)
C. J. Solini rerum memorabilium collectaneae ... Parma 1480.: II 102.

Spelmannus, Henricus (d. i. Sir Henry Spelman) (1561 bis 1641)
Henrici Spelmanni ... Aspilogia. In: Nicolai Uptoni De studio militari, Libri quattuor ... Londini 1654.: I 372.

Spon, Jacques (1647–85)
Voyages d'Italie, de Dalmatie, de Grece et du Levant, fait és années 1675 et 1676 par J. Spon ... 4 Bde. Lyon 1678–80. II 511, III 188.

Statius, Publius Papinius (40–96)
Statii Papinii Neapolitani Sylvarum libri quinque ... Vienne 1515.: II 511.

Strabo (um 63 v. Chr. bis um 20 n. Chr.)
S. rerum Geographicarum libri XVII ... Genevae 1587.: I 34, 420, II 198, 511, III 36, 38, 49, 75, 187, 196, IV 244, 349, V 54, 64, 103, 186, 226.

Strada, Famianus (1572–1649)
R. P. Famiani Stradae ... De Bello Belgico ... Antverpiae 1649.: V 171.

Suetonius Tranquillus, Gaius (um 70 bis 140)
C. S. T. XII. Caesares, et in eos L. Torrentii commentarius ... Antverpiae 1591.: III 312, 346, IV 182, 305, V 246, 409, 550, 595, 613.

Suidas (um 1100)
Suidas, cujus ... Latinam interpretationem, et Graeci textus emendationem ... 2 tom. Genevae 1619.: I 381, II 516, III 34, V 533.

Tacitus, Cornelius (um 55 bis 120)
Annalium Liber I. (– XVI.). Historiarum liber I. (– V.) ... In: C. Cornelii Taciti Opera quae extant ... Genevae 1619; Annales: I 442, II 115, III 36, IV 182, V 64, 246; Historiae: V 246, 248, 550; Germaniae: I 378, 383, IV 323.

Talmud
Specimen disputationum Gemaricatum excerptum ex codice Talmudico Beracoth ... 1696.: zit. nach Bochart s. o.: V 185.

Taubmann, Friedrich (1565–1613), Plautus-Kommentar
M. Accii Plauti Comoediae ... Accedunt commentarii F. Taubmanni ... Wittembergae 1621.: II 467.

Lohensteins Quellen 227

Tertullianus, Quintus Septimus Florens (um 200)
 Q. Septimi Florentis Tertulliani ... Opera quae hactenus
 reperiri potuerunt omnia ... Coloniae Agrippinae 1617.:
 I 383, III 174, 312, IV 104, 490.

Theagenes (6. Jh. v. Chr.)
 [De Diis ...]: I 480.

Theocritus (um 300 v. Chr.)
 Theocriti Syracusi Idyllia aliquot ... Lutetiae 1585.: II
 478, V 15.

Theodoretus (386–458)
 Beati Theodoreti ... Opera omnia in quatuor tomos
 distributa ... Lutetiae Parisiorum 1642–84.: I 398.

Theophylactus (11. Jh.), Apostelgeschichte-Kommentar
 Theophylacti ... Explicationes in Acta Apostolorum ...
 Coloniae 1567.: I 383.

Thuanus (Thou), Jacques Auguste de (1553–1617)
 Illustris viri Jac. Augusti Thuani ... Historiarum sui tem-
 poris ... Francofurti 1628.: V 148, 167, 171.

Thysius, Anton (1603–65), Valerius-Maximus-Kommentar
 Valerius Maximus cum selectis variorum observat, et nova
 recensione A. Thysii ... Lugduni Batavorum 1651.: V 26.

Tibullus, Albius († 19 v. Chr.)
 Albii Tibulli Opera quae reperiuntur. In: Corpus omnium
 veterum Poetarum Latinorum ... Genevae 1627.: III 187.

Tostatus, Alphonsus (15. Jh.)
 A. Tostati ... Opera omnia, quotquot in Scripturae sacrae
 Expositionem et alia ... 23 tom. Venetiis 1596.: V 22.

Trebellius Pollio s. Casaubonus, Isaacus

Tze(t)zes, Johann (12. Jh.)
 [Chiliades:] Variorum historiarum liber, versibus politi-
 cis ... Basileae 1546.: II 433.

Valerius Maximus (1. Jh.)
 Valerii Maximi dictorum factorumque memorabilium
 libri IX ... Amstelodami 1647.: I 539, 556, III 91, IV
 182, V 53, 550.

Valle, Pietro della (1586–1652)
 Viaggi di P. della Valle ... divis in tre parti, cioè la
 Turchia, la Persia, e l'India ... Roma 1650.: V 656.

Vegetius Renatus, Flavius (4. Jh.)
 Viri illustris F. V. R., et J. Frontini ... de re militari
 opera ... Lugduni Batavorum 1644.: I 346.

228   *Lohensteins Quellen*

Vellejus Paterculus (1. Jh.)
C. Velleii Paterculi Historiae Romanae libri duo ... Parisiis 1675.: IV 6, 354, V 97, 107, 140, 662.
Vergilius, Polydorus († 1555)
Polydori Vergilii Urbinatis de rerum inventoribus libri octo ... Antverpiae 1562.: IV 244.
Victorius, Petrus (1499–1586)
P. Victorii variarum et antiquarum lectionum libri XXXVIII ... Argentorati 1609.: IV 182.
Virgilius Maro, Publius (70–19 v. Chr.)
Aeneis Vergiliana ... Lugduni 1517.: I 382, 507, II 467, IV 128, 362, V 33, 35, 45, 77, 91, 98, 103, 236; Bucolica ... Francofurti 1590.: II 467; Georgica ... Parisiis 1564.: II 470.
Vives, Ludovicus (1492–1540), Augustinus-Kommentar
S. Aurelii Augustini ... De civitate Dei libri XXII ... Accedunt commentarii ... Joan. Ludov. Vivis ... Francofurti & Hamburgi 1661.: I 383.
Vossius, Dionysius (1612–33)
R. Mosis Maimonidae de idololatria liber, cum interpretatione Latina, notis D. Vossii. In: Gerardus Vossius, De theologia Gentili ... (s. u.).: I 366, 398.
Vossius, Gerardus (Gerhard) (1577–1649)
G. J. V. de theologia Gentili, et physiologia Christiana ... libri IX ... Amsterdami 1668.: III 113, V 62.
Vossius, Isaac(us) (1618–89)
J. Vossius de Nili et aliorum fluminum origine ... Hagae Comitis 1666.: II 199.
Xenophon (um 430 bis um 355 v. Chr.)
[Memorabilia:] Xenophontis de factis et dictis Socratis memoratu dignis libri quatuor ... Parisiis 1542.: IV 509.
Xiphilinus, Johann (d. i. Johannes VIII., Patriarch von Konstantinopel) († um 1078)
In: Magna Bibliotheca Veterum Patrum, et Antiquorum Scriptorum Ecclesiasticorum ... 17 tom. Parisiis 1654.: I 429, IV 182, V 424.
Zonaras, Johann (um 1120)
In: Corpus Byzantinae Historiae. 26 vol. Parisiis 1645 bis 1702.: V 248.

LITERATURHINWEISE

Neudrucke

Daniel Casper von Lohenstein: Türkische Trauerspiele. Ibrahim Bassa. Ibrahim Sultan. Hrsg. von Klaus Günther Just. Stuttgart 1953. (Bibliothek des Literarischen Vereins in Stuttgart. 292.)
– Römische Trauerspiele. Agrippina. Epicharis. Hrsg. von Klaus Günther Just. Stuttgart 1955. (Bibliothek des Literarischen Vereins in Stuttgart. 293.)
– Afrikanische Trauerspiele. Cleopatra. Sophonisbe. Hrsg. von Klaus Günther Just. Stuttgart 1957. (Bibliothek des Literarischen Vereins in Stuttgart. 294.)
Daniel Caspers von Lohenstein Sophonisbe. Trauerspiel. In: Das schlesische Kunstdrama. Hrsg. von Willi Flemming. Leipzig 1930. (Deutsche Literatur in Entwicklungsreihen. Reihe Barock: Barockdrama. Bd. 1.) S. 224–321.

Forschungsliteratur

Aikin, Judith Popovich: The mission of Rome in the dramas of Daniel Casper von Lohenstein. Historical tragedy as prophecy and polemic. Stuttgart 1976.
Asmuth, Bernhard: Daniel Casper von Lohenstein. Stuttgart 1971. (Sammlung Metzler. 97.)
Barner, Wilfried: Disponible Festlichkeit. Zu Lohensteins »Sophonisbe«. In: Das Fest. Hrsg. von Walter Haug und Rainer Warning. München 1989. S. 247–275, 299 f.
Béhar, Pierre: Zur Chronologie der Entstehung von Lohensteins Trauerspielen. In: Daphnis 13 (1983) S. 441–463.
– Silesia tragica. Epanouissement et fin de l'école dramatique silésienne dans l'œuvre de Daniel Casper von Lohenstein (1635 bis 1683). Wiesbaden 1988.
Bekker, Hugo: The dramatic world of Daniel Casper von Lohenstein. In: German Life and Letters 19 (1965/66) S. 161–166.
Best, Thomas: On Lohenstein's concept of tragedy. In: Euphorion 80 (1986) S. 278–296.
Braendlin, Hans P.: Über Umwertung und Spiel in Lohensteins »Sophonisbe«. In: Daphnis 12 (1983) S. 321–341.
Brede, Laetitia: Das »Große Gemüth« im Drama Lohensteins. In:

Literaturwissenschaftliches Jahrbuch der Görres-Gesellschaft 8 (1936) S. 79–98.

Fülleborn, Ulrich: Die barocke Grundspannung Zeit–Ewigkeit in den Trauerspielen Lohensteins. Zur Frage der strukturellen Einheit des deutschen Barockdramas. Stuttgart 1969.

Gabel, Gernot Uwe: Daniel Casper von Lohenstein. A bibliography. Chapel Hill [Hamburg: Selbstverlag] 1973.

Gabel, Gernot U. / Gabel, Gisela R.: Daniel Casper von Lohenstein: Sophonisbe. Trauerspiel. Ein Wortindex. Hamburg 1972.

Gillespie, Gerald: Lohenstein's protagonists. In: The Germanic Review 39 (1964) S. 101–119.

– Daniel Casper von Lohenstein's historical tragedies. Columbus 1965.

– Freedom of conscience in Schiller and Lohenstein. In: Kentucky Foreign Language Quarterly 13 (1966) S. 237–246.

Just, Klaus Günther: Die Trauerspiele Lohensteins. Versuch einer Interpretation. Berlin 1961.

Kayser, Wolfgang: Lohensteins »Sophonisbe« als geschichtliche Tragödie. In: Germanisch-Romanische Monatsschrift 29 (1941) S. 20–39.

Lubos, Arno: Das schlesische Barocktheater. Daniel Casper von Lohenstein. In: Jahrbuch der Schlesischen Friedrich-Wilhelm-Universität zu Breslau 5 (Würzburg 1960) S. 97–122.

Lunding, Erik: Das schlesische Kunstdrama. Eine Darstellung und Deutung. Kopenhagen 1940.

– Stand und Aufgaben der deutschen Barockforschung. In: Orbis Litterarum 8 (1950) S. 27–91.

Martin, Walther: Der Stil in den Dramen Lohensteins. Diss. Leipzig 1927.

Martino, Alberto: Daniel Casper von Lohenstein. Geschichte seiner Rezeption. Bd. 1. Tübingen 1978.

Müller, Conrad: Beiträge zum Leben und Dichten Daniel Caspers von Lohenstein. Breslau 1882.

Müller, Hans von: Bibliographie der Schriften Daniel Caspers von Lohenstein, 1652–1748. In: Werden und Wirken. Ein Festgruß Karl W. Hiersemann zugesandt. Leipzig 1924. S. 184–261.

Müller, Othmar: Drama und Bühne in den Trauerspielen von Andreas Gryphius und Daniel Casper von Lohenstein. Diss. Zürich 1967.

Mulagk, Karl-Heinz: Phänomene des politischen Menschen im 17. Jahrhundert. Propädeutische Studien zum Werk Lohensteins

Literaturhinweise

unter besonderer Berücksichtigung Diego Saavedra Fajardos und Baltasar Graciáns. Berlin 1973.

Newman, Jane O.: Innovation and the text which is not one: representing history in Lohenstein's »Sophonisbe« (1669). In: Innovation und Originalität. Hrsg. von Walter Haug und Burghart Wachinger. Tübingen 1993. S. 206–238.

Pasternak, Gerhard: Spiel und Bedeutung. Untersuchungen zu den Trauerspielen Daniel Caspers von Lohenstein. Lübeck 1971.

Rusterholz, Peter: Theatrum vitae humanae. Funktion und Bedeutungswandel eines poetischen Bildes. Studien zu den Dichtungen von Andreas Gryphius, Christian Hofmann von Hofmannswaldau und Daniel Casper von Lohenstein. Berlin 1970.

Schaufelberger, Fritz: Das Tragische in Lohensteins Trauerspielen. Frauenfeld/Leipzig 1945.

Schings, Hans-Jürgen: Gryphius, Lohenstein und das Trauerspiel des 17. Jahrhunderts. In: Handbuch des deutschen Dramas. Hrsg. von Walter Hinck. Düsseldorf 1980. S.48–60; 534 f.

Schöne, Albrecht: Emblematik und Drama im Zeitalter des Barock. München 1964. 2., erg. Aufl. Ebd. 1968.

Schöne, Albrecht / Henkel, Arthur (Hrsg.): Emblemata. Handbuch zur Sinnbildkunst des 16. und 17. Jahrhunderts. Stuttgart 1967.

Skrine, Peter: A Flemish model for the tragedies of Lohenstein. In: The Modern Language Review 61 (1966) S. 64–70.

Spellerberg, Gerhard: Verhängnis und Geschichte. Untersuchungen zu den Trauerspielen und dem »Arminius«-Roman Daniel Caspers von Lohenstein. Bad Homburg 1970.

– Zur »Sophonisbe« Daniel Caspers von Lohenstein. In: Literaturwissenschaft und Geschichtsphilosophie. Festschrift für Wilhelm Emrich. Berlin 1975. S. 239–263.

– Lohenstein als politischer Dichter. In: Dokumente des Internationalen Arbeitskreises für deutsche Barockliteratur (hrsg. von Martin Bircher und Eberhard Mannack) 3 (1977) S. 266–269.

– Lohensteins Trauerspiele: Geschichtsdenken und Politikverständnis. In: Die Welt des Daniel Casper von Lohenstein. Köln 1978. S.78–91.

– Lohensteins »Sophonisbe«: geschichtliche Tragödie oder Drama von Schuld und Strafe? In: Daphnis 12 (1983) S. 375–401.

– Daniel Casper von Lohenstein. In: Deutsche Dichter des 17. Jahrhunderts. Ihr Leben und Werk. Unter Mitarb. zahlreicher Fachgelehrter hrsg. von Harald Steinhagen und Benno von Wiese. Berlin 1984. S. 640–689.

Literaturhinweise

Tarot, Rolf: Literatur zum deutschen Drama und Theater des 16. und 17. Jahrhunderts. Ein Forschungsbericht (1945–1962). In: Euphorion 57 (1963) S. 411–453, bes. S. 448–451.

– Zu Lohensteins »Sophonisbe«. In: Euphorion 59 (1965) S. 72–96.

Verhofstadt, Edward: Stilistische Betrachtungen über einen Monolog in Lohensteins »Sophonisbe«. In: Revue des langues vivantes 25 (1959) S. 307–314.

– Daniel Casper von Lohenstein: Untergehende Wertwelt und ästhetischer Illusionismus. Fragestellung und dialektische Interpretationen. Brügge 1964.

Voßkamp, Wilhelm: Zeit- und Geschichtsauffassung im 17. Jahrhundert bei Gryphius und Lohenstein. Bonn 1967.

Wentzlaff-Eggebert, Friedrich Wilhelm: Die deutsche Barocktragödie. Zur Funktion von »Glaube« und »Vernunft« im Drama des 17. Jahrhunderts. In: Formkräfte der deutschen Dichtung vom Barock bis zur Gegenwart. Göttingen 1963. S. 5–20.

NACHWORT

I

»Wann ich nur an Lohensteins Trauerspiele gedencke, so
überfällt mich Frost und Eckel, der gedultigste Mensch, der
nicht zugleich dumm ist, möchte über dem Lesen dieser Tragödien die Schwindsucht bekommen.« Das schrieb 1740 Johann Jacob Breitinger in seiner *Critischen Abhandlung von
der Natur, den Absichten und dem Gebrauche der Gleichnisse*[1]. Vier Jahrzehnte früher hatte das Urteil eines Mannes
wie Benjamin Neukirch (1665–1729) über Lohenstein noch
ganz anders geklungen: »Alle seine gedancken sind scharff-
sinnig / seine ausbildungen zierlich / und wenn ich die wahrheit sagen soll / so findet man in diesem eintzigen fast alles
beysammen / was sich in denen andern nur eintzeln zeiget.
Denn er hat nicht allein von Opitzen die heroische / von
Gryphio die bewegliche / und von Hoffmannswaldau die
liebliche art angenommen; sondern auch viel neues hinzu
gethan / und absonderlich in sentatien / gleichnissen / und
hohen erfindungen sich höchstglücklich erwiesen. Seine Tra-
goedien sind von den besten. Seine geistliche gedancken
voller krafft / und seine begräbniß-gedichte unvergleichlich.
In seinem Arminius aber hat er sich als einen rechten Poeten
erwiesen / und so viel artige / kurtze und geistvolle dinge
ersonnen / daß wir uns nicht schämen dürffen / dieselbigen
allen heutigen Frantzosen entgegen zu setzen.«[2] Die Zeit-
genossen nannten Lohenstein einen »deutschen Seneca« und
Gryphius einen »deutschen Sophokles«. Dieser Ruhm Lohensteins hatte nicht lange Bestand, denn die moralischen
Verdächtigungen durch Gotthard Heidegger und Johann
Christoph Gottsched sowie die kritische Abrechnung durch

---

1. Johann Jacob Breitinger: *Critische Abhandlung von der Natur,
den Absichten und dem Gebrauche der Gleichnisse.* Faksimileabdruck
nach der Ausgabe von 1740. Mit einem Nachwort von Manfred Wind-
fuhr. Stuttgart 1967 (= Deutsche Neudrucke. Reihe Texte des 18. Jahrhunderts), S. 221.
2. Benjamin Neukirchs Anthologie: *Herrn von Hoffmannswaldau und
andrer Deutschen auserlesener und bißher ungedruckter Gedichte erster
theil.* Nach einem Druck vom Jahre 1697 mit einer kritischen Einleitung
und Lesarten. Hrsg. von Angelo George de Capua und Ernst Alfred
Philippson. Tübingen 1961 (= Neudrucke deutscher Literaturwerke
N. F. 1), S. 14.

234   *Nachwort*

Gottsched und die Schweizer haben eine sehr nachhaltige
Wirkung gehabt. Gelegentlich ist sie noch heute spürbar.

Es wäre aber zu einfach, wollte man die Kritik an Lohensteins Dichtung lediglich als Kennzeichen eines Geschmacks-
wandels ansehen. Was hier zutage tritt, ist ein fundamenta-
ler Stilwandel, der um 1740 bereits so weit fortgeschritten
war, daß die Kritiker nicht mehr über einen Standpunkt
verfügten, der der historischen Erscheinung des barocken
Trauerspiels hätte gerecht werden können. Auffällig ist, wie
sehr die zunächst stilkritische Polemik gegen den »Schwulst«,
den »schlimmen Geschmack der Lohensteinischen Schreib-
art«, die »ungeschickte Wahl und unmäßige Verschwendung
fremder, unnützlicher, ungeheurer und unanständiger
Gleichnisse«[3] auf das Ansehen des Dichters abfärbte. Man
vergaß darüber völlig, daß Lohenstein ein angesehener Bürger gewesen war, dem die Stadt Breslau sogar das Amt des
Syndikus anvertraut hatte. Sein Lebenslauf zeigt das typi-
sche Bild eines Angehörigen der gebildeten Stände jener
Zeit.

II

Lohenstein wurde am 25. Januar 1635 in Nimptsch im
schlesischen Fürstentum Brieg geboren. Sein Vater, ein wohl-
habender, damals aber noch nicht in den Adelsstand erho-
bener Bürger, war in Nimptsch kaiserlicher Steuereinnehmer
und Stadtrat. Von 1670 an konnte die Familie dem Namen
Casper das Adelsprädikat »von Lohenstein« anfügen. Daniel Casper besuchte nach dem Elementarunterricht in
Nimptsch das Breslauer Gymnasium Magdalenäum, auf dessen Schulbühne 1649/50 der *Ibrahim Bassa* des Primaners
aufgeführt wurde. Im Herbst 1651 begann er in Leipzig
mit dem Studium der Jurisprudenz, das er in Tübingen fort-
setzte. Am 6. Juni 1655 hielt er dort seine Disputation, mit
der er das Studium beendete. Im Anschluß an die Studien-
zeit folgten längere Reisen in die Schweiz, die Niederlande,
in die Steiermark und nach Ungarn. Im Herbst 1657 heira-
tete Lohenstein und ließ sich als Rechtsanwalt in Breslau
nieder. 1661 wurde die Urfassung der *Cleopatra* (U) abge-

---

3. Joh. Jac. Breitinger, a. a. O., S. 463.

Nachwort 235

schlossen, die noch im gleichen Jahre erschien. 1665 folgten
die beiden Trauerspiele *Agrippina* und *Epicharis*. Aufführungen durch das Gymnasium Elisabethanum sind für 1661
und 1666 nachgewiesen. *Sophonisbe*, das fünfte seiner
Trauerspiele, wurde wahrscheinlich 1666 in einer Festaufführung gespielt; sicher bezeugt ist erst eine Aufführung
durch die Gymnasiasten des Magdalenäums im Jahre 1669.
1668 wurde Lohenstein als Regierungsrat nach Oels berufen
und 1670 zum Syndikus des Breslauer Senats ernannt. 1673
widmete er sein letztes Trauerspiel, *Ibrahim Sultan*, Kaiser
Leopold und dessen zweiter Gemahlin Claudia Felicitas.
Als Gesandter des Breslauer Senats wurde Lohenstein 1675
vom Kaiser empfangen, der ihm den Titel eines kaiserlichen
Rats verlieh. Während der Breslauer Amtstätigkeit unter
seinem Vorgesetzten Christian Hofmann von Hofmannswaldau erschienen die neue Fassung der *Cleopatra* (A) und
zum erstenmal die *Sophonisbe* (A, 1680). Diese Druckfassung ist vermutlich – wie die Ausgabe A der *Cleopatra* –
von Lohenstein gegenüber einer nicht gedruckten früheren
Fassung erheblich umgestaltet worden. Der Beginn der Arbeit am *Arminius*-Roman dürfte in die Zeit seiner Breslauer
Syndikustätigkeit fallen. Lohenstein hatte seinen Roman,
als er am 28. April 1683 starb, fast vollendet. Sein Bruder
schrieb im *Lebens-Lauff*[4] über das zuerst 1689 erschienene
Werk: »Der Scharfsinnige und von allen Wissenschaften angefüllte Arminius aber wird ihm, wenn Er auch schon Staub
und Asche seyn wird, bey erlangtem Tages-Lichte vor aller
Nachwelt das Lebens-Licht wieder anzünden.« Diese Hoffnung hat sich nicht erfüllt. Zwar hat der eifrige Kompilator
Johann Christoph Männling 1708 einen *Arminius enucleatus*
und 1710 einen *Lohensteinius sententiosus* herausgegeben[5],
aber Lohensteins Roman ist – wie auch seine Lyrik – heute
weit weniger bekannt als seine Trauerspiele, von denen uns
inzwischen eine von Klaus Günther Just besorgte historisch-kritische Ausgabe vorliegt[6].

---

4. *Kurtz Entworffener | Lebens-Lauff | Deß sel. Autoris | | Breßlau |
Verlegts Jesaias Fellgiebel | Buchhändler.* Es handelt sich dabei um
einen Anhang zu einer Ausgabe der Trauerspiele *Ibrahim Sultan, Agrippina, Epicharis.* Breslau 1685.
5. Johann Christoph Männling: *Arminius enucleatus* . . . 2 Tle. Stargard
und Leipzig 1708. – Ders.: *Lohensteinius sententiosus* . . . Breßlau 1710.
6. Vgl. Literaturverzeichnis S. 229.

Überraschend ist, daß Lohensteins Werke länger Leser gefunden haben als die seines Landsmannes Andreas Gryphius. Die *Sophonisbe* erschien nach 1680 (A) und 1689 (B) noch 1708 (C), 1724 (D) und 1733 (E). 1731 kam die zweite Auflage des *Arminius* heraus, und noch 1748 plante der Leipziger Buchhändler Johann Georg Löwe eine – wenn auch aus Titeldrucken zusammengestellte – Gesamtausgabe der Werke Lohensteins, die aber nicht zustande kam.

III

Der Versuch, die zahlreichen Widersprüchlichkeiten in der Beurteilung von Lohensteins Dramatik zu erklären, rührt an Grundfragen der barocken Trauerspieldichtung überhaupt. Es hat lange gedauert, bis die Literaturwissenschaft sich aus dem Bannkreis eines unangemessenen Beurteilungshorizonts befreit und eine historisch und sachlich zureichende Basis gefunden hatte. Erst die neuere Barockforschung hat historisch angemessene Deutungskategorien entwickelt, die es erlauben, am Beispiel der *Sophonisbe*, die man heute wohl mit Recht als den Gipfelpunkt im dramatischen Schaffen Lohensteins ansieht, die formale und gehaltliche Intention Lohensteins sichtbar zu machen.

Es besteht in der Forschung eine verwirrende Fülle von Gesichtspunkten, wie etwa die Titelgestalt in ihrem Wesen, Handeln und Schicksal verstanden werden müsse[7]. Der Bogen der Deutungen reicht vom egoistischen, nur ihrem Lebenswillen und Machtdrang gehorchenden Machtweib (Flemming) bis zur Königin von großem Gemüt, die – im Besitz aller staatsmännischen und weiblichen Fähigkeiten – ihr Land vor dem Untergang retten will (Kayser); von der hervorragenden Schauspielerin auf dem großen Welttheater, die – völlig vom Intellekt beherrscht – in aller Leidenschaft ein Herz von Eis behält (Lunding) bis zur »Realerotikerin«, für die Erotik die existentielle Basis ist (Just); vom Untergang, der erfolgt, weil ihr großes Ziel durch das Verhängnis unmöglich gemacht wird (Kayser) bis zur Selbstvernichtung

7. Vgl. die ausführliche Darstellung bei R. Tarot: *Zu Lohensteins Sophonisbe*, S. 72–77.

Nachwort 237

wegen der Unmöglichkeit eines völligen Ausschöpfens ihrer
Liebe (Just).

Lohenstein selber hat in der Widmungsvorrede zur *Sophonisbe* Hinweise zum Verständnis des Trauerspiels gegeben, die wohl nur deswegen nicht beachtet worden sind,
weil die Widmung im ersten und bis 1957 einzigen Neudruck dieses Trauerspiels nicht enthalten war[8].

Der zentrale Begriff der Widmung ist das »Spiel«. Das
Spielen kennzeichnet nicht nur das Wesen der Natur, son-
dern auch – und zwar in dreifacher Weise – das Dasein des
Menschen:

> Für allen aber ist der Mensch ein Spiel der Zeit.
> Das Glücke spielt mit ihm / und er mit allen Sachen.
>
> (Vers 73 f.)

Der Mensch ist Objekt des Spiels der Zeit, Objekt im Spiel
des Glücks und Subjekt eines Spiels »mit allen Sachen«. Daß
der Mensch in die engen »Schranken der Zeit« eingesperrt
ist, ist Ausdruck der im 17. Jahrhundert immer wieder aus-
gesprochenen leidvollen Erfahrung der natürlich-geschicht-
lichen Existenz des Menschen; daß er ein Spiel des Glücks
ist, scheint ein für das 17. Jahrhundert selbstverständlicher
Gedanke, wenn man an die Frau Fortuna denkt. Und doch
ist gerade hier Vorsicht geboten, denn im Hinweis auf das
Spielen des Glücks verbirgt sich die in Lohensteins Dichtung
immer wiederkehrende Frage nach dem Walten und dem
Wesen des Verhängnisses. Wie eng in Lohensteins Denken
Glück und Verhängnis miteinander verknüpft sind, geht
beispielsweise aus einer Textstelle im *Arminius* hervor. Es
heißt dort, daß »alle Klugen / welche iemahls das Glücke
als was göttliches angebetet / gegläubt haben: daß eben
diß / was auf der Erde das Glücke heist / im Himmel das
Verhängnüß oder die göttliche Versehung genennt werde«,
und daß nur der Pöbel im Glück den blinden Zufall sehe[9].
Die Lohenstein-Forschung hat gefragt, ob der Dichter in
dieser Frage antikes – insbesondere stoisches – Gedankengut
wiederaufgenommen habe oder ob es sich um eine ent-

---

8. Vgl. Literaturverzeichnis S. 229.

9. *Daniel Caspers von Lohenstein, Großmüthiger Feldherr Arminius
oder Herrmann ... Nebst seiner Durchlauchtigen Thußnelda ... In
Zwey Theilen ... Leipzig ... 1689.* Zitat: I 3, S. 297 b.

238   Nachwort

christlichte Vorsehungsvorstellung handele. Auch hier sind
die Interpreten verschiedener Meinung. Edward Verhofstadt, der sich um eine systematische Klärung des Verhängnisbegriffes im Werke Lohensteins bemüht hat, konnte kein
einheitliches Bild aufweisen. Am wesentlichsten zum Verständnis dieses Begriffs scheint mir der dritte Gesichtspunkt
der zitierten Verse: der Mensch ist nicht nur Objekt, sondern auch Subjekt eines Spiels. Seine Freiheit oder Unfrei-
heit im Spiel mit allen Sachen entscheidet mit über den
Sinnhorizont des Verhängnisbegriffs. Wir können für Lohenstein – obgleich er wie Gryphius Protestant war – nicht
ohne weiteres Luthers theologische Auffassung von der
Freiheit eines Christenmenschen als verbindliche Wertkate-
gorie voraussetzen, zumal sich ein Dichter im Herrschafts-
bereich der katholischen Habsburger in dieser Hinsicht ohne-
hin zurückhalten mußte. Zur Klärung des Verhängnisbegriffs soll mit der gebotenen Vorsicht eine Stelle aus dem
Arminius herangezogen werden. Dort erwägt Thusnelda:
»Denn das göttliche Verhångnüß wåre zwar der erste Be-
wegungs-Grund aller Dinge; Gott sehe all unser Thun un-
verånderlich vorher / und håtte es gesehen / als die Natur
sein Kind / und nichts zu etwas worden wåre. Alleine dieses alles håtte keinen Zwang in sich / und bürdete dem
Menschen keine Nothwendigkeit diß gute / oder jenes böse
zu thun auf; sondern es behielte unser Wille seine vollkom-
mene Freyheit. Denn Gott håtte nur deßhalben unser Glück
und Unglück so gewiß vorher gesehen; weil ihm zugleich
oder vorher schon unter seine Augen geleuchtet hat / was
wir von der Geburt biß in den Todt böses oder gutes ent-
schlüssen würden. Unsere heutige / oder die von der Nachwelt Gott bestimmte Andacht wåre ihm so wenig neu / als
diß / was uns oder den Nachkommen begegnen soll. Jene
siehet das Verhångnüß als die Ursache / dieses als die ver-
diente Würckung vorher. Daher es die gröste Unvernunfft
wåre / wenn die ruchlose Verzweifelung es für einerley
halten wolte: ob man boßhafft oder tugendhafft sey? Und
wenn sie ihr Thun einem geträumten Nothzwange des Himmels unterwirft.«[10] Verstanden ist das Wirken des Verhängnisses in Thusneldas Deutung also als zugleich gebunden an

10. *Arminius* I 3, S. 298 a.

Nachwort 239

die Vorsehung Gottes und an den freien Willen und das freie Handeln des Menschen. Es besteht ein Kausalverhältnis zwischen Tugend und Wohlstand, aber auch zwischen Laster und Untergang. Zu Thusneldas Argumentation[11] gehört ferner die Überzeugung, daß zwar niemand mit seinem Verstand die göttliche Vorsehung zu erfassen vermöge, in ihren Werken jedoch »lauter Gewißheit und Gerechtigkeit« walte[12].

Dieser, in seiner rationalen Prägnanz faszinierende Verhängnisbegriff hat seinen Ursprung in der Theologie des Jesuitenordens, die – nicht nur in der Auseinandersetzung mit der Glaubenslehre Luthers – die Willensfreiheit des Menschen mit der göttlichen Vorsehung in Einklang zu bringen trachtete[13]. Damit ist jegliches blinde Walten des Verhängnisses oder Glücks ausgeschaltet, und Lohenstein ist nur konsequent, wenn er »seinen Schicksalsbegriff häufig, einerseits gegen die Angriffe Epikurs, anderseits gegen deterministische Lehren (verteidigt)«[14]. Für den rationalistisch veranlagten Juristen Lohenstein ist es charakteristisch, daß er sich dieses Verhängnisbegriffes bedient, wobei die rationale Komponente für ihn offensichtlich wesentlicher ist als die theologische, denn – und darin sind sich die Lohenstein-Forscher einig – seine Trauerspiele stehen nicht wie die Dramatik des Jesuitenordens im Dienste der Glaubensausbreitung, aber sie sind auch nicht – wie seit Wolfgang Kayser einige Forscher anzunehmen geneigt sind – Tragödien im Sinne einer auf die Klassik vorweisenden Form.

Das Schicksal Sophonisbes und der Untergang ihres Reiches sind nicht tragisch. Wenn ihr Reich und sie untergehen, dann nicht, weil ein edles und großmütiges Geschöpf vom

---

11. Man darf die Argumente keineswegs als aus der historischen Perspektive der Gestalt gesprochen ansehen. Wie sich historische und aktuelle Gesichtspunkte im *Arminius* durchdringen, hat Edward Verhofstadt: *D. Caspers v. Lohenstein: Untergehende Wertwelt*, S. 81–142, aufgewiesen.

12. *Arminius* I 3, S. 298 a.

13. Vgl. die ausführliche Darstellung bei Gerhard Schneemann, S. J.: *Die Entstehung der thomistisch-molinistischen Kontroverse*. In: Stimmen aus Maria Laach, 3. Ergänzungsband, 9. Heft, Freiburg/Br. 1880, S. 1 bis 153, und 4. Ergänzungsband, 13. und 14. Heft (= Forts. von Heft 9), Freiburg/Br. 1881, S. 1–230.

14. Max Wehrli: *Das barocke Geschichtsbild*, S. 23.

240   *Nachwort*

vorbestimmten Gang der Geschichte vernichtet wird, sondern als Strafe für eine Schuld. Didos Geist spricht das deutlich aus:

> Elende Sophonisb'! ich klage dein Verterben!
> Dein Syphax trägt das Joch / dich heist's Verhångnůs
>   sterben!
> *Jedoch nicht ohne rechtes Recht.*
> Du geußt in's Feuer Oel / Er tråget Holtz zur Flamme.
> Der Mohr wird itzt der Rômer Knecht.
>
> (V 111–115)[15]

Die ursächliche Verknüpfung von *Schuld* und *Untergang*
durchzieht in den verschiedensten Wendungen das ganze
Trauerspiel vom ersten Vers an:

> M a s i n i s s. Die Schuld schwermt umb Verterb / wie
>   Mutten umb das Licht /
> Der stell't Ihm's Fallbrett selbst / wer Eyd und Bůndnůs
>   bricht.
> So stůrtzt sich Sophonisb' und Syphax geht verlohren /
> Weil sie den Frieden-bruch gezeuget / Er gebohren.
>
> (I 1–4)

Wenn aber der Untergang als *Strafe* aufzufassen ist, dann
ist zu fragen, welche Instanz straft und nach welchem Gesetz gestraft wird.

Für das Drama des 17. Jahrhunderts ist diese Frage im
allgemeinen leicht zu beantworten, denn bei den Jesuiten
wie beim Protestanten Gryphius ist es der himmlische Richter, der richtet, und die konfessionelle Glaubenslehre stellt
den Werthorizont bereit, aus dem heraus geurteilt wird.
Nicht so bei Lohenstein. Die richtende Instanz ist das Verhängnis, wie aus V Vers 112 hervorgeht: »dich heist's Verhångnůs sterben!« Der Unterschied wird deutlich, wenn wir
betrachten, nach welchem Gesetz geurteilt wird.

In der Widmungsvorrede wird vom Menschen nicht nur
gesagt, *daß* er »mit allen Sachen« spielt, sondern auch, *wie*
er spielen soll. Die Schule ist der erste Ort, an dem der

---

15. Hervorhebung von mir.

Nachwort 241

Mensch – nach den Spielen der Kindheit – angewiesen wird, richtig zu spielen. Richtig spielt er, wenn er *vernünftig* spielt:

> Das Spiel der Schule weist vergnüglicher uns an;
> Wie ieder in der Welt vernünftig spielen kan.
>
> (Vers 101 f.)

Die *Vernunft* soll das Spiel des Menschen lenken, weil sie das Göttliche im Menschen ist. Durch die Vernunft ist der Mensch das Ebenbild seines Schöpfers. Sie ist es, die für Lohenstein die Analogie zwischen Mikrokosmos (Mensch) und Makrokosmos (Gott) herstellt. Im Grabgedicht auf Andreas Aßig ist diese Anschauung deutlich ausgesprochen:

> Der Seele / pflantzet Gott nur das Vermögen ein:
> Daß sie durch eigne Müh ihr Werth und Gütte gäbe;
> Und heißt des Menschen Geist selbst seinen Schöpfer seyn.
> Damit der Mensch auch weiß / was er für Bilder stücken
> Sol in das ihm von Gott so schön gewebte Tuch;
> So läßt er die Vernunfft mit ihren Augen blicken
> In Spiegel seines Wort's / in der Natur ihr Buch.
> In beiden aber steht Gott selber abgemahlet;
> Nach dem sein Ebenbild der Mensch sich bilden sol.
> Wer mit dem Schatten nun nur dieses Bildes pralet /
> Ist ein vollkommen Werck / gefällt dem Höchsten wol.[16]

In dem Gedicht »Die Höhe des menschlichen Geistes« heißt es:

> Die Sonne der Vernunft / das Auge des Gemüttes /
> Macht uns zu Herrn der Welt / zu Meistern der Natur[17].

Natur und Hl. Schrift werden zum Gesetzbuch des menschlichen Verhaltens, die Vernunft zum Organ der Erkenntnis: »Denn die Vernunfft ist in Warheit der Probierstein / an dem man alle Begebnüsse streichen / alles Böse und Gute unterscheiden muß. Sie ist die Magnet-Nadel / welche sich allezeit gegen dem Angelsterne der Tugend wendet.«[18]

---

16. *Daniel Caspers von Lohenstein Hyazinthen*, S. 19.
17. *D. Caspers v. Lohenstein Hyazinthen*, S. 23.
18. *Arminius* I 9, S. 1339 b.

242   Nachwort

Bedroht ist das richtige, vernunftgemäße Handeln durch die Triebe, durch »Raserey« (Widmung, Vers 113), »Wollust« (Vers 117) und »Begierde« (Vers 139), aber auch durch »Ehrgeitz« und »Ehrsucht« (Vers 127)[19]. Diese Auffassung hat wiederum ihre Tradition, aus der für Lohenstein insbesondere Seneca und Gracian wichtig wurden[20]. Für Seneca wie für Gracian, dessen *Handorakel* Lohenstein übersetzt hat[21], sind alle Affekte »die krankhaften Säfte der Seele, und an jedem Übermaaße derselben erkrankt die Klugheit«[22]. In Sophonisbe und Masinissa sieht Lohenstein Exempla zweier von Affekten befallener und deshalb an der Klugheit erkrankter Menschen:

Wer Lieb' und Ehrsucht wil aufs grimmste spielen sehn /
Betrachte Masaniß' und Sophonisbens Thaten;
                                       (Widmung, Vers 127 f.)

Der Gegensatz von Vernunft und Leidenschaft durchzieht als Leitmotiv nicht nur die *Sophonisbe*, sondern das gesamte Werk Lohensteins[23]. Die Taten der beiden Protagonisten Sophonisbe und Masinissa werden immer wieder als »Aberwitz« bezeichnet und »thöricht« genannt[24]. Das heißt im vorgegebenen Werthorizont, daß diese Taten negativ zu beurteilen sind. Als Erkrankungen der Vernunft hindern sie den Menschen, in der ihm zugewiesenen Weise zu »spielen«.

Man könnte von einer »inneren Aushöhlung des barocken Weltbildes« sprechen[25], wenn man die Stärke der »Erfahrung des Hingegebenseins an den unerbittlichen Raptus der Zeit, des Haftens in der Eitelkeit und Vergänglichkeit des

19. Vgl. auch Friedrich-Wilhelm Wentzlaff-Eggebert: *Die deutsche Barocktragödie. Zur Funktion von ›Glaube‹ und ›Vernunft‹ im Drama des 17. Jahrhunderts*, S. 5–20, bes. S. 17.
20. Dem Einfluß der Stoa auf Lohenstein ist Edward Verhofstadt: *D. Caspers v. Lohenstein, Untergehende Wertwelt*, nachgegangen.
21. Lorentz Gratians: *Staatskluger Catholischer Ferdinand aus dem Spanischen übersetzt von D. Caspern v. Lohenstein.* Breßlau 1675.
22. Balthasar Gracian: Handorakel ... übers. von Arthur Schopenhauer. Stuttgart 1953 (Universal-Bibliothek Nr. 2771/72), S. 29, Nr. 52.
23. Vgl. Edward Verhofstadt, a. a. O., S. 235.
24. Als Wahnwitz, Aberwitz, Torheit wird durchgehend das der Vernunft zuwiderlaufende Verhalten gekennzeichnet, vgl. u. a. I 49, I 301, I 436 f., III 265, III 317, III 356, IV 69.
25. M. Wehrli, a. a. O., S. 11.

Nachwort   243

Irdischen«[26] als spezifisch für das Barockzeitalter ansieht, oder auch von der Wiederbelebung stoischen Gedankenguts, das mit dem Humanismus zum Durchbruch kam und weit in das 18. Jahrhundert hineinwirkte[27]. Man hat auch – trotz der ethisch-religiösen Grundlage in der Mikrokosmos–Makrokosmos-Analogie – wegen des stärkeren Hinwendens zum Diesseits als einer bedeutsamen Wirklichkeit die ideologische Grundhaltung, die sich in Lohensteins Werken ausspricht, mit dem »akonfessionellen Theismus« des 17. Jahrhunderts in Verbindung bringen wollen, für den »das eigentümlich Christliche und Kirchliche« belanglos war[28]. Man hat von Säkularisierung gesprochen[29], aber nicht hinreichend beachtet, daß im vernunftbestimmten Handeln Übereinstimmung mit der göttlichen Vorsehung herrscht:

so wil auch Gott gar nichtes /
Was wieder die Vernunft[30].

Willensfreiheit des Menschen und Allmacht Gottes bestehen miteinander, und dem Menschen ist mit der Freiheit sittliche Würde und Verantwortlichkeit verliehen.

    Wenn man Abweichungen von konfessionellen Voraussetzungen und Übereinstimmung mit der »ideologischen Tradition« (Stoa) feststellt[31], dann genügt es weder, daß man die Frage nach der Absichtlichkeit bzw. Unabsichtlichkeit dieser Tatsache als »eine psychologische Nebenfrage« beiseite schiebt[32], noch daß man für den gesamten Komplex der ideologischen Wertwelt eine »integrale Skepsis« und eine »Hinfälligkeit aller Werte« bei Lohenstein konstatiert[33]. Diese These läßt sich aus den Werken Lohensteins nicht stützen, und wir wissen bei weitem nicht genug über

26. M. Wehrli, a. a. O., S. 17.
27. Vgl. Karl Barth: *Die protestantische Theologie im 19. Jahrhundert. Ihre Vorgeschichte und ihre Geschichte.* Zollikon/Zürich 1947, S. 56.
28. Paul Hankamer: *Deutsche Gegenreformation und deutsches Barock.* Stuttgart ²1947, S. 313.
29. Fritz Schaufelberger: *Das Tragische in Lohensteins Trauerspielen*, S. 115 u. ö.
30. *D. Caspers v. Lohenstein Himmel-Schlüssel*, S. 41. (Leitung der Vernunft.)
31. E. Verhofstadt, a. a. O., S. 211.
32. E. Verhofstadt, a. a. O., S. 218.
33. E. Verhofstadt, a. a. O., S. 296 f.

die persönliche Weltanschauung des Dichters, als daß uns von dort her die Möglichkeit gegeben wäre, eine »untergehende Wertwelt« voraussetzen zu können. Innerhalb der Trauerspiele jedenfalls gilt die gesetzte Wertwelt absolut[34].

Die Ausbündigkeit ihrer Leidenschaft macht Sophonisbe zum unheilvollen Zentrum der in den Untergang führenden Geschehnisse. Sie ist, in paradoxer Umkehrung der natürlichen Verhältnisse, die Zeugerin und Syphax der Gebärer des Unglücks (I 1–4). Sie hat Syphax »bethört«, das Bündnis mit den Römern zu brechen, meineidig zu werden und dem Masinissa die ihm rechtmäßig gebührende Herrschaft über Numidien zu entreißen. Diese Vorwürfe werden nicht nur von den römischen Gegnern erhoben[35], sondern auch von Syphax bestätigt, als Scipio ihm, dem durch seine Leidenschaft zuvor stockblinden Narren, gleichsam den Star gestochen hat[36].

Auf ein angemessenes Verständnis der Intentionen Lohensteins leiten auch die zahlreichen Embleme, die in der *Sophonisbe* zu einem verwirrenden Sinnbildgeflecht verknüpft sind[37]. Im Streitgespräch zwischen Masinissa, Bomilcar und Manastabel (III 1–132) weist Masinissa den Vorwurf seiner nüchtern argumentierenden Ratgeber, er könne sich im Schicksal des Syphax spiegeln, zurück, indem er das Syphax-Schicksal zu dem Icarus-Schicksal in Beziehung setzt:

Sag' ob ein Icarus die Sonne schelten kan?

(III 8)

Masinissa wählt dieses argumentum emblematicum, um die Schuld Sophonisbes am Untergang des Syphax zu leugnen. Sein Argument steht jedoch in ironischem Zwielicht, weil er – durch seine Leidenschaft zu Sophonisbe verblendet und

---

34. Zur Idee der immanenten Strafe bei Lohenstein vgl. E. Verhofstadt, a. a. O., S. 285. – Gegen die einseitige Darstellung Verhofstadts wendet sich auch Wilhelm Voßkamp: *Zeit- und Geschichtsauffassung im 17. Jahrhundert*, bes. S. 162.

35. Vgl. u. a. Bomilcar (I 89), Masinissa (I 191–193), Scipio (IV 44 bis 52), Laelius (III 212).

36. Dieses Bild verwendet die allegorische Gestalt der Vernunft im Reyen der Dritten Abhandlung (III 509–511).

37. Ausführlich behandelt bei Albrecht Schöne: *Emblematik und Drama*, S. 102–119.

Nachwort 245

damit zugleich an seiner Vernunft erkrankt – den wahren
Sachverhalt nicht zu beurteilen vermag. Er verkennt so die
verhängnisvolle Rolle Sophonisbes und muß in seiner Ver-
blendung notwendig auch sein eigenes Verhältnis zu ihr
falsch deuten. Er sieht in ihr seine Sonne (vgl. II 375–377;
IV 368), aber er sieht sich nicht als Icarus, sondern als Adler (IV 368). Im Adler-Emblem stellen die Emblematiker
dar, wie die jungen Adler von den alten aus dem Horst der
Sonne entgegengetragen werden, damit sich ihr Auge im
Anblick der Sonne schärfe. Nur der wahre Adler vermag
nämlich das helle Licht der Sonne auszuhalten. Masinissa
ist aber sowenig der Adler, wie Sophonisbe die Sonne ist.
Sie ist nicht das unschuldige Wesen, das er in ihr sieht. Der
seiner Vernunft mächtige Bomilcar weiß sie angemessener
zu beurteilen:

    Sie ist ein bluttig Stern / ein Irrwisch / ein Comete.
(III 9)

Ein Irrwisch aber verlockt jeden ins Unglück, der ihm folgt.
  Masinissas Fehldeutung offenbart sich auch im Efeu-Em-
blem, das er im positiven Sinne einer lebenslänglichen, un-
auflösbaren Bindung in gegenseitiger Liebe verwendet, was
einer Bedeutungsmöglichkeit dieses ambivalenten Sinnbildes
bei den Emblematikern entspricht. Die Emblematiker ken-
nen es aber auch im negativen Sinne einer verderblichen und
zerstörerischen Zuneigung, was für Masinissas Verhältnis zu
Sophonisbe zutrifft. Masinissa charakterisiert so – wiederum ungewollt und gegen seine Absicht – sein eigenes
Schicksal. Der hellsichtig gewordene Syphax kennzeichnet
das wahre Verhältnis zwischen Sophonisbe und Masinissa
mit einer Anspielung auf das Basilisk-Emblem:

    Masaniß' ist's / den sie durch ihr Gift /
Das Basilischken-Blick' und Molchen übertrift /
Mehr hat als mich bethört / und schneller angezündet /
Als sie ihn angeblickt.
(IV 115–118)

Der zweifelnde, auf dem Wege der Vernunft voranschrei-
tende Masinissa trifft schließlich ihr Wesen im Krokodil-
Emblem. Bei den Emblematikern vergießt das Krokodil,

wie die antike Naturwissenschaft lehrt, Tränen, wenn es sein Opfer frißt; Sophonisbe ist gefühlloser als ein Krokodil: sie »macht kein Auge naß« (IV 435)[38].

Für Lohenstein ist Sophonisbe bis dahin der Inbegriff vernunftwidrigen Verhaltens. Ihr falsches Handeln muß notwendig durch das Verhängnis geahndet werden.

Obgleich Sophonisbes Wesen durch die verderbliche Leidenschaft gekennzeichnet ist, besitzt sie doch auch »große seelische Kraft«[39]. Diese kommt jedoch erst zum Durchbruch, als sie von Dido ihr Schicksal erfahren hat. Erst als sie ihr Geschick annimmt und jede Maßlosigkeit aufgibt, kehren die Tugenden ihrer königlichen Ahnen in sie ein und werden nun zum verbindlichen Maßstab ihres Handelns. Sie ist gleichsam von der Krankheit der Leidenschaft genesen und kann deshalb im Tod königliche Größe zeigen. Dieser ehrenvolle, einer Königin würdige Tod begründet – nach der ideologischen Tradition der Stoa – ihren Nachruhm[40]. Masinissa wurde durch Scipio, der als Vernunftmensch das Tugendideal dieser Wertwelt verkörpert, auf die Bahn der Vernunft zurückgebracht. Er hat sich so der numidischen Königskrone erneut würdig erwiesen und empfängt sie aus den Händen der Römer.

Die angedeuteten ideologischen Voraussetzungen, die für die *Sophonisbe* wie für die anderen Werke Lohensteins gelten, zeigen, daß die *Sophonisbe* keine »geschichtliche Tragödie« (Kayser) ist[41]. Statt von Tragik ist von Schuld und Strafe zu sprechen. Diese werden von immanent und in der Widmungsvorrede mitgegebenen Wertkategorien aus bemessen. Erst die Aufdeckung des ideologischen Werthorizonts ermöglicht ein angemessenes Verständnis. Ohne eine zu-

---

38. Die für das Gesamtverständnis des Trauerspiels wichtige Interpretation dieser emblematischen Bildlichkeit wurde von Albrecht Schöne, a. a. O. (2. Aufl.), S. 113 f. anders entschieden. – Die Sinndeutung emblematischer Bildlichkeit wird zunehmend zu der Frage führen, ob man in allen Fällen die subscriptio des Emblems in die Deutung eines literarischen Kontextes hineinnehmen darf. Auch Schöne muß gelegentlich die emblematische Bildlichkeit abweichend von der Bedeutung, die die Emblematiker geben, interpretieren; vgl. A. Schöne, a. a. O., S. 103, Anm. 1.

39. E. Verhofstadt, a. a. O., S. 282.

40. Zur ideologischen Tradition (Stoa), vgl. Seneca, ep. 102.

41. Auch E. Verhofstadt, a. a. O., S. 270; hat diesen Begriff als »ziemlich irreführend« bezeichnet.

Nachwort 247

grundeliegende Ideologie ist die gesamte nicht-aristotelische Dramatik des 17. Jahrhunderts – wie beispielsweise auch die Dramatik Bert Brechts – nicht denkbar. Ideologie und nicht-aristotelische Dramatik sind strukturell miteinander verknüpft. Nicht-aristotelische Dramatik ist immer zugleich untragische Dramatik[42], weil es innerhalb des ideologischen Werthorizonts nur richtiges oder falsches Handeln, nicht aber einen tragischen Wertkonflikt geben kann.

---

42. Vgl. dazu R. Tarot: *Ideologie und Drama. Zur Typologie der untragischen Dramatik in Deutschland.* In: Typologia Litterarum. Festschrift für Max Wehrli, Zürich 1969, S. 351–366.

INHALT

Sophonisbe	5
Widmungsvorrede	6
Innhalt der Abhandlungen	14
Personen des Trauerspiels	19
Die Abhandlungen	21
Anmerckungen	124
Zur Textgestalt	203
Verzeichnis der Textänderungen	205
Lohensteins Quellen	211
Literaturhinweise	229
Nachwort	233